高等教育应用型本科人才培养系列教材

国际投资学

（第2版）

主　编　陈　旭
副主编　王　岩　李慧伦　张晓京

哈尔滨工程大学出版社
Harbin Engineering University Press

内容简介

国际投资学是一门应用型新兴学科,是国际经济学的重要组成部分,是以国际投资为研究对象的正在发展建设中的一门学科。本书从国际投资理论、组织及运作方式、国际投资风险及控制、国际投资法律法规等方面进行了讲述,旨在使读者能够洞悉与把握国际投资学重要的基础理论、现实情形、前沿成果与学术动态。

本书可作为普通高等院校经济类专业学生的学习用书,也可供研究国际投资领域的相关人员参考。

图书在版编目(CIP)数据

国际投资学 / 陈旭主编. —2版. —哈尔滨 :哈尔滨工程大学出版社, 2021.7

ISBN 978-7-5661-2985-7

Ⅰ.①国… Ⅱ.①陈… Ⅲ.①国际投资 Ⅳ.①F831.6

中国版本图书馆CIP数据核字(2021)第131311号

国际投资学(第2版)

GUOJI TOUZIXUE(DI 2 BAN)

选题策划 夏飞洋
责任编辑 张 彦 章 蕾
封面设计 刘长友

出版发行 哈尔滨工程大学出版社
社 址 哈尔滨市南岗区南通大街145号
邮政编码 150001
发行电话 0451-82519328
传 真 0451-82519699
经 销 新华书店
印 刷 哈尔滨市石桥印务有限公司
开 本 787 mm×1 092 mm 1/16
印 张 12.25
字 数 314千字
版 次 2021年7月第2版
印 次 2021年7月第1次印刷
定 价 45.00元
http://www.hrbeupress.com
E-mail:heupress@hrbeu.edu.cn

前　　言

时光荏苒，距离上一版《国际投资学》出版已经过去将近 6 年了。在这期间，国际政治、经济出现了新的格局和新的变化形势。随着时代的发展，国际投资学的理论和实践也在不断拓宽、成长。后工业时代的到来，也为国际投资增添了新的活力。在这样一个时代变革的背景下，《国际投资学（第 2 版）》应运而生。

本次修订主要做了以下几项工作。

首先，增加了一些最新的国际投资案例，既包括我国一些著名的民营企业，也包括一些跨国公司。这些案例的内容，将极大地开拓读者的视野，使本书内容更加贴近现实。

其次，对一些统计数据进行了更新。

最后，对编者发现的问题和读者反馈的问题做了修改，力求使本书能够跟上时代的步伐，使读者掌握最新的信息。

各章修订具体分工如下：哈尔滨商业大学的陈旭负责第一、三、五、九章的修订工作，哈尔滨商业大学的张晓京负责第二章的修订工作，黑龙江省农业科学院的李慧伦负责第四、六章的修订工作，哈尔滨商业大学的王岩负责第七、八章的修订工作。

本书既可作为普通高等院校学生的教材，也可作为经济工作者的辅助读物。希望《国际投资学（第 2 版）》给读者带来崭新的体验。

由于编者水平有限，书中难免存在不妥和错误之处，恳请读者批评指正。

编　者

2021 年 5 月

目　　录

第一章　导论 …… 1
第一节　国际投资及其分类 …… 1
第二节　国际投资的历史发展与特征 …… 5
第三节　国际投资学研究的范围和内容体系 …… 14
思考与练习 …… 17
第二章　国际直接投资理论 …… 20
第一节　垄断优势理论 …… 20
第二节　比较优势理论 …… 22
第三节　产品生命周期理论 …… 24
第四节　内部化理论 …… 26
第五节　国际生产折中理论 …… 28
第六节　国际直接投资理论最新进展和创新 …… 30
第七节　西方国家直接投资理论的评述 …… 33
思考与练习 …… 35
第三章　国际间接投资理论 …… 36
第一节　国际资本流动理论 …… 36
第二节　证券组合理论 …… 39
第三节　二缺口模型 …… 41
第四节　资本资产定价理论 …… 44
第五节　套利定价理论 …… 46
第六节　行为金融理论 …… 48
思考与练习 …… 52
第四章　跨国公司 …… 53
第一节　跨国公司概述 …… 53
第二节　跨国公司的组织结构与管理体制 …… 61
第三节　跨国公司对外直接投资的基本方式 …… 74
思考与练习 …… 79
第五章　跨国银行 …… 81
第一节　跨国银行概述 …… 81
第二节　跨国银行的发展阶段及发展趋势 …… 86
第三节　跨国银行在国际投资中的运行机制 …… 89
第四节　跨国公司与跨国银行 …… 90
第五节　跨国非银行金融机构 …… 93
思考与练习 …… 98

第六章　国际间接投资方式 …… 100
第一节　国际间接投资概述 …… 100
第二节　国际股票投资 …… 102
第三节　国际债券投资 …… 108
第四节　国际间接投资的其他方式 …… 115
思考与练习 …… 118
第七章　国际投资环境 …… 119
第一节　国际投资环境概述 …… 119
第二节　国际投资环境的主要内容 …… 122
第三节　国际直接投资环境评估方法 …… 130
思考与练习 …… 140
第八章　国际投资风险管理 …… 142
第一节　国际投资风险概述 …… 142
第二节　国际投资的政治风险管理 …… 146
第三节　国际投资的汇率风险管理 …… 155
第四节　国际投资的利率风险管理 …… 162
第五节　国际投资的文化风险管理 …… 165
思考与练习 …… 167
第九章　国际投资政策与法规管理 …… 168
第一节　国际直接投资的政策与法规 …… 168
第二节　投资国对外投资的政策与法规 …… 172
第三节　东道国引进外资的政策与法规 …… 179
思考与练习 …… 186
参考文献 …… 187

第一章 导 论

第一节 国际投资及其分类

国际投资是资本在不同的国家或地区间流动的一种形式。国际投资是在资本主义向垄断阶段过渡的进程中形成的。随着工业资本与银行资本的融合,金融资本日益庞大。而资本输出的发展和壮大,最终超过了商品输出,于是产生了国际投资。进入信息社会后,科技革命日新月异,飞速发展的生产力又为大规模的资本输出奠定了基础。国际投资所涉及的国家越来越广泛,已经扩展到世界范围。国际投资已经成为一个国家参与世界经济的主要方式。随着对外开放的深入和发展,我国加强了与国外的经济联系,已成为国际投资活动中的积极主体,这对我国经济和世界经济的发展,起着重要的作用。

一、投资及国际投资的含义

(一)投资的含义

作为人类进行和组织社会生产及再生产的主要行为之一,投资一般是指投资主体(资源所有者或使用者)为获得预期回报而将资源(货币或其他形式的资产)转化为资本,投入经济活动的行为过程。它的特点主要表现在以下四个方面。

(1)投资是经济主体进行的一种有意识的经济活动。经济主体即投资主体,它可以是自然人,也可以是法人(法人是人格化的经济组织,如政府、企事业单位、国际经济组织等)。因此,投资可以是私人投资,也可以是公共投资。

(2)投资的本质在于这一经济行为的获利性。也就是说,投资者的目的是以投入一定量的货币或其他资产来获得更大量的经济回报,即能够使"资本增值"或得到"经济效益"。

(3)投资是把一定量的收入转换为资产的过程。其中,收入泛指政府的财政收入、企事业单位的利润和个人工资收入等;资产泛指实物资产(机器设备、原材料、厂房用地等)、金融资产(现金及其他货币形式)和无形资产(专利、商标、技术诀窍等)。所以收入转化为资产可以泛指剩余价值转化为资本、剩余产品转化为积累、消费基金转化为积累基金、储蓄转化为投资等各类情况。

(4)投资的过程存在着风险。由于投资者所期望的收益是在未来获得的,因此在未来到来之前,或者说在收益得到之前,可能会出现各种难以预料的风险因素及由此造成的损失,这就是与投资行为形影不离的投资风险。也就是说,投资必然同时具备收益性和风险性,而且二者呈正相关关系,即预期收益越大,风险就越大。

(二)国际投资的含义

从投资学的角度来看,投资本身并没有国内、国际之分,但由于国家的存在,各国经济制度和经济政策的不同,以及各国政府对于外国资本流入及本国资本流出的政策不同,投资风险出现了人为而非经济本身的因素,进而导致了投资分国内和国际两个概念。

许多经济学家根据历史的沿袭,从不同侧面对国际投资进行探索并给出了不同的定义。如从投资源于储蓄即延期消费的角度,从投资源于不同对象的角度,从投资的收益与风险呈同比例关系的角度等,都可以给出国际投资的定义。根据《新帕尔格雷夫经济学大辞典》的解释,国际投资(international investment),也称对外投资(foreign investment),“按照狭义的定义,是指从本国之外获取资产的行为。这些资产可以是债券、银行存款和股票等金融资产,也可以是涉及工厂和土地等生产资料所有权的所谓直接投资”。根据这个解释,国际投资可以理解为是各国(地区)官方机构、跨国公司、金融机构及居民个人等具有独立投资决策权,并对投资结果承担责任的法人和自然人(称为投资主体),将其拥有的货币、实物,以及其他形式的资产或生产要素,经跨国流动形成实物资产、金融资产或无形资产,并通过跨国经营实现资产增值的经济行为。20 世纪 70 年代以来,国外一些学者提出,应该把国际投资的概念加以扩展。按照广义的定义,海外留学以及通过专利和许可证购买而实现的技术转让等都算作国际投资。从现代国际投资的实践来看,无论在主体、对象、目标、方式、工具方面,还是在促进世界经济发展中的地位和作用方面,国际投资都已成了一个非常宽泛的范畴。

概括而言,国际投资是指各类具有独立投资决策权,并对投资结果承担责任的投资主体,包括跨国公司、跨国金融机构、官方及其他机构和居民个人等,将其拥有的货币、实物及其他形式的资产或生产要素,经跨国界流动与配置形成实物资产、金融资产或无形资产,并通过跨国运营实现经济增值的行为。

国际投资作为一种跨国经济行为必然涉及两个或两个以上国家,即投资国与东道国。投资国也称资本流出国或对外投资国,是指从事对外投资活动的经济主体所在的国家。东道国也称资本流入国、资本接受国,是指允许和吸收外国资本在本国进行投资和接受外国资本贷款的国家。

根据不同的标准,东道国又可划分为不同的类型。

(1)根据与投资国的关系,东道国可划分为被迫资本流入国和主动资本流入国。

①被迫资本流入国,即在投资国的武力威胁、经济制裁、外交讹诈之下而部分或全部丧失国家主权时,以不平等的条件吸收外资的国家,传统的东道国大部分属于此列。

②主动资本流入国,即在平等互利条件下,根据本国经济发展的需要,为壮大本国经济实力而采取主动措施吸收外资的国家,当代东道国大都属于此列。

(2)根据资本流入的目的,东道国可划分为积极资本流入国和消极资本流入国。

①积极资本流入国,即以促进本国经济发展为主要目的而引进外资的国家。

②消极资本流入国,即以弥补财政赤字、偿还国外债务为主要目的而引进外资的国家。

(3)根据资本流入的形式,可将东道国划分为生产资本流入国和借贷资本流入国。

①生产资本流入国,即吸收国外直接投资的国家。

②借贷资本流入国,即借用国外贷款的国家。

(4)根据流入资本的来源,东道国可划分为私人资本流入国、国家资本流入国和国际资本流入国。

①私人资本流入国,即吸收外国私人资本在本国进行投资的国家。

②国家资本流入国,即吸收外国政府资本(主要是政府贷款)在本国进行投资的国家。

③国际资本流入国,即吸收国际金融机构或地区金融机构(如世界银行、国际货币基金组织、亚洲开发银行、泛美开发银行等)资本的国家。

二、国内投资与国际投资的区别

投资要求衡量投入和产出,从这一点来看,国内投资与国际投资只是投资活动所涉及的区域划分不同而已,它们的本质都是一致的,最终目标均为利润最大化。但是,国际投资毕竟是资本在主权国家间的流动,其基本特征体现在它的跨国性。从这一点来看,投资主体和投资对象都发生了变化,因此国际投资在实际运作中的关系更加复杂,目标更加多元化,风险也更大。

具体来看,国内投资与国际投资的区别主要表现在以下几个方面。

(一)国际投资的主体呈现双重性

投资主体是指具有独立投资决策并对投资结果负有主要责任的经济法人或自然人。国内投资的主体主要是各级政府、企业和个人,他们之间并不存在国家与国家之间的关系;而国际投资的主体主要是跨国公司和跨国银行,这些投资主体不仅资金实力雄厚,技术先进,管理现代化,拥有独特的运行机制和经营方式,在世界各地设有众多的分支机构,而且就某一项投资而言,无论这一投资主体是国外的官方投资还是私人投资,政府面临的都是与投资主体和投资国的双重关系。

(二)国际投资的环境呈现差异性

投资环境是指影响投资活动整个过程的各种外部条件,即人为资源、自然资源、经济政策、社会文化等诸多因素的有机统一体。进行国内投资,投资者所面临的投资环境具有单一性,投资者对本国的政治环境比较熟悉,易于了解,对经济环境具有较大的适应性;进行国际投资,投资者所面临的投资环境往往与国内环境相差极大,而且呈多样化和复杂状态。在国际投资中,各国的政治环境不同,经济环境差异较大,法律环境也很复杂,同时还会遇到语言不同、风俗习惯各异等障碍。对这些差异性较大的投资环境能否全面了解并尽快适应,直接影响着投资者的投资效益。

(三)国际投资的目的呈现多样性

国内投资的主要目的是获利和促进本国国民经济的发展,它的直接目标和最终目标是一致的,即追求利润的最大化;而国际投资的目的则比较复杂,其直接目标一般是指开拓和维护出口市场、降低成本、分散资产风险、学习国外先进技术和获得东道国资源等。在实现资本保值、增值的总体目标前提下,有的国际投资活动目的在于建立和改善与东道国的双边或多边经济关系,有的国际投资活动目的在于带动两国间的贸易往来和其他合作项目的开展,还有一些则带有明显的政治目的。总之,国际投资除了获利的目的外,还常常有其他方面的考虑,这与其追求利润最大化的最终目标是不完全一致的。

(四)国际投资的运行呈现曲折性

投资本身是一项综合、复杂的事业,涉及经济生活的各个方面。与国内投资相比较,国际投资的运行更为复杂和曲折。一方面,这种曲折性表现在投资前期的准备工作上。例如,要对东道国的投资环境进行全面细致的调查研究,与东道国政府或合作者进行详尽的商务谈判等。另一方面,这种曲折性还表现在投资项目运行中诸多问题的处理上。例如,资金的调动、产品的销售等常会受到东道国的种种限制,各种经济纠纷的解决也常会受非经济因素的影响而困难重重。

(五)国际投资的风险性更大

国内投资的环境单一,投资风险一般也比较小,进行国内投资仅需要考虑安全性、收益性和变现性这三项基本因素即可。而国际投资面临的投资环境复杂多变,所以进行国际投资会遇到若干在国内没有的风险因素,如汇率风险,国际投资必然会涉及不同货币间的兑换问题,因为国际资金市场上的汇率经常变动,常会导致投资者手中的货币出现大幅度贬值,造成投资者的非经营性损失;如国家政治风险,由于东道国政权更迭而出现对外政策的剧变,由于东道国的民族纠纷和内战而使外资企业的安全性难以得到保障,由于国际社会对东道国的经济封锁而使外资企业的经营难以正常进行等,这些都会给投资者造成预期之外的经济损失,也使国际投资的决策变得更加复杂。因此,除了考虑安全性、收益性和变现性以外,进行国际投资还必须考虑国外的国家风险、政治风险、国际汇率、利率波动风险等。

三、国际投资与国际资本输出

资本输出是资本主义国家或私人资本家为了获取高额利润(或利息)和对外扩张而在国外进行的投资和贷款。从历史上来看,资本输出是在民族生产力不断发展的基础上而产生和发展的,它包括货币、商品、技术、劳务等多种形态,对世界经济的形成和发展具有重要的促进作用。按照资本输出主体的不同,资本输出可以分为私人资本输出和国家资本输出;按照输出资本类型的不同,可以分为借贷资本输出(即对外国政府及私人企业提供贷款)和生产资本输出(即在外国投资开办各类企业)。总之,资本输出是国际投资的最初表现形式,二者既有联系又有区别。

资本输出与国际投资的联系主要表现在:从表现形式来看,二者都是资本从一国家(地区)流向另一国家或地区的经济行为;从目的来看,二者都是为了追求收益的最大化。

但是,资本输出与国际投资又有着本质的区别。首先,二者性质不同。资本输出一般指垄断资本主义国家将其过剩资本输出到落后殖民地国家,带有明显的不平等性质;而国际投资则泛指国际间的投资活动,更能体现主权国家之间平等互利进行投资以及资本双向流动等特点。其次,二者所体现的经济关系不同。资本输出所体现的是资本主义国家与殖民地半殖民地国家之间的剥削与被剥削的关系;而国际投资则体现了投资国与东道国之间的平等合作关系。再次,二者的直接目的不同。资本输出的直接目的是追求高额利润;而国际投资的直接目的是带动商品出口、降低产品成本、分散资产风险、引进先进技术和设备等。最后,二者所造成的经济结果不同。资本输出造成的是资本输出国与接受国之间剥削关系的扩大以及加速资本输入国经济发展的双重结果;而国际投资所造成的是增强投资圈的国际竞争力,缓解东道国的资本短缺、促进东道国经济发展的双重结果。

四、国际投资的分类

国际投资是投资主体、资本的特性、投资目标、投资要素、投资国别、投资流向、投资方式、投资领域、投资行为、投入与产出之间关系等诸多因素的高度内在的统一。根据不同的目的,按照不同的标准,国际投资可以有不同的分类。

(一)以资本来源及用途为区分标准

国际投资可分为公共投资(public investment)和私人投资(private investment)。公共投资是指某国政府向另一国的投资,或者政府间国际金融机构(如世界银行、国际货币基金组织、国际金融公司等)向某一国的投资。公共投资一般用于社会公共利益,如某国政府投资为另一国兴建机场、铁路、体育场所等,世界银行或国际货币基金组织给某国贷款开发农业、牧业等。这类投资的目的除了为本身取得直接经济效益外,还带有一定国际经济援助的性质,或是为了配合或支持本国的私人投资,具有明显的政治目的。私人投资一般是指一国的个人或经济单位以盈利为目的而对他国的经济活动进行的投资。需要指出的是,在国际直接投资的统计中,一国政府或国际组织进行的投资(即前述一般意义上的公共投资)也归入私人直接投资的范围。

(二)以投资期限为区分标准

国际投资可以分为长期投资(long-term investment)和短期投资(short-term investment)。前者是指一年以上的投资,后者则是指一年以下的投资。

(三)以资本的特性为区分标准

国际投资可分为国际直接投资(international direct investment)和国际间接投资(international indirect investment)。国际直接投资又称对外直接投资(foreign direct investment),即指以取得国外企业的经营、管理权为特征的投资。也就是说,国际直接投资的投资者直接参与所投资的国外企业的经营和管理活动,拥有实际的管理、控制权。国际间接投资又称对外间接投资(foreign indirect investment),即指以取得利息或股息等形式的资本增值为目的、以被投资国的证券为对象的投资。国际间接投资的投资对象具体包括公司股票、公司债券、政府债券、衍生证券等金融资产。国际间接投资者并不参与国外企业的经营、管理活动,其投资是通过国际资本市场(或称国际金融证券市场)进行的。国际直接投资和国际间接投资具有明显的区别,基本区分标志是投资者是否能有效地控制作为投资对象的外国企业。

第二节 国际投资的历史发展与特征

一、国际投资的由来

国际投资是随着社会生产力的发展,商品经济发展到一定阶段、生产的社会分工国际化的产物,并随着生产力提高及国际政治、经济格局的演变所呈现出的特定发展过程。

早在16世纪,手工业的普遍出现,航运业的兴起,各国间商品交换的扩大,促进了国际贸易的发展,国际投资也随之产生。18世纪末,产业革命所形成的大机器工业促成了轮船和火车的发明与应用,产生了近代交通运输业,使得社会生产力空前提高。社会各部门专业化分工的发展,促进工业生产、科学研究突破国界,实现国际间的分工与广泛的协作。在国际分工日益发展,国际贸易往来、经济技术交流日益频繁的情况下,形成了对外贸易银行，国际投资也日益兴起。

近代国际投资的起源可以追溯到19世纪上半叶，当时的生产力大发展和工业革命引起了国际分工，从而出现了国际资本的流动。19世纪70年代，英国就开始进行资本输出。随后各发达国家相继开始向落后国家输出资本，以便获取高额利润，占领海外市场。资本输出是在资本主义国家内部出现资本过剩、本国市场趋于饱和而新兴世界市场又得以开辟的条件下产生的。早期资本输出是以间接投资的形式进行的。到了19世纪80年代，资本输出增加了国际直接投资的内容。所以从国际资本历史发展的进程来看，资本在国际范围内的运动首先表现为商品资本的运动，其标志是国际贸易；其次表现为货币资本的运动，即以国际借贷、国际证券投资为主要形式的国际间接投资，其标志是跨国银行的出现；最后表现为生产资本的运动，即国际直接投资，其标志是跨国公司的出现。国际直接投资是资本在国际范围内运动的最高形式。

二、国际投资的发展阶段

（一）1914年以前的国际投资

这一阶段是国际投资的起步阶段。这一阶段的主要投资国是英国、法国和德国，其中英国长期居于国际投资的统治地位。到1913年，英国的国际投资总额已达40亿英镑，相当于当时英国国民财富总额的1/4，占当时各国国际投资总额的一半。到1914年，英国、法国、德国、日本等主要资本主义国家对外投资总额已达440亿美元。这一阶段的东道国主要有北美洲、拉丁美洲、大洋洲等资源丰富的国家和非洲一些殖民地与半殖民地国家。

这一阶段对外投资的主要特点是：第一，投资的来源主要是私人资本，官方资本所占比例甚微；第二，投资的形式主要是间接投资，直接投资比重很小；第三，投资国数目很少，基本上局限于英国、法国、德国、美国和日本，英国居于主导地位；第四，投资主要流向资源丰富的国家和殖民地国家；第五，投资主要用于资源开发和铁路公用事业；第六，投资期限较长，有的长达99年；第七，投资国获益匪浅。据统计，对外投资的收益比国内收益平均高出1.6%～3.9%。

（二）两次世界大战之间的国际投资

这一阶段国际投资发展缓慢。两次世界大战和20世纪30年代的大危机造成了资金短缺和市场缩小。官方投资增加，并且主要投资国的地位发生了重大变化，美国不仅成为净债权国，而且成为新的国际资本的主要来源国。在两次世界大战中，美国作为战胜国，获得了巨额军火收入和战争赔款。美国购买了许多外国长期债券，如在20世纪20年代，在美国发行了1 700多种外国美元债券，至少有43个国家和地区向美国借款。与此同时，美国的对外投资也得到了迅速发展，增加了40亿美元。美国仅向同盟国提供的借款总额就达160亿美元。1929—1933年世界经济大危机期间，工业国的产量下降了17%，世界贸易量下降了25%，国际货币体系崩溃、资金匮乏、债务危机等导致国际投资资金短缺。而战争和经济危机的动荡不安，使传统的私人对外投资风险增大，导致国际私人投资下降。

这一阶段国际投资的主要特点：第一，主要投资国的地位发生了变化，美国取代英国的地位成为世界上最大的投资国；第二，投资主体发生了变化，1914年以前，对外投资基本上局限于私人对外投资，1914年以后，政府对外投资规模迅速扩大，但私人对外投资仍占主导地位;第三,国际直接投资的比重发生了变化,1914 年以前,国际直接投资比重很小,1914 年以后国际直接投资规模迅速扩大,占国际投资总额的份额增加很快。

(三)第二次世界大战后至20世纪60年代末的国际投资

这一阶段是国际投资恢复增长的阶段。第二次世界大战后,美国凭借其雄厚的政治经济实力,以帮助其他国家重建经济为名,大肆进行对外经济扩张,其国际投资规模迅速扩大,不仅使美国继续充当主要债权国,而且使美元成为主要的国际储备货币。美国于 1947 年宣布实行“马歇尔计划”,旨在帮助遭到战争破坏的欧洲国家恢复经济,仅在 1948—1953 年就向欧洲提供了 136 亿美元的资金。到 20 世纪 50 年代,各主要西方国家的对外投资规模迅速增长,但规模仍然有限,具有明显的恢复性质。随着世界经济的恢复与发展,西方主要投资大国的对外投资大幅度增加,美国、英国、法国、德国和日本的对外投资的累计额分别从 1960 年的 662 亿美元、220 亿美元、115 亿美元、31 亿美元、5 亿美元增加到 1970 年的 1 486 亿美元、490 亿美元、200 亿美元、190 亿美元、36 亿美元。其他西方国家的对外投资规模也得到了较大发展,特别是一些发展中国家和地区也开始发展对外投资。到 1969 年,发展中国家的跨国公司已达 1 100 个。印度、韩国、中国香港、新加坡、巴西、墨西哥、阿根廷、中国台湾以及一些中东国家和地区成为对外投资的新生力量。虽然发展中国家在国际投资总额中所占比例很小,但毕竟打破了西方发达国家的垄断地位。由于这一时期世界政治经济稳定,因此私人投资大幅度增加。以美国为例,1956 年是美国私人对外投资的转折点,总额超过以往任何一个时期的水平。投资方式也发生了较大变化,由原来以证券投资为主转向以直接投资为主。1965 年美国私人对外投资中直接投资占 80% 以上。

这一阶段国际投资的主要特点:第一,国际投资规模迅速扩大,特别是私人投资增长更快;第二,国际投资方式发生了转折,由新的间接投资为主转为直接投资为主;第三,国际投资的投资国结构发生了变化,发展中国家也开始进行对外投资。

(四)20世纪70年代的国际投资

这是国际投资高速增长阶段。在这 10 年中,国际投资在国际经济中的地位得到了极大的提高。美国、英国、德国和日本仍然是主要的投资国,美国仍然占据主导地位。到 1980 年底,美国对外投资额达6 069亿美元,比 1970 年增长近 4 倍。日本作为战后经济发展的后起之秀,加速了对外直接投资,在国际投资领域的地位日益提高,而日本对外投资的重点区域是美国和西欧。如日本在美国的直接投资占外国对美国直接投资的比例从 1960 的 3. 6% 上升到 1980 年的 6. 2% 。到 1980 年底,日本已成为世界第四大对外投资国。在这一时期,发展中国家和地区、石油输出国组织成为国际投资领域的另一支重要力量。1973—1974 年与 1979—1980 年两次石油提价,使得石油输出国组织获得巨额资本,由于国内投资市场有限,导致大量资本外流。1974—1980 年,石油输出国在西方发达国家的存款达 1 250 亿美元,对外直接投资和证券投资为2 320亿美元,为国际货币基金组织提供贷款200 亿美元,无偿或有偿援助非产油发展中国家 810 亿美元。

这一阶段国际投资的主要特点:第一,国际直接投资所占比重进一步上升;第二,西方主要的对外投资大国同时也是吸引外资的主要东道国;第三,发展中国家和地区的对外投资增长较快;第四,石油输出国的“石油美元”成为国际投资重要的资金来源。

(五)20世纪80年代至90年代初期的国际投资

这是国际投资稳定增长的阶段。在这一时期,由于科技革命、金融改革和跨国公司全球化经营等多种因素的共同作用,国际投资蓬勃发展,成为世界经济发展中的最为活跃的因素,但不同西方国家的对外投资增长速度不一致。美国的对外直接投资增长速度放慢,1981年美国对外直接投资额为2 283亿美元,到1984年增长为2 334亿美元,3年间仅增长了2.2%。而日本的对外直接投资增长加速,1980年日本对外直接投资额仅为365.2亿美元,到1986年猛增为1 000亿美元。20世纪80年代后主要西方国家在国际投资中的地位发生了进一步的变化。美国于战后在国际投资中处于绝对的主导地位。1982年底美国对外投资额高达8 390亿美元,引进外资额高达920亿美元,国外净生产额为1 470亿美元。但1982年后,美国对外投资增长率极为缓慢,而引进外资的发展速度却增长较快。到1985年,美国引进外资额超过其对外投资额,由世界最大的债权国变为债务国,丧失了长达67年之长的债权国地位。到1989年,美国的对外投资额达2万亿美元,投资国主要是英国、日本、荷兰、加拿大、德国和法国。不过从绝对量上来看,美国仍然是最大的投资国。

日本在美国成为世界最大的债务国的同时,一跃成为世界上最大的债权国。1968年底日本在国外的净资产仅为3亿美元,到1984年底增至744亿美元,而到1985年已高达1 300亿美元,成为世界上最大的债权国。20世纪80年代后西欧各国对外投资增长虽慢于日本,但远远高于美国,在国际投资领域充当着一个重要的角色。

这一阶段国际投资的主要特点:第一,国际直接投资增长迅速,超过了世界经济和国际贸易的增长速度;第二,美国由世界最大的债权国转为最大的债务国;第三,发展中国家对外投资增加,但仍处于从属地位;第四,形成了美国、日本、西欧"三足鼎立"的国际投资新格局。

(六)20世纪90年代后期至21世纪10年代的国际投资

这是国际投资突破性发展阶段。随着经济全球化的进一步深化,国际投资的发展取得了突破,投资方式和投资领域方面均发生重大变化。据显示,外国直接投资的流出存量在过去20年增加了6倍。跨国公司生产了世界GDP的1/10和世界出口的1/3。2008年9月24日,日内瓦《世界投资报告》披露,2007年大约79 000家跨国公司及其790 000家海外子公司继续扩大商品和服务生产。全世界海外子公司的附加值活动占全球国内生产总值的11%,销售总额达到31万亿美元,比2006年增长21%。最大跨国公司的海外活动大幅度增加,来自发展中经济体的跨国公司增加最快。国际投资不再是发达国家的舞台,发展中国家也越来越多地参与到国际投资中,渐渐由从属地位成为国际投资的主角。例如,中国吸收外商直接投资一直保持较高水平,从1996年开始连续11年实际使用外资金额位居发展中国家和地区首位。2008年中国实际使用外资(含金融类)1 083亿美元,同比增长29.7%。其中,金融领域(银行、证券、保险)新批设立中外合资银行、非银行金融机构、基金管理公司、证券公司、保险公司23家,实际使用外资金额159亿美元,同比增长68.4%。中国在继续大力吸引外国投资的同时,积极鼓励中国企业"走出去"对外投资,中国将成为世界外商直接投资的重要来源地。在中央及地方政府的鼓励和支持下,中国的企业正在加速进行国际扩张。中国对外直接投资流量从1992年的40亿美元增长到2006年210亿美元和2007年的230亿美元,使得中国内地成为2006年对外投资流量的第四大输出地区,仅次于中国香港、巴西和俄罗斯。

由美国的房贷危机引发的世界性经济危机，对世界主要经济大国的经济发展速度产生了影响，外国直接投资的年度流量在2008年开始下降。据联合国贸易和发展会议表示，2008年全球外国直接投资下降了约21%，而根据联合国2009年世界投资报告，2009年全球外国直接投资预计将会进一步下降29.4%。只有全球经济回升后，外国直接投资才可能再现过去的增长趋势。

这一阶段国际投资的主要特点：第一，以往非传统投资国、发展中国家成为国际投资新增长的重要推动力量；第二，多种投资方式并存；第三，国际投资的新发展促使新的国际生产体系逐渐形成；第四，国际投资由于金融危机而进入另一个衰退周期。

三、当代国际投资的变化趋势

（一）国际投资形式多样化

国际投资的内容从不同角度划分，可分为直接投资与间接投资、私人投资与官方投资等。再经过细分，直接投资可分为直接创办企业和收购兼并；间接投资可分为中长期贷款和证券投资等。进入20世纪90年代以后，投资国对外投资的形式丰富多彩，呈现出多样化的趋势。

从私人投资与官方投资的关系来看，20世纪六七十年代，私人投资与官方投资基本上处于同等水平。进入20世纪90年代，虽然官方投资增长较快，但私人投资规模一直居于优势地位，为官方投资的1倍左右。同时，国际金融组织贷款所占的比重相对有所提高。

从直接投资与间接投资的关系来看，一方面国际直接投资高速增长，其增长率大大高于同期世界总产值和世界出口的增长率，直接投资在规模上占据主导地位；另一方面，国际间接投资呈现出更为强劲的增长势头，间接投资比重迅速提高。

国际直接投资与国际间接投资相互促进，竞相发展，日益呈现出对国际经济活动的主导性作用。特别是国际间接投资在国际金融领域的地位不断上升，在1994年时国际证券融资额已占国际金融市场融资总额的62%。

跨国公司作为国际直接投资的主体，进入20世纪90年代以后，对外直接投资活动已逐步形成独资、合资、收购、兼并及非股权安排等多种投资方式并举的格局。其中：①收购兼并日益成为发达国家互相投资的主要手段。20世纪90年代外国企业在美国创建、收购兼并企业的总金额中，收购兼并占80%以上。在美国对外直接投资中，企业购并的比例也在增加，西欧各国的交叉投资中，企业购并也占很高比例并呈增加之势。特别是1998年以来，世界范围内掀起了一股跨国兼并的浪潮，并因此出现了新的世界最大的公司、银行；②对发展中国家的直接投资以创建独资、合资企业为主，但非股权安排日益成为一种重要方式。

（二）国际投资主体结构多元化

长期以来，世界主要投资国一直为西方发达国家。美、日、西欧“大三角”国家的对外投资一直占据全球对外投资的绝大部分份额，其中1991年这一比重达到86%。进入20世纪90年代，发展中国家，特别是新兴工业化国家和地区的对外直接投资迅速发展。1980—1984年，发展中国家的对外直接投资仅占世界总投资的5%。到1995年，这一比例上升到15%，金额达470亿美元。发展中国家的对外投资在世界总投资中所占份额虽然不高，但其增长速度是惊人的，并将成为一支不可忽视的力量源泉。传统的美、日、西欧三足鼎立的三极模式向多极化模式发展已经成为必然。

（三）国际投资流向地区化

第一，国际投资流向重点在区域经济集团内部。20 世纪 90 年代，以寻求自身经济利益为首要目标的区域经济集团在北美、欧洲、东南亚、亚太及非洲以不同形式相继建立和发展。随着世界经济区域化、集网化的发展，对外直接投资流向也出现明显的区域偏好倾向。以欧共体为例，区域内部相互交叉十分普遍，1992 年占欧共体外来直接投资总额的比例已达 67.2%，加拿大引进的外资中美国的直接投资额约占 70%，1993 年美国投资总额的 1/5 流入了加拿大，而加拿大对外投资总额的 2/3 被美国所吸收。在亚太地区，1994 年亚太经济合作组织（APEC）的区域内直接投资比例已高达 55.9%。

第二，国际投资流向热点在新兴发展中地区。虽然全球国际直接投资的主要流向仍是发达国家，但流入发展中国家的数额却在持续增长，占总投资比重也在不断提高。1995 年流向发展中国家的国际直接投资额达 900 亿美元，占总流量 2 350 亿美元的 38.3%。从发展中国家内部看，投资分布极不均匀，重点流向东亚、东南亚、欧美和中欧、东欧地区等一些经济增长迅速、充满活力的新兴地区。东亚、南亚、东南亚与太平洋地区早在 1986 年就取代了拉美和加勒比地区，成为发展中国家中最大的吸收外国投资的地区。中国在亚太地区国家吸收外资的竞争行列中极为引人注目。1995 年流入发展中国家的外国直接投资总额有 80% 被 10 个经济增长较快的亚洲和欧美国家吸收，其中东亚、东南亚吸收的外资占流向发展中国家的 2/3。中欧、东欧地区由于近年来经济的强劲复苏和市场潜力巨大，成为外资流入的另一个热点地区，1995 年吸收的外资总额比 1994 年增长 1 倍，达 120 亿美元，占世界总流量的 5%。

（四）国际投资产业结构转移化

第二次世界大战以前的国际直接投资主要是发达国家对落后国家集中在采掘业和运输业以及少量的制造业的投资。随着发展中国家石油、矿产等资源的国有化和民族经济的发展，对发展中国家的投资逐渐转向了制造业部门。尤其是发达国家相互进行的渗透性投资，在部门结构上更是表现为从资源、劳动密集型和资本密集型部门转向技术密集型的现代制造业和服务业，由传统工业转向新兴工业。高新技术企业、金融保险业、贸易服务业正日益成为投资的重点。20 世纪 70 年代，世界各国在服务业上的对外投资占 25%，对外来投资存量有近 80% 以上投向发达国家，尤其集中于金融、贸易等行业。即使在发展中国家，第三产业的投资比例也一直处于上升态势，由 20 世纪 70 年代的 23.5% 提高到目前的 33.33% 左右。

国际投资产业结构的这一转变趋势，主要是由于科技进步，服务业和高技术、高附加值产业在各国国内生产总值中的地位上升，同时各国奉行开放政策，电信、信息、金融、保险、房地产、商业等行业向外资开放。世纪之交，科技腾飞，借助科学技术的巨大推动作用，国际投资正进一步向技术、知识密集型产业和服务业倾斜，呈现出更加明显的产业转移倾向。

四、国际投资在国际经济发展中的作用

(一)国际直接投资对东道国经济增长的促进作用

1. 增加东道国的资金供给

资本是一种稀缺资源,它的匮乏往往是制约一国经济发展的重要因素。对发展中国家来说,由于处在经济的高速发展和“起飞”阶段,急需大量的建设资金,而国内的储蓄往往不能满足对资金的需求,这就不可避免地产生“投资 - 储蓄”缺口。同时由于对进口的大量需求,这些国家往往也存在着对外汇的短缺。在这种情况下,外国的直接投资是弥补上述缺口的重要来源。例如,韩国在 1962—1982 年经济的急速发展期间,年平均经济增长率为 8.2%,若无外资投入,实际增长率只能停留在 4.9% 的水平。统计资料表明,20 世纪 70 年代,外资对韩国经济增长的贡献程度为 36.1%。对发达国家来说,一般不存在资金严重不足问题,但外国的直接投资可以防止由本国对外投资过度所造成的“产业空心化”,使资本的流出和流入趋于平衡。

2. 推动东道国技术进步和科学管理水平的提高

当今世界范围的竞争已突出地表现在科学技术的竞争上。国际投资的广泛开展,可以促使各国合理利用资源,加速生产要素优化配置,发展信息产业、高科技产业,并注重把高科技成果尽快转化为生产力,推动经济的发展。对发展中国家来说,学习发达国家的先进技术是实现经济成功起飞的关键,而这些国家往往没有能力独立进行技术创新,利用外资来引进国外先进技术,可以大大节约本国在科研资金和时间上的耗费,实现跳跃式发展,并可以获得比单纯技术转让更充分的支援,有利于消化、吸收和创新。同时,在利用外资过程中,可以学习外国,特别是实力雄厚的跨国公司的先进组织形式和成熟管理经验,为本国参与国际竞争打下基础。对发达国家来说,则可在利用外资中通过示范效应促进相互之间的经济技术协作与交流,取长补短,并共同开发新技术,推动本国的技术进步和管理科学化。

3. 促进东道国产业结构的调整和升级

对发展中国家来说,过去大多是农业国或半工业化国家,工业基础薄弱,服务业不发达。利用发达国家的直接投资并有意识地将其加以引导,可以促进新兴工业部门的形成和发展,进行产业结构的升级。例如,新加坡制造业和金融业的迅速崛起直接得益于跨国公司和跨国银行;韩国的钢铁、造船、汽车、电子等工业也是在外资的参与下兴建和发展起来的。对发达国家来说,利用外资,可大力开发高新技术产业,淘汰和转移“夕阳”产业,实现产业结构调整。同时有些外资为了避免激烈的竞争,在向发达东道国投资时投向一些“空隙”,即盈利率相对较低的部门,这也有利于防止发达东道国产业结构畸形发展,起到一定的协调作用。

4. 推动东道国的出口贸易

目前国际直接投资的主体多为实力雄厚的跨国公司,它们考虑其“全球发展战略”,在发展中东道国多投资于劳动密集型加工制造业,其产品多数用于出口,这就扩大了东道国的出口量。从我国利用外资的情况来看也证实了这一点。而发达国家之间的相互投资则形成密布全球的销售网络,有力地促进了相互之间的出口贸易发展。

5. 为东道国创造就业机会

众所周知,外国直接投资于东道国创办公司企业,必然会为东道国直接提供就业机会。

同时,外国直接投资通过促进东道国社会消费水平的提高和经济的发展,也可间接提高东道国的就业机会。对发达国家来说,更多的就业机会可以缓解失业的压力,促进经济发展;对发展中国家来说,不但可以解决农业剩余劳动力向工业转移的难题,而且可以利用三资企业提供的正规培训提高本国劳动者的素质,增强经济发展的后劲。

(二)国际直接投资对投资国经济增长的促进作用

1. 对发达投资国来说,可通过对外直接投资获得丰厚利润,增强本国经济实力

由于发达国家跨国公司按其“全球发展战略”进行对外投资,可以利用廉价的自然资源和劳动力,有效地组织生产、科研和销售,实现全球资源最佳配置,同时也由于东道国,特别是一些发展中东道国对外资所给予的优惠政策以及投资国所给予的补贴,发达国家跨国公司对外直接投资的利润率一般要比国内投资的利润率高。如20世纪70年代后期,美国国内制造业平均利润率为13%,而同期对外投资的利润率皆高于此,个别年份对发展中国家的投资利润率更高达32%。发达国家对外投资所获得的巨额利润扩大了资本规模,加强了其在国际竞争中的垄断地位。对发达投资国来说,对外投资有利于改善其国际收支状况。有些发达国家国内存在着资本过剩情况,对外投资为这些资本提供了出路。有些发达投资国虽然存在国际收支逆差,但通过对外投资,使国外企业的利润汇回大于资本汇出,也可以平衡国际收支。因为,虽然对外投资初期可能会发生资本的净流出,但从长期来看,一方面当跨国公司国外子公司正常运作后,可向母国汇回利息、红利、专利使用费、管理费用等,改善投资国的国际收支状况;另一方面,对外投资可带动投资国的设备、原材料、零部件等的出口,从而对投资国的国际收支产生有利影响。

2. 对发展中投资国来说,有利于获得国外先进技术和管理经验

发展中国家对外投资于发达国家,直接介入国际市场的科研开发和企业管理,较之吸引发达国家投资不仅可获得更为先进、尖端的技术和管理经验,而且更具有主动性和选择性,这对于打破发达国家的技术垄断和控制,提高技术水平,带动国内工业发展具有战略意义。韩国、中国台湾等一些国家和地区几年来一直在海外投巨资于高科技产业,就是很好的例证。

3. 有利于占领和开拓国际市场

在国际经济联系日益密切的今天,国际间贸易已同国际投资和跨国公司的行为紧密地联系在一起。据统计,当今全球跨国公司分支机构已有约25万家,控制着国际贸易的50%~60%,国际投资的90%。通过对外直接投资开拓国际市场,已成为一国介入国际经济活动的重要手段,尤其是在贸易保护主义盛行、关税壁垒重重的今天,利用对外直接投资打开国际市场已成为必不可少的方式。对发展中国家来说,随着大规模的引入外资,也出现了一些诸如国内市场丧失、民族品牌沦陷等负面效应,不利于民族经济的发展。因此,发展中国家对外投资建立自己的生产、销售网络,攻占国际市场,创立世界品牌,增强自身的竞争力,更具有战略意义。

(三)对外直接投资对全球经济增长的促进作用

1. 促进了生产国际化和资本国际化

国际直接投资的发展得益于科技进步和国际分工的深化。同时,现代跨国公司的出现和国际直接投资的发展,使资金、技术、劳动力、自然资源在全球范围内进行合理配置和利

用成为可能，使国际分工在广度和深度上进一步扩展，导致现代生产的国际化。在生产国际化的过程中，需要庞大的国际资金的支持，从而推动了国际金融市场的发展和资本国际化的进程，跨国银行也应运而生。跨国公司和跨国银行的出现与发展，使世界经济日趋一体化，促进了全球的经济增长。

2. 促进了科学技术的开发利用和产业结构的演进

随着世界各国生产力的发展，国际竞争的不断加剧，国际直接投资对新技术的开发和产业结构的调整起着极为重要的作用。具有雄厚实力的跨国公司为了维持自己的优势和地位，动用庞大的资金进行科学研究和开发，其数额甚至超过了单独一国政府的科研经费，已成为高、新、尖技术开发的重要保障。同时在技术革命的浪潮中，各国为了保持竞争力，不断进行产业调整与升级。随着工业跨国公司海外投资的发展，银行、保险、电信、咨询等服务行业也纷纷开展海外业务，造成了世界产业结构表现为劳动密集型到资本密集型、技术密集型、科学密集型的演进趋势，提高了全球经济增长的质量。

（四）国际间接投资对经济增长的促进作用

国际间接投资主要是指国际证券投资及国际中长期信贷、经济开发援助等形式的对外投资。国际间接投资的发展所带来的是高度发达的国际资本市场，它包括辛迪加贷款（银团贷款）、欧洲中长期票据市场、债券市场和国际股票市场。国际间接投资对经济增长的促进作用主要表现在以下两个方面。

1. 通过国际资本市场筹资可使企业及投资项目获得所需的资金

筹资的渠道有多种，如向国际金融机构借款、向跨国银行借款，以及在国际证券市场上融资（包括在海外发行股票、债券，在海外资本市场出售有价证券等）。资本市场的发展还可以按照市场的具体需要进行创新，创造出灵活的、可转换的、可选择的金融工具，满足投资人和借款人的专门偏好。通过国际资本市场，可以方便高效地筹集到所需的资金，满足国内经济发展的需要。尤其是对发展中国家来说，新兴市场的蓬勃发展及机构投资者队伍的扩大，可使筹资者通过直接融资的手段方便地筹措到资金。对打算在国外进行投资的企业来说，不仅可以靠国内资本市场筹资，还可以利用在国际资本市场和东道国资本市场筹资来进行对外投资，以缓解对本国国际收支平衡的压力。

2. 通过国际资本市场可进行资产经营

资产经营是市场经济和现代企业制度发展到一定阶段的高级产物。它通过对生产要素的优化配置和资产结构的动态调整来获得最大利润和资产最大增值。目前，跨国公司在国际资本市场上频繁地进行海外上市，一是可以得到来自海外的所有权融资，并可以通过提高投资者的预期值而获得大量的溢价发行收入；二是可以改善公司的所有权结构，建立科学的经营管理体制，提高公司运作效率；三是可以提高公司的知名度，实现无形资产的增值；四是可利用上市公司配股筹资，引入资金到国内来支援国内企业的发展。跨国企业通过跨国兼并收购，一是可以促进存量资产重组，在全球范围优化资源配置，扩大企业规模，降低经营成本；二是可以迅速进入另一国市场，控制销售渠道，抢占国际市场份额；三是可以增强企业实力，获得竞争优势，降低经营风险。20 世纪 90 年代中期以来，全球范围内再次出现企业兼并收购浪潮，许多大型跨国公司通过并购，或扩大了市场，或取得了技术，或调整了业务结构，或精简了组织。总之，这对企业自身的发展及全球经济的增长起到了重要的推动作用。

第三节 国际投资学研究的范围和内容体系

国际投资学是一门应用型新兴学科,是国际经济学的重要组成部分,是以国际投资为研究对象的正在发展建设中的一门学科。国际投资学主要研究国际资本运动对本国经济发展建设的影响与作用;国际资本为本国政治、经济预期目标服务的各种方式与各项措施;国际资本运行效益和风险的分析与管理;国际资本运行的动力、机制和规律;国际资本运动的发生、发展与趋势。

一、国际投资的主体与客体

(一)国际投资的主体

国际投资的主体主要包括四大类:官方与半官方机构、跨国公司、国际金融机构和个人投资者。

1. 官方与半官方机构

官方机构是指一国政府机构。半官方机构是指超国家的国际性组织。这类投资主体主要承担某些带有国际经济援助性质的基础性、公益性的国际投资。如政府贷款、出口信贷、世界银行贷款等。

2. 跨国公司

跨国公司是指由两个或两个以上国家的经济实体所组成,并从事生产、销售和其他经营活动的国际性大型企业。跨国公司是国际直接投资的主体。

3. 国际金融机构

国际金融机构是指从事国际金融管理和国际金融活动的超国家性质的组织机构,包括跨国银行及非银行金融机构。其按地区可分为全球性的国际金融机构和区域性的国际金融机构。金融机构是参与国际间接投资和金融服务业的直接投资的主体。

4. 个人投资者

个人投资者是指以自然人身份作为投资主体参与国际间接投资或直接投资的投资者。个人投资者是以参与国际证券投资为主的群体。

(二)国际投资的客体

国际投资的客体是指投资主体加以跨国经营操作以实现投资目的的对象、目标或标的物。国际投资的客体主要包括三大类:货币性资产、实物资产和无形资产。

1. 货币性资产

货币性资产是指企业持有的货币资金和将以固定或可确定的金额收取的资产。它包括现金、银行存款、应收账款、国际债券、国际股票和衍生工具等其他货币形式。

2. 实物资产

实物资产是指企业的存货和固定资产,即有物质形态的资产。它包括土地、建筑物、机器设备、零部件、原材料、成品以及生产中的半成品等。

3. 无形资产

无形资产是指企业拥有或者控制的没有实物形态的可辨认的非货币性资产。它包括专利权、非专利技术、商标权、著作权、土地使用权、特许权等。

上述各类资产与劳动力结合在一起，便构成了生产要素，而国际投资所从事的跨国资本交易活动具有带动各种生产要素和产品转化的功能。正是由于国际投资的主体既可采用一种客体投资形式，又可同时采用多种客体投资形式，因此国际投资才具备了多样性和复杂性等特征。

二、国际投资学的内容体系

（一）国际投资学的研究范围

国际投资活动的迅猛发展，为其理论体系的形成和发展提供了广阔的研究空间。目前国际投资学作为一门独立的学科，已从国际金融、国际贸易中分离出来，逐步形成了具有自身特点的理论体系，成为一门跨学科、应用型的综合性学科。总的来说，国际投资学是研究跨国投资的运行过程及其规律和对外投资对世界经济及各国经济影响的一门学科。具体地说，国际投资学主要研究国际投资的含义；国际投资的发展历史、现状及趋势；国际直接投资、国际间接投资的基本理论、机制和规律；国际投资环境的种类、评价原则及评价方法，国际投资风险的种类、评估方法和防范措施；跨国公司、金融机构对国际投资的政策管理、法规管理；国际资本运动对我国经济发展的影响与作用。

（二）国际投资学的内容体系

国际投资学是研究资本在国际间的运动过程及其对世界经济影响的客观规律的学科。由于国际投资活动是整个国际经济活动的有机组成部分，因此对它的研究不能孤立地进行，必须同时研究它和其他国际经济活动以及有关国家的国内经济活动的相互关系和影响。具体地说，国际投资学研究的基本内容主要包括国际投资理论、国际投资主体、国际投资客体以及国际投资管理等。国际投资理论研究主要包括对国际投资的基本概念、国际投资分类、国际投资动机以及国际投资理论问题；对国际投资主体的研究主要是指对跨国公司的发展、组织结构、经营战略以及各类从事国际投资活动的国际机构的研究；对国际投资客体的研究主要是指对国际投资方式的研究，其中包括直接投资方式和各种类型的间接投资方式；对国际投资管理的研究主要是指对投资环境、投资项目的可行性及投资活动面临的各种风险的研究。

总之，国际投资学作为一门应用学科，对国际投资活动，特别是国际投资活动的理论和实务方面的研究均是建立在理论与实践相结合、宏观与微观相联系基础之上的。随着世界经济的快速发展和区域经济一体化的不断深入，国际投资学将会面对更多值得研究的问题。

三、国际投资学的研究方法

科学的研究方法是人们正确认识事物不可缺少的条件。研究国际投资学，既要重视理论研究的指导原则，又要重视具体的研究方法，具体可包括以下几个方面。

（一）个量分析与总量分析相结合

个量分析是把复杂的国际投资活动分解为若干简单的要素和方面，以便单独考察它们,认识每个组成要素固有的性质和特征;总量分析是把分解的各个要素和方面结合成一个整体,把国际投资活动作为统一的整体来认识,以正确反映国际投资各要素和各方面之间的内在联系。

通过个量分析和总量分析,既能认识国际投资活动的各个方面、各种组成要素的性质和特征,又能将国际投资活动的各个组成要素、各个方面综合起来,作为一个有机整体来研究,以全面、正确地认识国际投资活动的运动规律。也就是说,对于国际投资项目,在分析它给投资者带来的微观效益的同时,还要考虑它将给国家的宏观经济总量造成的影响,从而达到最佳的政策协调状态。

(二)静态分析与动态分析相结合

静态分析是在承认国际投资相对稳定的前提下,对某一时间点上的国际投资活动的现状进行分析,这种分析的方法可以考察某一时期国际投资活动的发展状况和特点;动态分析是在承认国际投资总是处在不断运动、变化、发展的前提下,对某一时期国际投资活动所发生的变化进行序列分析,以研究国际投资活动的变化和发展过程,考察其发展的方向和趋势。二者是互为前提、互相补充的。

(三)定性分析与定量分析相结合

定性分析是运用正确的立场、观点来揭示国际投资活动中的各种质的规律性和本质联系;定量分析是运用数学方法对国际投资活动中的各种数量关系和数量变化进行定量描述,以深化对国际投资从量变到质变的规律性的认识。

对于国际投资活动的现象和结果,不仅需要在总体上给予定性的判断和预测,还需要进行定量的计算和分析。对此,西方长期以来形成了一套现代化管理方法,广泛深入地运用经济数学,如对投资项目进行可行性研究,对投资效果进行投入、产出分析,对金融资产设立定价及风险控制模型等,使国际投资活动建立在科学、精确的基础上。

(四)历史分析与逻辑分析相结合

国际投资学是国际投资实践活动的经验总结和理论概括。在国际投资学的研究中,必须运用历史分析方法,分析国际投资的产生、发展和演变过程,准确描述国际投资发展的客观过程。但是,国际投资的发展不仅表现为一个历史过程,还必须遵循其内在的逻辑次序。运用逻辑分析方法进行分析,有助于寻找出国际投资活动的客观规律。事实上,国际投资活动内在的逻辑次序及其发展的历史进程是一致的。因此,在国际投资学的研究中,必须坚持历史分析与逻辑分析相结合的研究方法。

(五)理论分析与实证分析相结合

作为一门新兴的应用经济学科,国际投资学必须根据前人揭示的经济学原理,从理论上分析国际投资实践活动,总结国际投资运行的规律。但同时也应看到,国际投资学是在国际投资实践中产生的,而国际投资实践繁杂多样,只有在具体实证分析的基础上才能进行理论分析,否则,凭空得出的理论是难以解释国际投资实践活动的。当代一些著名的国际投资学流派的理论都是在具体实证分析某一国(或某类国家)对外投资活动的基础上得出的。因此,在国际投资学的研究中,必须坚持理论分析与实证分析相结合的研究方法。

思考与练习

1. 国际投资的概念与内涵是什么？
2. 国际投资与国内投资的差别包括哪些？
3. 21 世纪以来，国际投资呈现出什么样的发展趋势？
4. 国际投资对经济发展有什么促进作用？

【案例】

福耀集团的国际化历程

一、公司简介

福耀玻璃工业集团股份有限公司(以下简称“福耀集团”)，1987 年成立于中国福州，是专注于汽车安全玻璃研发、生产的大型跨国集团，于 1993 年在上海证券交易所主板上市(A 股代码:600660)，于 2015 年在中国香港交易所上市(H 股代码:3606)，形成兼跨境内外两大资本平台的“A + H”模式。

创立以来，福耀集团矢志为中国人做一片属于自己的高质量玻璃，当好汽车工业的配角，秉承“勤劳、朴实、学习、创新”的核心价值观，坚持走独立自主、应用研发、开放包容的战略路线。经过 30 余年的发展，福耀集团已在中国 16 个省市以及美国、俄罗斯、德国、日本、韩国等 11 个国家和地区建立了现代化产销基地和商务机构，并在中、美、德设立 6 个设计中心，全球雇员约 2.7 万人。福耀集团的产品得到全球知名汽车制造企业及主要汽车厂商的认证和选用，包括宾利、奔驰、宝马、奥迪、通用、丰田、大众、福特、克莱斯勒等。福耀集团为各大汽车制造企业提供全球定牌生产合作(OEM)配套服务和汽车玻璃全套解决方案，被各大汽车制造企业评为“全球优秀供应商”。

福耀集团是“工业 4.0”的积极探索者和实践者。公司以智识引领发展，以创新为驱动，通过智能制造，为客户提供一片有“灵魂”的玻璃，其在信息技术与生产自动化方面位居全球同行业前列。近年来，福耀集团先后荣获“中国质量奖提名奖”“智能制造示范企业”“国家创新示范企业”“国家级企业技术中心”等各类创新荣誉、资质。福耀集团多年蝉联《财富》中国 500 强、中国民营企业 500 强，多次获得“中国最佳企业公民”“中国十佳上市公司”“CCTV 最佳雇主”等社会殊荣。董事长曹德旺先生从 1987 年至今个人捐款累计逾 120 亿元，被誉为“真正的首善”;2009 年荣膺企业界的“奥斯卡”——安永企业家全球奖;2016 年荣获全球玻璃行业最高奖项——金凤凰奖，评委会称“曹德旺带领福耀集团改变了世界汽车玻璃行业的格局”;2018 年，入选“改革开放 40 年百名杰出民营企业家”。

二、福耀集团的国际化进程

时光荏苒。说起“走出去”的故事，一幕幕如电影般在福耀集团董事长曹德旺脑中闪过:“要走出去，首先必须搞清楚，你拿什么走出去？有没有这个实力？你还要搞清楚，你能为投资地带来什么利益？你更要搞清楚，你走出去是不是企业发展的终极目标？”

(一)既造福投资地，也惠及世界

2016 年 10 月，美国俄亥俄州代顿市因一家中国公司的到来变得格外热闹。福耀集团投资6亿美元在此建造的全新工厂竣工投产，这是全球最大汽车玻璃单体工厂，有雇员2 500人。经过两年多的运营，福耀美国公司就成为当地最大的制造厂之一，同时也是代顿地区最大的雇主之一。美国本地汽车厂商的订单不断涌入，这个工厂仍在计划扩张，雇员人数在不久的将来预计仍会增加。

然而就在福耀美国公司竣工投产的两年前，这座面积达160万平方英尺（1平方英尺≈0.09平方米）的工厂还漆黑一片，没有一点儿生气。这里曾是通用汽车公司的工厂，2008年金融危机后，通用汽车公司关闭了这座工厂，此后一直闲置，工人们大部分失了业。James Reid是代顿当地居民，过去就在通用汽车公司的工厂工作，现在，他加入了福耀美国公司，从一名普通生产操作工开始，目前已经成长为管理着200多名工人的生产经理。“我们有许多机会，大家都有上升渠道，我真的、真的非常喜欢这份工作。”James Reid表示。

当地人还用特殊的方式欢迎福耀公司的到来。他们把福耀美国公司生产的首片汽车挡风玻璃收藏在博物馆里，将福耀美国公司所在的路段命名为“福耀大道”。福耀集团在代顿的投资，不仅为其带来了生机活力，也引领着当地经济的复苏。当地媒体这样评价福耀集团：“中国制造业企业将生产带入美国，给人们的生活带来希望。”时至今日，福耀集团在美国已形成从玻璃原片、汽车玻璃制造、玻璃包边、设计服务到销售为一体的全供应链、全流程模式，并保持持续盈利。至今，福耀集团对美国投资总额已超过7亿美元，是中国汽车零部件企业在美投资最多的。

2019年4月10日，中国驻纽约总领事黄屏大使考察福耀美国公司时表示，作为一家来自中国的制造业企业，福耀成为美国汽车产业链的重要一环，带动了当地其他相关制造业行业的发展，福耀在美国的运营充分展示了中美开展互利经贸合作不仅造福两国，而且惠及世界。

（二）是顺势而为，也是必然选择

“走出去”进行国际化发展，对于福耀集团这样的行业龙头而言，是顺势而为，也是必然选择。2000年，中国正式加入世界贸易组织（WTO），与此同时，中国玻璃企业在国际上遭遇反倾销调查。面对不正当竞争手段，福耀集团拿起法律武器，积极追求商业公平，最终打赢了中国入世后的第一场反倾销官司，为中国企业进入国际市场探索了一条道路。

在此之后，福耀集团的国际征途进入了快车道，先后与奥迪、宝马、奔驰、通用、大众、丰田、本田等全球知名汽车品牌合作，提供同步设计及OEM产品。2010年以后，随着国家“走出去”战略的实施及全球化发展的需要，福耀集团先后在俄罗斯、美国、德国布局生产基地，通过制造、服务、销售全方位“全球化”，更深地进入世界市场的大海中。

福耀集团在海外的第一项重大投资在俄罗斯。2011年，应德国大众汽车集团的要求，福耀投资2亿美元在俄罗斯卡卢加州建设工厂，这是福耀集团走向海外的第一个生产性企业。在俄罗斯工厂的竣工庆典仪式上，时任俄罗斯总理梅德韦杰夫发来贺信，他表示，福耀集团在俄投资项目的建成，不仅对卡卢加州的经济发展，而且对俄罗斯全国的汽车生产企业来说都具有重要意义。目前，福耀集团俄罗斯生产基地已成为福耀产品出口欧洲的“桥头堡”。2018年底，位于德国海尔布隆的福耀欧洲公司新厂也竣工投产。作为福耀国际化重要战略布局之一，该厂不仅能够零距离地为宝马、奥迪、大众等欧洲传统汽车品牌提供玻璃增值服务，还能对接德国先进制造技术与装备工艺，从而持续引领汽车玻璃行业。现在一片片福耀玻璃正从这里源源不断地供应到德、英、意、瑞等国家的汽车制造厂。2019年，福耀收购德国老牌汽车零部件公司SAM资产，SAM的主要业务为生产和销售铝亮饰条，该收购有助于提升福耀集团的汽车玻璃集成化能力和产品附加值，更好地为汽车厂商提供优质产品和服务，增强与汽车厂商的合作黏性。

目前，福耀集团已经在美国、俄罗斯、德国、日本、韩国等 11 个国家和地区建立产销基地和商务机构，成为名副其实的大型跨国工业集团，汽车玻璃全球市场占有率超过 25%。“全球化是所有企业的终极目标。”曹德旺说，“企业不断壮大以后，必须国际化，才能实现它的价值，才是一个伟大的事业。”

结合案例，谈谈福耀集团国际化战略的意义。

第二章　国际直接投资理论

国际直接投资是指以控制国(境)外企业的经营管理权为核心的对外投资,又称为外国直接投资。这种控制权是指投资者拥有一定数量的股份,因而能够行使表决权并在企业的经营决策过程中享有发言权。

20 世纪 60 年代以前,对跨国公司海外直接投资的理论解释是以要素禀赋论为基础的国际资本流动理论。国际投资理论产生于 20 世纪 60 年代,相继出现了垄断优势理论、产品生命周期理论、内部化理论、边际产业扩张理论等理论流派。20 世纪 70 年代后期,折中理论尝试对上述流派进行综合,并形成了影响深远的国际直接投资的一般理论。20 世纪 80 年代以来,随着跨国公司的迅猛发展及其对世界经济影响的加深,国际直接投资理论进一步走向深化,并出现了许多不同于传统理论的新流派。折中理论的突破和新兴理论的崛起,标志着国际直接投资理论进入了一个崭新的阶段。到目前为止,虽然有关国际直接投资的理论研究很多,但是并未形成一个真正有代表性的理论。多样的直接投资理论,一般都是围绕以下三个基本问题展开的:

(1)为什么企业要到国外去经营;

(2)投资企业如何与占有天时、地利、人和的当地企业竞争;

(3)为什么企业不通过国际贸易或许可经营方式,而是通过投资海外生产方式进入国际市场。

第一节　垄断优势理论

在第二次世界大战前,国际资本的移动主要是以证券投资方式进行的,因此,在理论上将资本国际移动的原因,归结为国际间存在资本利息率的差异,即在完全竞争条件下,由于资本利息率的差异,会引起资本由利息率低的国家流向利息率高的国家,从而形成资本在国际间的移动。但是,第二次世界大战后以国际直接投资为特征的跨国公司迅速成长,国外直接投资的规模和发展速度很快超过了国外间接投资。国外直接投资活动常常并不遵循传统的资本移动规律,如在外国利息率低于本国利息率的情况下,同样会发生对外直接投资活动。并且,传统投资理论是建立在完全竞争市场假定之上的,实际上这个假定的环境条件是不存在的。因此,传统资本移动理论在解释国际直接投资现象方面有了不可克服的困难。

1960 年,斯蒂芬·海默(S. Hymer)在其博士论文《国内企业的国际经营:对外直接投资的研究》中率先对传统理论提出挑战。海默收集了大量资料,对美国跨国公司进行实证分析,结果发现:美国跨国公司主要是拥有生产经营优势的工业型跨国公司,而很少是具有金融优势的金融机构;美国跨国公司对外投资一般集中在少数几个行业中,这些行业对利率的差异并不敏感;在美国跨国公司海外资产的构成中,一半以上的资产是由母公司出资形成的,另外相当一部分资产则是通过举债方式在当地筹集的。这些情况表明,传统的国际资本流动理论不能科学地解释跨国公司的对外投资行为，必须建立一套新的理论以取代传统理论。

一、垄断优势的种类

垄断优势理论认为，国际企业在外国开展经营活动，同当地企业相比，总会存在一些劣势。尽管如此，国际企业的对外直接投资仍然在扩大和发展，这就意味着国际企业不仅能够克服与当地企业竞争面临的劣势，而且能够形成相对的竞争优势。国际企业的这种能力来自其自身的垄断优势。

垄断优势理论把跨国公司从事对外直接投资所凭借的垄断优势分为以下几类。

(1)来自产品市场不完全的垄断优势，如来自跨国公司拥有的产品差异化能力，商标、销售技术和渠道，或其他市场特殊技能，以及包括价格联盟在内的各种操纵价格的条件。

(2)来自要素市场不完全的垄断优势，如技术要素(优势可来自专利、技术诀窍等知识产权，技术的专有和垄断既可以使跨国公司的产品与众不同，又可以限制竞争者进入市场；充足的研发费用，加快了大公司的技术创新步伐)、资本要素(跨国公司可凭借其拥有的较高的金融信用等级在资本市场以较低的成本较多、较快地筹集到资金)、管理技能和信息等方面。

(3)来自规模经济的垄断优势。大企业为谋求规模经济而投入的巨额初始资本，对欲加入市场与之竞争的新企业来说无疑是一道难以逾越的门槛，而且伴随着很大的风险。另外，跨国公司可以利用国际专业化生产来合理配置生产经营的区位，避免母国和东道国对公司经营规模的限制，扩大市场占有份额。

(4)来自政府干预的垄断优势。东道国和母国政府可以通过市场准入、关税、利率、税率、外汇及进出口管理等方面的政策法规对跨国公司的直接投资进行干预，跨国公司可以从政府提供的税收减免、补贴、优先贷款等方面的干预措施中获得某种垄断优势。

二、市场竞争的不完全性

斯蒂芬·海默认为，在完全竞争条件下，不存在对外直接投资，即在完全开放市场和充分竞争条件下，信息的获得不需要时间和费用，也没有贸易的障碍，国际往来只需要采用贸易方式即可实现市场均衡。在此条件下，国际企业不会比当地企业获得更多的经营优势，也就不会形成对外直接投资。因此，对外直接投资只有在市场不完全、竞争不充分的条件下才会形成。不完全竞争是指规模经济、技术垄断、商标及产品差别等引起的偏离完全竞争的市场结构。寡占是不完全竞争的主要形式。不完全竞争市场是指市场的运行及其体系在功能或结构上的缺陷和失效。

市场的不完全性主要包括以下三个方面：

(1)产品和生产要素市场的不完全；

(2)由规模经济引起的市场不完全；

(3)由政府干预经济而导致的市场不完全。

垄断优势理论认为，一国和国际市场的不完全性，导致跨国公司获得了垄断优势，并通过对外直接投资的方式来利用自身的垄断优势。这种垄断优势是跨国公司对外直接投资的决定因素。斯蒂芬·海默认为，企业的垄断优势可以分为两类：一是包括生产技术、管理诀窍、营销能力等所有无形资产在内的知识资产优势；二是企业凭借规模巨大而产生的规模经济优势。企业自身长期积累的知识是垄断优势的主要来源,这些知识很难与具体企业相分离,是一个企业所特有的,如技术能力、市场营销技巧、经营能力等。技术能力是企业经过长期投入积累形成的知识;市场营销技巧是通过投资建立起的广告影响或销售渠道等知识;经营能力也是通过对人力资源开发和经营、管理系统的投入而形成的知识。对国际企业来说,这些知识是过去长期投入形成的,具有垄断性的无形资产,当地企业要获取这些资产就需要大规模的投入,这在短期内是难以做到的。因此,国际企业通过对外直接投资,充分利用这些特有的知识,形成产品或经营的差别优势,并借此取得超额利润。正是存在垄断优势,跨国公司才能克服海外投资的附加成本,抵消东道国当地企业的优势,确保海外投资活动有利可图。垄断优势理论的研究基础是战后美国制造业少数具有资金和技术优势的部门的境外直接投资活动。从国际经营的形态考察,对外直接投资并不是保证垄断优势利益实现的唯一方式,通过贸易、许可经营等也可以实现这个目标。可见,垄断优势理论将国际企业的垄断优势作为对外直接投资的充分条件,是缺乏说服力的。垄断优势理论无法解释20世纪60年代以后,发达国家没有垄断优势的中小企业以及一些发展中国家的企业也开始对外进行直接投资的现象。

三、对垄断优势理论的评价

(一)主要贡献

垄断优势理论突破了国际间资本流动导致对外直接投资的传统贸易理论框架,突出了知识资产和技术优势在形成跨国公司中的重要作用。因而,垄断优势理论在20世纪六七十年代中期,对西方学者产生较深刻的影响。垄断优势从理论上开创了以国际直接投资为对象的新研究领域,使国际直接投资的理论研究开始成为独立学科。这一理论既解释了跨国公司为了在更大范围内发挥垄断优势而进行横向投资,也解释了跨国公司为了维护垄断地位而将部分工序,尤其劳动密集型工序,转移到国外生产的纵向投资,因而对跨国公司对外直接投资理论发展产生很大影响。

(二)存在的不足

这一理论也存在一些缺陷,如不能很好地解释对外直接投资流向的产业分布或地理分布;以美国为研究对象,对发展中国家企业的对外直接投资缺乏指导意义。由于研究依据的是20世纪60年代初对西欧大量投资的美国跨国公司的统计资料,因此对美国跨国公司对外直接投资的动因有很好的解释力,但却无法解释20世纪60年代后期日益增多的发展中国家跨国公司的对外直接投资,因为发展中国家的企业并不比发达国家有更强的垄断优势。而且,该理论偏重静态研究,忽略了时间因素和区位因素在对外直接投资中的动态作用。

第二节　比较优势理论

大卫·李嘉图在其代表作《政治经济学及赋税原理》中提出了比较成本贸易理论,即后人所称的比较优势贸易理论,简称比较优势理论。比较优势理论认为,国际贸易的基础是生产技术的相对差别(而非绝对差别),以及由此产生的相对成本的差别。每个国家都应根据“两优相权取其重,两劣相权取其轻”的原则,集中生产并出口其具有“比较优势”的产品,进口其具有“比较劣势”的产品。比较优势理论在更普遍的基础上解释了贸易产生的基础和贸易利得,大大发展了绝对优势贸易理论。

一、概念及理论

比较优势可以表述为在两国之间,劳动生产率的差距并不是在任何产品上都是相等的,每个国家都应集中生产并出口具有比较优势的产品,进口具有比较劣势的产品(即“两优相权取其重,两劣相权取其轻”),双方均可节省劳动力,获得专业化分工提高劳动生产率的好处。

(一)假设条件

(1)假定贸易中只有两个国家和两种商品(X 与 Y 商品),这一假设的目的是用一个二维的平面图来说明这一理论。

(2)两国在生产中使用不同的技术。技术的不同导致劳动生产率的不同,进而导致成本的不同。

(3)模型只假定在物物交换条件下进行,没有考虑复杂的商品流通,而且假定一个单位的 X 产品和一个单位的 Y 产品等价(不过它们的生产成本不等)。

(4)在两个国家中,商品与要素市场都是完全竞争的。

(5)在一国内要素可以自由流动,但是在国际间不流动。

(6)分工前后生产成本不变。

(7)不考虑交易费用和运输费用,没有关税或影响国际贸易自由进行的其他壁垒。但是,在贸易存在的条件下,当两国的相对商品价格完全相等时,两国的生产分工才会停止;如果存在运输成本和关税,当两国的相对价格差小于每单位贸易商品的关税和运输成本时,两国的生产分工才会停止。

(8)价值规律在市场上充分发挥作用,自由竞争,自由贸易。

(9)假定国际经济处于静态之中,不发生其他影响分工和经济变化的因素。

(10)两国资源都得到了充分利用,均不存在未被利用的资源和要素。

(11)两国的贸易是平衡的,即总的进口额等于总的出口额。

(二)理论依据

比较优势理论是一项最重要的、至今仍然没有受到挑战的经济学普遍原理,具有很强的实用价值和经济解释力。大卫·李嘉图认为,英国不仅要从外国进口粮食,而且要大量进口,因为英国在纺织品生产上所占的优势比在粮食生产上所占的优势大,故英国应专门发展纺织品生产,以其出口换取粮食,取得比较利益,提高商品生产数量。

比较优势理论是在绝对成本理论的基础上发展起来的。根据比较优势理论,一国在两种商品生产上较之另一国均处于绝对劣势,但只要处于劣势的国家在两种商品生产上劣势的程度不同,处于优势的国家在两种商品生产上优势的程度不同,则处于劣势的国家在劣势较小的商品生产方面具有比较优势,处于优势的国家则在优势较大的商品生产方面具有比较优势。两个国家分工专业化生产和出口其具有比较优势的商品,进口其处于比较劣势的商品,则两国都能从贸易中得到利益,这就是比较优势原理。也就是说,两国按比较优势参与国际贸易，通过"两优相权取其重，两劣相权取其轻"，两国都可以提升福利水平。

二、分析评价

大卫·李嘉图继承了亚当·斯密的经济自由主义思想，认为"在充分自由贸易的制度下，每个国家自然会将其资本和劳动投入到那些对它来说最为有利可图的行业。而且对个人利益的追求同全社会共同利益的结合妙致毫巅。通过推动工业的发展，通过对能工巧匠的报偿，通过最有效地利用大自然赐予我们的特有权利，这样的制度就可以最有效同时又最经济地分配劳动。这样一来，产量的普遍提高，还必定会将利益扩散开来，通过共同的利益和相互交换，把个人同社会，各个国家同整个文明世界联系在一起"。由此可见，大卫·李嘉图不仅对亚当·斯密论及的那只神奇的"看不见的手"推崇备至，而且还将它伸向了整个世界。

从经济自由主义思想出发，大卫·李嘉图还极力主张推行自由贸易的政策。他分析说："所有贸易，其目的无非是为了增加生产。同在煤炭供应不足情况下的产量相比，如果向某一制造商充分供应煤炭，他利用相同数量的资本能生产出更多的铁，这对一个国家来说是有利的。如果煤炭短缺，该制造商用同样多的资本和劳动生产出某种商品，并用该种商品去进口铁，且能达到煤炭充足供应条件下的同样数量，那么，国内铁的增加同样给国家带来利益。"他还举例说明，如果个人或厂商迫于政府的限制，不得不用他们不甚擅长的商品，即他们花费更多资本与劳动成本的商品去交换别国的商品，则不仅他们个人的利益受损，整个国家的利益也势必受到损害。据此，他大声疾呼："我们必须大力促进那些自然价格下降的商品的出口，这样的金融措施必将完全改变自然形成的产业结构。"因此，应该实行自由贸易的政策，而不是"过去那种荒谬绝伦的政策"。

比较优势理论也存在着理论上的"硬伤"，或者说，存在理论分析上的"死角"。这是因为，在大卫·李嘉图的理论分析中，比较优势之所以能够成立，全然取决于两国间两种商品生产成本对比上"度"的差异。但是，如果只是考察经过高度抽象的"2×2 贸易模型"，势必存在着这样一种情况，即两国间在两种商品生产成本对比上不存在"度"的差异。

第三节　产品生命周期理论

美国哈佛大学教授维农（Raymond Vernon）对早期国际直接投资理论的发展做出了特殊贡献。他于 1966 年 5 月在《经济学季刊》上发表重要论文《产品周期中的国际投资和国际贸易》，提出了独具特色的产品生命周期理论。

一、背景

维农认为，垄断优势理论未能彻底说明跨国公司需要通过建立国外分支机构去占领市场，而不是通过产品出口和转让技术获利的根本原因。事实上，拥有新产品、新技术的企业，总是等这些新产品、新技术在国内经历一定的发展阶段后，才会逐步通过对外直接投资的方式建立国外分支机构，从事相同产品的生产和销售。维农研究了美国一些跨国公司的经营活动，也充分证明了这一点。在此基础上，维农提出了产品生命周期理论。该理论将产品的生命周期划为三个阶段：新产品创新（new innovation product）阶段、产品成熟（maturing product）阶段和产品标准化（standardized product）阶段。跨国公司的对外直接投资是公司在产品生命周期过程运动中,因生产条件、竞争条件等区位因素发生变动后所做的理性选择。这表明,在国际生产中,任何产品的生产地点将在一定程度上取决于该产品处在生命周期中的哪一个阶段。维农认为,产品生命周期理论能科学地解释跨国公司的对外直接投资、对外贸易和对外技术转让行为。

二、产品生命周期的三阶段模型

(一)新产品创新阶段

这是产品生命周期的第一阶段。这一阶段必须具备的条件是高深知识的研究开发技能,巨额的研究开发资金和高收入、高消费的市场条件。所以,在新产品的创新阶段,那些国内市场容量大,具有高收入,具备研究与开发能力和资金雄厚的国家,首先占据开发新产品、采用新技术的优势地位。维农认为只有美国具备这些条件。首先,美国发达的市场有助于促进美国跨国公司的产品创新;其次,美国的消费者人均收入高于其他国家,并且增长速度快,消费观念超前,这要求美国的企业生产高档次、高质量的消费品;最后,美国的社会生产力发达,资金供给充足,自然资源丰富,但劳动力匮乏,单位劳动力成本较高。所以,在创新阶段,美国最适合安排新产品的国内生产,以满足国内需求。在美国消费者对其他发达国家的消费者示范产品作用时,还应满足国外消费者的需求。

(二)产品成熟阶段

这是产品生命周期的第二阶段。在这一阶段,新技术日趋成熟,产品基本定型。随着国内、国际市场对产品的需求量急剧增加,产品的价格弹性也增大,虽然生产厂商可以通过新产品的异质化来避免直接的价格竞争,但降低生产成本、节省运输费用和关税支出已经显得越来越重要。

当国内的边际生产成本加边际运输成本超过国外生产的成本,加之国内外劳动力成本差异,使得生产基地由国内转移到国外更为有利。美国的新产品生产厂商将向拥有产品市场的其他发达国家投资设厂,就近供应市场。随着该产品的出口量急剧增加,原来生产厂商所拥有的垄断技术开始逐渐扩散到国外竞争者手中,仿制品开始出现,由垄断技术带来的优势开始出现丧失的危险。创新企业为了维持国外市场份额、绕过贸易壁垒、接近消费市场和减少运输费用,就通过发展对外直接投资,在国外建立子公司,转让成熟技术,就地生产、就地销售,延伸对这一新技术的垄断优势。在这一阶段,虽然新产品已趋于成熟,出现了外国仿制者,开始了价格的竞争,但价格仍然较高。所以,生产厂商在对外直接投资时总是先到人均收入水平高、技术水平较先进、劳动力素质较好、与本国需求类型相似的其他发达国家或地区建立子公司,就地生产、就地销售。如美国的对外直接投资首先到欧洲和日本建立子公司,满足当地市场,并向其他国家出口,以维持现有的市场份额,防止潜在的竞争者。

(三)产品标准化阶段

这是产品生命周期的最后阶段,即标准化阶段。这一阶段的产品生产已经实行了标准化批量生产,创新厂商所拥有的垄断优势已经消失,竞争主要集中在价格上,创新厂商需要通过价格的竞争来维护其产品的国外市场。在这一阶段,低廉的劳动成本和某些资源条件日益成为决定产品竞争优势的重要因素。加之本国的市场已经趋于饱和,其他发达国家同类产品的出口量急剧增加,在这种情况下,生产的相对优势已经转移到技术水平低、工资低和劳动密集型经济模式的发展中国家和地区。创新厂商开始在发展中国家进行直接投资,转让其已标准化的技术。由于本国生产成本相对较高,因此创新厂商和其他发达国家的厂商都大规模减少或停止在本国的生产,转而从发展中国家进口该产品,来满足本国市场需求。所以,在产品的标准化阶段发展中国家对该产品的生产急剧增长。

三、产品生命周期理论要点及分析评价

核心在于针对产品生命周期的三个不同阶段——创新阶段、成熟阶段、标准化阶段,考虑生产条件和竞争条件而做出对外直接投资决策。与此相对应,将世界各国大体划分为三个类型:发达国家(新产品发明国)、较发达国家及落后国家。维农指出,对外直接投资与产品的生命周期有着直接的关系。新产品创新阶段的对外直接投资是跨国公司将新技术首次应用于国内生产,大部分的产品供应国内市场,并通过出口贸易的形式满足其他发达国家的高消费阶层的需求。产品成熟阶段的对外直接投资特点有:生产技术日趋完善;消费弹性增大;进口国替代生产;关税保护。产品标准化阶段的对外直接投资,初始企业的投资垄断优势全部丧失,产品生产完全标准化。成本要素成为国际企业的决定性因素。

产品生命周期理论的贡献与适用性:首先,它可以解释那些标准化产业部门的对外投资,但无法解释非标准化部门的对外投资;其次,可以用来解释发达国家向发展中国家的投资行为和产业转移现象,而无法解释发达国家之间产业内的双向投资行为。产品生命周期理论将跨国公司的产品开发、市场营销渠道和市场竞争手段三项相互依存的决策程序分开,与跨国公司同时整体考虑这三项决策的实际不符。由于产品生命周期理论是以特定时期美国制造业企业的对外直接投资活动为背景展开研究的,因此这一理论对非制造业企业、对发展中国家、对非出口替代领域和高科技与研发领域的对外投资行为无法做出科学的解释。

第四节　内部化理论

内部化理论也称市场内部化理论,是当代西方较为流行的、较有影响的、关于对外直接投资的一般理论。内部化理论对跨国公司内部贸易增长的现象进行了深入细致的研究后,提出了一种解释国际直接投资的动机决定因素的理论。该理论认为世界市场是不完全竞争的市场,跨国公司为了其自身的利益,为克服外部市场的某些失效,以及某些产品(如知识产品)的特殊性质或垄断势力的存在,导致企业市场交易成本的增加,而通过国际直接投资,将本来应在外部市场交易的业务转变为在公司所属企业之间进行,并形成一个内部市场,通过外部市场内部化,降低交易成本和交易风险。

内部化理论的雏形,最早是由美国学者科斯(R. H. Coase)在1937年出版的《公司的性质》一书中提出的。他认为市场对于某种类型的交易来说是需要支付一定的成本的。也就是说,当市场失效时,通过市场进行的交易就必然导致企业交易成本的增加,使企业的市场交易失去效率。内部化理论是解释国际直接投资的一种比较流行的理论,这一理论的代表人物是英国学者巴克利(Peter J. Buckley)和卡森(M. Casson),以及加拿大学者拉格曼(Alan M. Rugman)。巴克利与卡森的代表作有1976年出版的《国际企业未来》,卡森的代表

作有1979年出版的《国际企业的选择》，拉格曼的代表作有1981年出版的《国际企业的内幕》及1982年主编的《国际企业新理论》。所谓内部化是指“把市场建立在公司内部的过程，以内部市场取代原来固定的外部市场，公司内部的转移价格起着联系内部市场的作用，使之像固定的外部市场一样有效地发挥作用”。

一、理论前提

垄断优势理论提出了市场不完全是跨国公司进行对外直接投资的前提条件。内部化理论也承认市场的不完全，但他们将其原因归结为市场机制的内在缺陷，从中间产品（特别是知识产品）的性质和市场机制的矛盾来论述内部化的必要性，内部化的目标就是要消除外部市场的不完全。巴克利和卡森认为，不完全竞争并非由规模经济、寡占行为、贸易保护主义和政府干预所致，而是由于某些市场失效，导致企业市场交易成本增加。市场失效是指由于市场的不完全，使企业在让渡自己的中间产品时无法保障自身的权益，也不能通过市场来合理配置其资源，以保证企业利润的最大化。所谓中间产品不仅包括半加工的原材料和零部件，更主要的是指专利、专利技术、商标、商誉、管理技能和市场信息等知识产品。这些中间产品在实现其专用权价值时，会因不完全竞争的市场而受阻，如信息，在外部市场让渡时极易扩散，使所有者失去垄断优势，这就是市场失效的典型，也正是这种市场失效导致跨国公司进行内部化。

二、内部化理论要点

（一）减少交易成本

内部化理论主要研究的是中间产品市场。该理论的核心内容是由于市场的不完全，企业如果要寻求利润最大化，就必须跨越外部市场的交易障碍，将国际企业外部市场交易转化为内部各所属企业间贸易的形式完成，这样就构建了企业的内部市场，当这种内部化超越国家时即产生了国际企业。大量的中间产品尤其是技术、专利等“知识中间产品”的存在，奠定了企业对外直接投资的基础。

（二）运用转移价格

企业运用转移价格是实际“内部化”的重要动机之一，通过转移价格可以达到多方面的目的，如使公司纳税减少；调整公司利润，使公司整体利润最大；转移资金，减少和避免各种风险等。

内部化理论的贡献与适用性如下。

（1）内部化理论在分析上又进了一步，被认为是西方学者对外直接投资理论的另一个重要转折。它开创了与垄断优势理论所不同的思路，因而提供了另外一个理论框架，并能解释较大范围的国际企业与对外直接投资行为。与其他理论相比，它更适用于不同水平的国家，无论是发达资本主义国家还是落后的国家均可适用。因此，理论学者视其为“通论”或“一般性理论”。

（2）内部化理论侧重于国际企业内部各种因素的分析，如公司资源的优化配置、内部决策过程、公司经营动机、追求利润最大化等。因此，内部化理论适用于有关对外直接投资过程的分析，讨论对外直接投资的发生发展进程。

三、分析评价

(一)积极的意义

内部化理论的出现标志着西方国际直接投资研究的重要转折。第一,以前的理论主要研究发达国家(主要是美国)企业海外投资的动机与决定因素,内部化理论则从跨国公司所面临的内、外部市场的差异,国际分工、国际生产组织的形式等来研究对外直接投资的行为和动机。与其他对外直接投资理论相比,内部化理论具有较大的适应性,较好地解释了跨国公司的性质、起源,以及对外投资的形式等。它既可以解释发达国家的对外投资行为,又可以解释发展中国家的对外直接投资行为。该理论对国际经济学界产生了较大的影响。第二,内部化理论较好地解释了跨国公司在对投资、出口贸易和许可证安排这三种参与国际经济方式选择的依据。跨国公司通过对外直接投资市场内部化,保持其在世界范围内的垄断优势,从而实现了公司利润的最大化,因此在这三种方式中居主导地位。出口贸易由于受到进口国贸易保护主义的限制,许可证安排由于局限于技术进入产品生命周期的最后阶段,因而均属于次要地位。第三,内部化理论还有助于解释战后跨国公司增长速度、发展阶段和赢利变动等事实。知识产品市场的内部化激励跨国公司在研究与开发方面投资巨额资金,为保持和扩展已有的技术优势而增加对外直接投资,推动了国际直接投资的高速增长。大型跨国公司的兼并和合并活动,以及研究开发领域的扩展,使其多样化经营程度进一步提高,也促进了国际直接投资的迅速增加。

(二)内部化理论的局限性

第一,跨国公司实行内部化主要是对高技术含量的知识产品实行内部化,这就势必阻碍了新技术、新产品在全世界范围的迅速普及,从而在一定程度上阻碍了生产的发展。第二,内部化理论未能科学地解释跨国公司对外直接投资的区域分布,因而常常受到区位优势论经济学家的抨击。第三,内部化理论对西方大型跨国公司的垄断行为的某些特征未能做出具体分析,这也是该理论的一大缺憾。

第五节　国际生产折中理论

国际生产折中理论又称国际生产综合理论,是20世纪70年代由英国著名跨国公司专家、里丁大学国际投资和国际企业教授邓宁(John H. Dunning)在诺贝尔经济学奖学术会议的论文《贸易、经济活动的区位与跨国企业:这种理论探索》中提出的。这一理论目前已成为世界上对外直接投资和跨国公司研究中最有影响的理论,并被广泛用来分析跨国公司对外直接投资的动机和优势。邓宁试图建立一种全面的理论说明对外直接投资的起因和影响,对外投资发展方向的因素。

一、产生背景

邓宁认为,国际生产折中理论的形成主要是基于两方面的原因:一是第二次世界大战后国际直接投资格局发生了重大变化;二是缺乏一套具有普遍指导意义的国际直接投资理论。长期以来,美国跨国公司一直独霸国际直接投资领域,投资主要集中于制造业,资本主要流向加拿大和西欧各国，国外分支机构以独资形式为主。20 世纪 60 年代以来，国际直接投资格局发生了重大变化，国际直接投资在国际经济中的地位日益上升。首先，国际直接投资呈主体多元化发展趋势，西欧各国成为国际直接投资领域的重要力量，经济后起之秀——日本对外直接投资发展势头迅猛，特别是发展中国家也开始发展对外直接投资，成为一支新生力量。其次，对外直接投资的部门趋于分散，除制造业外，资源开发业、服务业以及其他行业的投资发展也较快。再次，国际直接投资资金流向多向化，既有传统的发达国家向发展中国家的垂直投资，也有发达国家之间的水平投资（且占主导地位），还有发展中国家向发达国家的逆向投资。最后，除独资形式外，对外直接投资的其他形式也得到了较多的运用。国际直接投资实践的发展迫切需要建立一套新的、具有普遍指导意义的国际直接投资理论。

20 世纪 60 年代以来，国际生产格局发生了巨大的变化，跨国公司在当今世界经济中发挥着越来越重要的作用。在 20 世纪 60 年代之前，解释国际直接投资的理论主要是比较完善的国际贸易理论和尚不完善的国际资本流动理论。由于其固有的局限性和 20 世纪 60 年代之后国际经济格局的新特点，这两种理论都难以对当代国际直接投资做出科学的解释。20 世纪 60 年代之后国际直接投资理论的演进主要朝四个方向发展：一是根据产业组织理论，研究跨国公司发展对外直接投资所拥有的净优势，如斯蒂芬·海默的垄断优势理论；二是采用动态分析方法，将对外直接投资与对外贸易结合起来研究，如维农的产品生命周期理论；三是根据生产区位理论研究跨国公司为什么在某国进行直接投资，而不在其他国家进行直接投资；四是厂商理论，强调市场不完全对跨国公司对外直接投资行为的影响，如巴克利和卡森等人的内部化理论。邓宁认为，上述各种理论各有所长，但都只是对国际直接投资所做的部分解释，缺乏将国际直接投资、国际贸易和国际技术转让结合起来的一般理论。邓宁吸收了上述四种理论的主要观点，将跨国公司的对外直接投资、对外贸易和对外技术转让结合起来，创立了国际生产的综合理论——国际生产折中理论。

二、理论体系

邓宁将垄断优势理论、内部化理论和立地条件理论综合起来，提出企业进行国际直接投资，除了特有的所有权优势（ownership-specific advantages）以外，还必须有企业内部化优势（internalization incentive advantages）和立地特有优势（location - specific advantages）的观点，建立了对外直接投资的折中理论。所有权优势 + 内部化优势 + 区位优势 = 对外直接投资。国际生产折中理论认为企业进行国际直接投资要具备以下三个基本要素。

（一）所有权优势

所有权优势是跨国公司对外直接投资的基础。所谓所有权优势，是指企业因具有某种独有的、国外企业无法获得的资产，使该企业拥有的或能够获得的优势。邓宁认为，跨国公司所拥有的所有权优势包括两个方面：一是通过对外贸易、对外直接投资等方式均能给企业带来收益的所有权优势；二是只有通过对外直接投资，在企业内部使用才能带来的所有权优势。具体来说，所有权优势包括技术优势，规模优势，组织管理优势和金融、货币优势。

（二）内部化优势

跨国公司是否进行对外直接投资，不仅取决于它所拥有的各种所有权优势，也取决于能否将所有权优势转化为内部化优势。所谓内部化优势,是指跨国公司将其所拥有资产所有权优势内部化的能力。内部化的动机在于由于市场交易存在竞争壁垒、定价困难、信息不对称等因素造成中间产品和最终产品的不完全竞争,为确保企业所有权的优势,通过内部化转移所获得的利益要大于交易市场所得。

(三)区位优势

区位优势也是跨国公司对外直接投资时应考虑的主要因素。所谓区位优势,是跨国公司在投资区位选择上的优势。区位优势是一个相对的概念,既包括东道国的某些有利因素所形成的直接区位优势,也包括投资国某些不利因素而在对外直接投资中所形成的区位优势。区位优势的形成要受到多种因素的影响,如生产要素和市场的地理分布、生产要素和运输成本、投资环境、文化环境的差异等。

国外直接投资的三个要素,在对企业进入国际市场方式的影响上起着不同的作用。首先,每一种特定行业的国际企业的三方面优势的内容、形式、特点、侧重点和组合不尽相同,因而理论中对三要素的关系及其随时间变动阐述得并不明确,更多地体现为一种分类方式而不具有动态的特点。其次,折中理论对经济发展与对外直接投资关系的论述,不能说明现实中没有理论限定发展阶段的国家,如发展中国家对外投资的现象。国际生产折中理论的贡献是强调垄断优势、内部化优势、区位优势,三者缺一不可;将国际贸易与国际投资者进行融合。

三、分析评价

国际生产折中理论借鉴和综合了以往国际直接投资理论的精华,较为全面地分析了企业发展对外直接投资的动因和决定因素,在一定程度上弥补了以往理论学说的片面性和不完整性,因而具有很强的解释力。该理论还将对外直接投资、对外贸易和技术转让结合起来,被誉为国际直接投资的“通论”。但是国际生产折中理论将所有权、内部化、区位优势三种因素等量齐观,分析方法仍然是静态的,忽视了这些因素之间的分立关系、矛盾关系对直接投资的作用,无动态变化分析,这与形式多样、变化频繁的跨国投资实践是有较大差距的。国际生产折中理论实际上只是用来解释企业国际直接投资、对外贸易、以许可证转让技术这三种经济活动的选择行为的成因,而对跨国公司的内部管理缺乏深入的探讨。国际生产折中理论的研究对象仍是发达国家的跨国公司,很难解释那些并不具备独占性技术优势企业的对外直接投资行为,如20世纪六七十年代的日本,20世纪八九十年代的新加坡和韩国,对发展中国家企业的对外直接投资行为也无法做出科学的、全面的解释。

第六节 国际直接投资理论最新进展和创新

国际直接投资理论的最新进展和创新主要是发展中国家的直接投资理论。

一、小规模技术理论

1977年,美国经济学家刘易斯·威尔斯(Louis. T Wells)发表了题为《发展中国家企业的国际化》的论文,该文中首次提出了小规模技术理论,并用以解释发展中国家企业的跨国经营现象与特点。1983年,刘易斯·威尔斯又出版了专著《第三世界跨国公司》,该书中对小规模技术理论进行了更为详尽的论述。

(一)市场需求的差别化与小规模技术供给

首先,重要的一点是该类市场的需求相对较小,往往无法满足发达国家跨国公司的规模经济性要求;其次,由于在生产价值链上相差甚远,发达国家的生产技术在欠发达国家和地区大多成了屠龙之术,虽然前途远大但却不切实际;最后,在产业层次上,发达国家的跨国公司往往更多的是技术与资本密集型产业的转移,不符合发展中国家的比较优势。

(二)发展中国家在民族产品的海外生产上颇具优势

一些发展中国家的海外直接投资往往是针对当地市场中的同一种族社区的需要而建立的,并且这种内含着民族文化的产品对其他种族的跨国公司而言具有较强的排他性,从而令其具备了某种程度上的垄断优势。一个突出的例子是华人社团在食品加工、餐饮、新闻出版等方面的需求,带动了一部分东亚、东南亚国家和地区的海外投资。根据刘易斯·威尔斯的研究,这种"民族纽带"式的对外投资在印度、泰国、新加坡、马来西亚以及中国台湾、中国香港都占有一定比例。与大多数发达国家跨国公司的营销策略不同,发展中国家的跨国公司所依靠的不是商标优势或营销网络优势,而是通过低价格的方式销售产品。发展中国家跨国公司则从压缩广告费用、节省建厂成本和充分利用东道国的廉价劳动力资源等方面着手,尽量降低其产品的生产成本,从而在产品价格竞争中获得优势。与此同时,刘易斯·威尔斯根据有关资料,在其理论中还详细分析了发展中国家跨国公司走出国门的一些驱动因素,如保护出口市场、突破配额限制、寻求低成本、种族纽带、分散资产等。

刘易斯·威尔斯关于发展中国家的跨国公司理论是在将发展中国家的特征与跨国公司的发展相结合的基础上得出的,它在西方被认为是在该领域研究的早期代表性成果。如果说存在一个国际生产链,我们可以假设它为发达国家—发展中国家—欠发达国家和地区,那么刘易斯·威尔斯所论述的主要是在发展中国家到欠发达国家和地区的跨国投资过程中将具有怎样的优势。该理论再一次论证了关于生产链上相邻环节间实现跨国直接投资具有比较优势这一观点。

当然,刘易斯·威尔斯的理论也仍然存在局限性。例如,在该理论中,刘易斯·威尔斯始终认为发展中国家的生产技术在西方国家早已成熟或者说过时了的"降级技术"。他们往往可以通过在发达国家设立子公司的办法,直接从发达国家获得最先进的相关技术,从而使本国的母公司在技术等所有权优势上更进一步。

二、技术地方化理论

技术地方化理论由拉奥(Sanjaya Lall)提出。拉奥在对印度跨国公司的竞争优势和投资动机进行了深入研究之后,提出了关于第三世界跨国公司的另一种理论——技术地方化理论。在拉奥看来,即便第三世界跨国公司的技术特征更多地表现为小规模生产、标准化技术和劳动密集型,但这种技术的形成却包含着企业内在的创新活动。拉奥认为是以下几个条件使发展中国家企业能够形成和发展自己的特定优势。

第一,在发展中国家,技术知识的当地化是在不同于发达国家的环境下进行的。这种新的环境往往与一国的要素价格、机器质量相联系。

第二,发展中国家生产的产品适合于它们自身的经济条件和需求。换句话说,只要这些企业对进口的技术和产品进行一定改造,使他们的产品能够更好地满足市场需要,这种创新活动就会形成竞争优势。

第三,发展中国家企业竞争优势不仅来自其生产过程和产品与当地的供给条件及需求条件紧密结合,而且来自新的创新活动。这产生的技术在小规模生产条件下具有更高的经济效益。

第四,在产品特征上,发展中国家的企业仍然能够开发出与名牌产品不同的消费品。特别是当国内市场较大,消费者的品位和购买能力有很大差别时,来自第三世界的产品仍有一定的竞争力。

第五,上述几种优势还会由于民族或语言的联系而得到加强。

拉奥的技术地方化理论对于分析发展中国家跨国公司的意义在于,它不仅分析了发展中国家企业的国家竞争优势是什么,而且更强调形成竞争优势的企业创新活动。在拉奥看来,企业的技术吸收过程是一种不可逆的创新活动,这种创新往往受到当地的生产供给需求条件和企业特意学习活动的直接影响。

三、投资发展阶段理论

20 世纪 80 年代初,邓宁还依据自己所提出的国际生产折中理论,对国际直接投资在不同国家尤其是在发展中国家所发生的情况进行了分析,从宏观角度提出了投资发展阶段理论,借此对后起的发展中国家跨国公司现象进行解释。这也是继产品生命周期理论之后又一个对国际直接投资采用动态方法的研究。邓宁通过对 67 个发达国家与发展中国家在 1967—1975 年直接投资流量与人均国民生产总值(GNP)的对比研究后发现,处于不同发展阶段的国家,其经济发展状况和水平直接影响着本国企业所有权优势、内部化优势以及区位优势的形成,而这些优势是决定对外直接投资活动开展的基本要素。他依据人均 GNP 的变化把一国的企业对外直接投资周期分为以下四个阶段。

(1)处于第一阶段的国家,人均 GNP 在 400 美元以下。在这一阶段,本国几乎没有所有权优势,也没有内部化优势,外国的区位优势也无力加以利用。与此同时,本国投资环境较差,对外资没有什么吸引力。

(2)处于第二阶段的国家,人均 GNP 在 400 ~ 2 500 美元。由于经济发展水平的提高,国内基础设施有了较大的改进,投资环境得到改善,对外直接投资的吸引力加大。外国对本国的投资量有所增加,本国的对外直接投资开始出现,但投资水平仍然很低,净对外直接投资仍呈负数增长。

(3)处于第三阶段的国家,其工业化达到中等水平,人均 GNP 在 2 500 ~ 4 000 美元。经济实力有了很大提高后,国内企业凭借自身的所有权优势,对外直接投资增长迅速。此外,国内技术力量的增强以及劳动力工资水平的提高,使该国的东道国区位优势逐渐丧失。在这一阶段,外国对本国的直接投资仍大于本国的对外直接投资,但本国对外直接投资的速度明显快于吸收外资的速度,因此净对外直接投资额不断缩小。

(4)处于第四阶段的国家,其经济水平已经达到发达国家标准,在国际资本流动方面,人均 GNP 在 4 000 美元之上。该类国家总体上的对外直接投资流出量大于吸引外资数量,即直接投资净流出为正值,并且这一净值有不断增长的趋势。这些国家的跨国公司在所有权、内部化和区位等方面的优势比较明显,在与国内外企业的竞争中处于优势地位。

邓宁的投资发展阶段理论对处于不同发展阶段的国家的对外直接投资活动具有广泛

的解释力。同时,国际投资阶段理论也成为继产品生命周期理论之后又一个对国际直接投资采用动态方法研究的理论。

四、技术创新产业升级理论

技术创新产业升级理论由坎特维尔和托兰提诺提出。坎特维尔和托兰提诺从技术累积的角度出发,解释发展中国家的国际直接投资行为,并提出了两个基本命题:一是发展中国家跨国公司的技术创新活动具有明显的"学习"特征,即这种技术创新活动主要是利用特有的学习经验和组织能力,掌握和开发现有的生产技术。不断地积累技术可以促进一国经济的发展和产业结构的优化和升级。二是发展中国家国际直接投资的增长与跨国公司技术能力的不断提高和积累直接相关,并且这种技术能力将影响到国际直接投资的形式和增长速度。

技术创新产业升级理论认为技术创新是一国发展的根本动力,可以促进国家经济发展。不同于发达国家对研发方面大量的投入,发展中国家的企业由于缺乏人力、物力、财力支持,对技术的创新研究相对薄弱,其主要是利用长期以来具备的学习经验和组织能力来掌握和开发现有的技术,并按照本土化特点进行一定程度的改进。

第七节　西方国家直接投资理论的评述

一、理论缺陷与发展动因

(1)现有的理论多侧重于解释发达国家大型跨国公司的投资行为,对发展中国家虽有所涉及,但也主要集中在那些与发达国家经济发展水平比较接近的新兴工业化国家。这样的研究格局不利于大范围的比较研究,使研究结论具有较大的片面性。

(2)国际直接投资模式选择的研究多以发达国家跨国公司为样本,通常对合资与独资、新建与并购,或合资与并购进行比较,甚少在这三种投资方式中进行更细致的界定和选择。无论在理论假设还是在实证结论上都具有一定的不确定性差异。

(3)将国家的经济实力与个别企业的竞争力两者僵硬地联系在一起,在分析国际直接投资的动因上都把具备"竞争优势"作为必不可少的条件,但忽略了东道国良好环境对国际直接投资的吸收作用。

(4)传统国际直接投资理论研究对象仅限于发达国家企业的对外投资行为,因而运用于分析发展中国家对外直接投资就存在明显的局限性。传统理论对优势的界定是片面的,对比较优势的认识也不够全面,优势本身是一个动态的变化过程。

(5)发展中国家对外直接投资理论多以具体考察为主,缺少一般性分析和研究。由于各国国情不同,经济发展水平、产业结构、资源禀赋等方面均存在差异,因此发展中国家对外投资理论在分析、解释对外投资方面仍然存在明显的局限性。

(6)经典理论虽然仍旧保持着一定解释力,但是这种解释力随着环境的变化和技术的进一步发展将逐步弱化,而最近几年的成果虽然部分地反映出了这些变化,但是结论的一般性不足。这主要是由于一方面对企业性质的认识还有待进一步统一和加深;另一方面研究人员的研究对象和数据收集受到了限制,从而使得比较研究难以开展。

二、未来发展方向

（一）归纳理论发展的共性以寻求建立一般性研究框架

1. 对基本命题的探寻，即企业性质与所有权

跨国公司作为国际直接投资的主体，应该既具有一般企业的性质，又具有一般企业所没有的特征。所以，虽然对企业本质的探究并不属于国际直接投资研究范畴，但其对跨国公司其他相关研究的意义和作用是深远的。正如受交易成本学说的影响而提出内部化理论一样，对企业性质做更深入的研究将改变跨国公司作为企业存在的基本假设，从而影响国际直接投资的理论研究，并提高研究结论的一般性。另外，所有权优势一直是解释跨国公司国际直接投资行为的基本假设和前提。随着时间的推移，所有权优势的构成及来源将会有怎样的发展和变化就会成为理论探索的关注焦点。

2. 以比较优势或竞争优势思想为研究发展的主线

不管是一般性的国际直接投资理论还是针对局部投资现象的投资理论，其对各类要素、资源、企业能力、自然或社会环境、各种禀赋的单一或综合分析，最终都归于内生的或外生的优势，有的优势是静态的、可以为投资所利用的，有的优势则可以通过投资来获得，并依赖投资累积、培育优势，因此优势也是动态发展的，而跨国公司就是优势培育的主体和将比较优势转化为竞争优势的载体。

3. 着眼于建立一个具有通论性质的综合分析的理论框架

随着对国际直接投资现象的认识，从单一投资现象分析发展到对贸易投资一体化的研究，以包括地区（国家）分工、产业分工、产业内分工、企业内分工的各层次国际分工为基础，构建由分工带来的地区、产业、企业国际生产方式选择为分析内核的理论框架，较为符合实践发展的要求。通过对贸易、投资与各层次国际分工之间的相互影响和共同发展关系的研究，可以从整体上把握国际直接投资的发展趋势和一般规律。

4. 构建一个相对统一的、具有一般意义的理论分析平台

现在跨国公司已成为国际直接投资行为的主要施行者，国际投资理论研究理应建立在跨国公司的战略布局和行为选择的基础之上，国际直接投资理论和国际贸易理论应逐步融合于基于跨国公司理论分析平台的理论分析体系之中。探索、构建一个能够充分反映经济全球化背景下国际投资发展普遍规律的一般均衡理论模型。传统的投资理论产生于全球经济的贸易导向型发展时期，这些理论难以合理解释当今投资导向型经济发展阶段所涌现的大规模、全方位国际投资现象。在世界经济一体化的现实背景下，建立包含能集中反映经济全球化中影响国际直接投资诸多变量的一般均衡理论模型，是理论界亟待解决的重大课题。

（二）提高理论研究的具体适用性

1. 对特殊对象的关注

随着发展中国家阵营的继续两极分化，对发展中国家中的落后国家的关注度将得到提高。中小企业的发展和壮大将使其有可能成为对外投资的另一大主体，中小企业国际化和对外直接投资方面亟须理论的解释和指导。对落后国家和中小企业这两类特殊群体展开研究将是国际直接投资领域的拓展方向。

2. 投资理论应该加强对后发性、获得型和内生优势的研究

发展中国家利用外资和发展外向型经济，最终目的就是要增强国力、提高本国产业和企业的竞争力，也就是要培育自身的竞争优势。对于内生优势的深入研究，可以为发展中国家提供有力的理论指导和政策参考，也为全球经济的和谐发展提供科学的理论支持，将国家的经济实力与个别企业的竞争力区别开来，单独研究企业的竞争优势，深入分析国际直接投资动因中的“诱导因素”。近年来，许多发展中国家的企业到发达国家进行直接投资在很大程度上是考虑了发达国家的吸引力。

（三）国际直接投资理论研究愈加复杂化

由于现实环境的不确定性，世界政治经济形势发展和未来格局不明朗。国际直接投资将受到新的环境和非环境因素的影响并产生不同的经济后果。因此，对国际直接投资所带来的经济后果（包括母国和东道国）以及影响国际直接投资的因素进行动态的研究将成为这一领域的研究热点。

（四）研究方法多样化

国际投资研究主要有微观与宏观研究方法、静态与动态研究方法、规范与实证研究方法等。目前来看，微观研究多于宏观研究，静态研究多于动态研究，微观、静态研究方法是当前这一领域研究的主流方法，而动态研究方法的运用应是今后理论发展的一大趋势。从分析工具上来看，边际分析方法被广泛应用到相关理论研究之中，而超边际分析法、新兴古典经济学派所倡导的非线性规划分析方法也被运用到国际投资研究中。

（五）研究涉及因素逐步增多

对于影响国际直接投资因素的分析，从简单到复杂，从企业内部资源到企业外部环境，从硬的方面到软的方面，从看得见的因素到看不见的因素，理论研究的要素和变量越来越多，各种宏观和微观、静态和动态的因素都被纳入研究范围。对国际直接投资动因的认识，也由单要素决定论扩展到多要素决定论。

研究将产业的发展、跨国公司的发展战略与组织结构、国际贸易等联系起来，便于更系统地论证和把握投资行为，研究前提逐步拓宽。传统的理论都是在除资金外其他要素尤其是人力资本要素不能流动的前提下展开理论探讨的，现在有的理论已经注意到要素的流动性对国际直接投资的影响。

思考与练习

1. 你认为用哪些理论可以解释海尔在印度尼西亚、菲律宾、马来西亚等发展中国家以及美国建设海外空调或冰箱生产基地的投资行为？在发展中国家投资和在美国投资有何不同？

2. 请分析中国现在应采取什么方法才能避免陷入“比较优势陷阱”？

3. 简述垄断优势理论的主要内容。

4. 国际生产折中理论的主要内容包括哪些？

第三章　国际间接投资理论

国际间接投资是以国际债券、股票等国际证券为投资标的而进行的一种国际投资行为。也有人认为国际间接投资理论也就是国际证券投资理论。国际间接投资理论主要有两种:一是古典国际间接投资理论,二是现代国际间接投资理论。前者着重说明国际间接投资的原因和流动规律,后者着重说明国际间接投资的选择和优化组合。

第一节　国际资本流动理论

国际资本流动,简言之,是指资本在国际间转移,或者说,资本在不同国家或地区之间做单向、双向或多向流动,具体包括贷款、援助、输出、输入、投资、债务的增加、债权的取得、利息收支、买方信贷、卖方信贷、外汇买卖、证券发行与流通等。梳理国际资本流动理论的发展,认为从重商主义时期到经济全球化时代,国际资本流动理论可以划分为三代:第一代国际资本流动理论主要运用逻辑方法对国际资本流动的原因和影响进行解释;第二代国际资本流动理论运用模型数理工具方法着重揭示国际资本流动的规律和层次;第三代国际资本流动理论则重点研究了经济全球化下国际资本流动引发金融动荡的内在动因。目前比较成型的理论有欧文·费雪、曼德尔和麦克杜格尔的理论。

一、欧文·费雪的国际资本流动理论

20 世纪初,美国经济学家欧文·费雪以大卫·李嘉图的比较利益论为理论基础,从分析商品经济入手,提出了国际资本流动理论。

费雪认为,利率的差异是国际资本流动的基本动因,而国际资本流动的结果是消除了各国之间的利率差异。同时,费雪也承认,由于各国对资本的限制、国际投资风险、交易成本等因素的影响,国际投资并不能使各国的利率完全平均化。

费雪的国际资本流动理论对于分析早期的国际资本流动具有一定的积极作用,但也有很大的局限性。表现在:一是没有考虑国际投资风险对国际资本流动的影响;二是假定国际资本市场是完全竞争的,资本的流入国、流出国都是资本价格(即利率)的接受者,而没有决定利率水平的能力。这一假定与国际资本流动的实践差异较大,因为从当代国际经济格局来看,完全竞争的国际资本市场是不存在的。

二、曼德尔的国际资本流动理论

曼德尔的国际资本流动理论是由西方学者曼德尔提出的关于一般货币资本流动的理论。曼德尔认为,如果两国生产函数相同,按照赫克歇尔 - 俄林 - 萨缪尔森要素禀赋定理,可以得出国际货币资本的流动起源于贸易障碍,资本流动与国际贸易是一种完全的替代关系,国际资本流动是一种逆贸易倾向的投资活动。

根据曼德尔的理论,由于双方都在增加劣势产品生产的同时,减少了优势产品的生产,

因此尽管两国的生产总量不变，但社会总福利却必然下降。曼德尔的理论仍然坚持了利率差是资本流动的基本动因的假定，但其理论的一个前提条件是在自由贸易的条件下，各国的利率由于生产函数的一致而趋同。在这一问题上，曼德尔甚至比费雪后退了一步。根据费雪的国际资本流动理论，拥有不同商品生产优势的国家，会因商品性质的不同（未来产品和现时产品）对资本产生不同的需求，而资本的不同需求又会导致各国利率的差异，利率的差异最终导致资本的国际间流动。

三、麦克杜格尔的国际资本流动理论

国际资本流动的一般模型，亦称麦克杜格尔（G. D. A. Macdougall）模型，或称完全竞争理论，是一种用于解释国际资本流动的动机及其效果的理论，它实际是一种古典经济学理论。这种理论认为，国际资本流动的原因是各国利率和预期利润率存在差异，认为各国的产品和生产要素市场是一个完全竞争的市场，资本可以自由地从资本充裕国向资本稀缺国流动。例如，在19世纪，英国大量资本输出就是基于这两个原因。国际间的资本流动使各国的资本边际产出率趋于一致，从而提高世界的总产量和各国的福利。西方经济学家G. D. A. 麦克杜格尔从成本与收益分析的角度出发，研究了国际投资对投资国、东道国经济增长和福利的效应，创立了国际资本运动理论（亦称麦克杜格尔模型）。M. C. 肯普（M. C. Kemp）在此基础上做了进一步的深入分析。

（一）假定条件

麦克杜格尔为建立的模型做了如下假定。

（1）世界由投资国（A国）和东道国（B国）两个国家构成。在资本跨国流动之前，A国资本充裕，B国资本短缺，前者资本的边际生产力低于后者。

（2）资本受边际生产力递减法则支配。

（3）两国国内市场是完全竞争的，资本的价格等于资本的边际生产力。

（4）无税收。

（5）劳动力资源规模独立于外国资本存量。

（6）国际投资规模不受贸易条件的影响。

（二）基本模型

根据假定条件，建立麦克杜格尔模型（图3-1）。在图中，O_1 为A国的原点，O_2 为B国的原点。横轴为资本量，O_1Q 为A国的资本量，O_2Q 为B国的资本量，O_1O_2（即 O_1Q+O_2Q）为世界资本总量；纵轴为资本的边际生产力线，MN 为A国的资本边际生产线；mn 为B国的资本边际生产力线。在资本跨国流动之前，A国使用 O_1Q 的资本量（加上一定量的劳动），产出量为 O_1MTQ；B国使用 O_2Q 的资本量（加上一定量的劳动），产出量为 O_2mUQ。A国与B国资本的边际生产力（即资本价格）分别为 QT、QU，前者小于后者，由此导致资本从A国流向B国，直到两国的资本边际生产力相等（即 $SP=O_1E=O_2e$），资本流动才会停止。

资本流动的结果提高了全世界的总产出水平，亦即促进了世界经济增长。资本流动后，全世界产出量增加了 PUT，由A、B两国分享。就A国而言，产出量由 O_1MTQ 减少为 O_1MPS（即减少了 $SPTQ$），对外投资获得的收益为 $QWPS$，对外投资的收益大于生产的减少量（即 $QWPS>SPTQ$），亦即该国收益比资本流动前净增加了 PWT（$QWPS-SPTQ$）；就B国而言,产出量由 O_2mUQ 增加为 O_2mPS(即增加了 $QUPS$,其中 $SPWQ$ 支付给 A 国),亦即该国收益比资本跨国流动前净增加了 UPW。

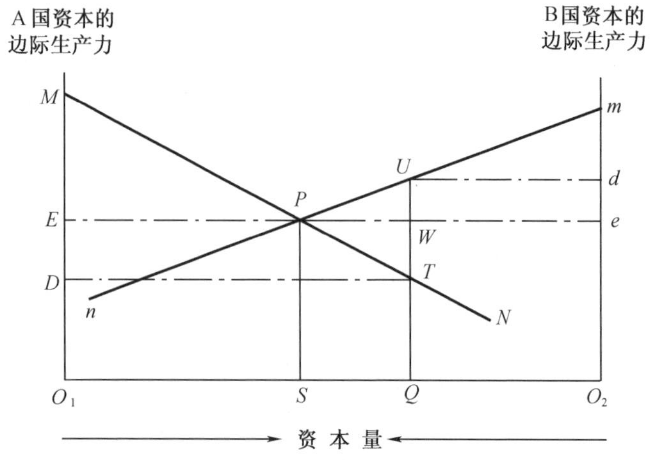

图 3-1 麦克杜格尔模型图

四、国际资本流动理论的启示

国际资本流动理论从重商主义时期的萌芽到全球化时期的深入发展,经历了近 5 个世纪的漫长历程,带给我们深刻的启示。

(一)国际资本流动理论的研究始终围绕着国际资本流动的动因与结果

什么决定了国际资本流动?国际资本流动会带来什么?是这一理论发展的主要脉络。

(二)国际资本流动的发展受制于国际货币制度,也推动了国际货币制度的变革

国际资本流动在不同金融背景下的潮起潮落与结构变化,揭示出国际资本流动的演化与国际金融制度的变迁紧密相连。在金本位货币制度下,一国的资本流动规模受其国内黄金储备的限制,流动形式也表现为黄金的输入与输出,相应地对经济产生的影响相对有限。在牙买加体系下,上述情况则大相径庭。国际资本流动作为一种经济现象有内在的运动规律,尤其与世界经济变化结伴而行,所以,当国际金融制度与世界经济潮流脱节时,国际资本流动往往会对前者产生冲击,促使其变革。

(三)国际资本流动的运行遵循着理性—非理性—理性的演进轨迹

在第一代国际资本流动理论中,国际资本流动与实体经济紧密相连,理性因素占据主导,通过对实物经济运行规律的考察,可以把握国际资本流动的运行规律,即资本流向和贸易格局具有互补性,资本流向原材料输出国家,资本从贸易顺差国流向贸易逆差国。这一时期的国际资本流动是理性运行过程。在第二代国际资本流动理论时期,随着世界各国产业格局的变化和国际金融市场的发展,国际资本流动与实体经济增长分道扬镳,资本流动

中非理性因素日渐增多。相应地,国际资本流动运行规则也复杂多变,资本流动开始了非理性进程。在经济全球化浪潮下的第三代国际资本流动理论时期,衍生市场的蓬勃发展使得虚拟资本在国际资本流动中一马当先,非理性因素开始左右国际资本流动的运行,泡沫经济和投机肆虐充斥着国际资本流动。然而,这并非说国际资本流动终极是非理性。20世纪末几次金融危机已使国际资本流动开始回归理性,也给金融监管当局敲响了警钟,未来的国际资本流动将会在更高的理性层面运行和发展。

第二节 证券组合理论

一、证券组合理论的特点

证券组合理论是由美国学者马科维茨于20世纪50年代提出的。该理论引入了统计学上的方差(或标准差)来衡量各资产组合的风险大小,并与风险资产的预期收益率相结合,创造性地以证券投资效用最大化为原则寻找最优证券组合。

该理论的主要特点如下。

(1)将证券投资行为简化为投资者对不同预期收益和风险的证券组合的选择问题。而这一选择要遵循证券投资效用最大化原则,即在既定风险水平下取得最大预期收益率,或者在既定预期收益率水平下承受最小风险。

(2)创造性地将统计学方法引入该理论。证券组合理论假定收益率符合正态分布,从而可以使用统计学上的期望收益率来表示证券组合的预期收益率,使用度量收益率离散程度的方差(或标准差)表示证券组合的风险水平。

(3)引入了证券之间相关性概念。证券组合理论认为在计算证券组合的预期收益和风险时要考虑证券与证券之间的相关程度,而不能简单地将单个证券加权平均。而这种证券之间的相关性分析也就成了合理选择证券组合、分散投资风险的重要考虑因素。

(4)证券组合理论从理论上证明了组合投资能够分散投资风险,对于投资者来说,在风险偏好一定的前提下,理论上存在一个最优证券组合。

二、证券投资组合理论的三阶段

马科维茨的证券组合理论主要解释了投资者如何衡量不同的证券投资风险、证券投资组合的风险与收益存在什么关系、怎样使风险分散化,重点解决投资风险存在条件下的投资决策问题。马科维茨将证券投资的决策过程分为三个相互分离的阶段,即证券分析、证券组合分析和证券组合选择。

(一)证券分析

证券分析主要是对单一证券的风险、收益及证券与证券之间的相关性进行分析。

一般而言,证券投资者最关心的问题就是证券预期收益与预期风险的关系。证券收益包括两部分:一是证券买卖的差价;二是债息或股利。如果投资者要预测某种证券的未来收益,只需将该种证券的收益估值乘以不同状态下的发生概率,加总后所得出的结果便是预期收益。因此,预期收益实际是表示投资者持有某种证券在一段时间所获得的平均收益,即收益的期望值,用公式可表示为

$$EX = \sum_{i=1}^{n} X_i P_i$$

式中　EX——预期收益；

X_i——第 i 种状态下的会计收益值；

P_i——第 i 种状态出现的概率。

对预期收益加以解释和定量化较为容易，而要精确衡量持有证券的风险，即证券收益的不确定性则甚为困难。马科维茨运用统计学的方法，将不确定的收益率看作随机变量，用它们的集中趋势即期望值来表示证券预期收益（如上所述），而用它们的离散趋势即标准差来度量证券风险的大小，用公式可表示为

$$\delta = \sqrt{\sum_{i=1}^{n} (X_i - EX)^2 P_i}$$

式中　δ——标准差。

单个证券的投资预期收益和投资风险可直接从概率分布中得出，而证券投资组合的预期收益和风险则必须把各种证券之间的相关关系考虑在内。证券预期收益之间的相关程度是用相关系数 P_{ij} 来表示的：

$$P_{ij} = \frac{COV_{ij}}{\delta_i \delta_j}$$

式中　P_{ij}——i 证券与 j 证券的相关系数；

COV_{ij}——i 证券与 j 证券预期收益的协方差；

δ_i、δ_j——i 证券与 j 证券各自的标准差。

相关系数取值总在 $-1 \sim 1$，即 $-1 \leqslant P_{ij} \leqslant 1$。若 $P_{ij} = 1$，则称这两种证券完全正相关；若 $P_{ij} = -1$，则称这两种证券完全负相关；若 $P_{ij} = 0$，则这两种证券之间毫不相关。

（二）证券组合分析

投资者一旦确定了各种证券的预期收益和标准差以及各种证券收益之间的相关性，就可以进一步计算出每一个证券组合的预期收益和标准差。每一个证券组合的预期收益可以通过对其包含的每一种证券的预期收益的加权平均求得，其计算公式如下：

$$r_{pe} = \sum_{i=1}^{n} X_i r_{ie} = X_1 r_{1e} + X_2 r_{2e} + \cdots + X_n r_{ne}$$

式中　r_{pe}——证券组合的预期收益；

X_i——证券 i 在该证券组合总值中所占比重；

r_{ie}——证券 i 的预期收益；

n——证券组合中证券种类数。

一个证券组合的标准差的计算相对要复杂得多，它不是个别证券标准差的简单加权平均，必须通过下面的公式求得：

$$\delta_p^2 = \sum_{i=1}^{n} \sum_{j=1}^{n} COV_{ij} X_i X_j$$

式中　δ_p^2——证券组合的方差（平方根即为标准差）；

X_i、X_j——证券 i 和证券 j 的权数。

由此可以看出，证券组合的预期收益和风险主要取决于各种证券的相对比例、每种证

券收益的方差以及证券与证券之间的相关程度。在各种证券的相关程度、收益及方差确定的条件下，投资者可以通过调整各种证券的购买比例来降低风险。

（三）证券组合选择

通过证券组合分析，人们可以在一个可能的收益和风险范围内，对若干已确认可以投资的证券，通过调整各种证券的购买比例来建立不同的证券组合。马科维茨指出，对应于每一个特定的预期收益率，市场上都存在着许多不同的证券组合，但这些组合的风险水平却各不相同。其中，在该预期收益率下风险最小的组合称为“最小方差组合”；而对应于各个预期收益率的所有的最小方差组合便构成了“最小方差集合”。

马科维茨认为在可行集提供的证券组合的所有可能方案中，投资者通过有效集定理可以找到有效集（efficient set）。有效集定理可以表述为一个理性的投资者所挑选的证券投资组合一定是以下两类组合之一：一是在各种风险水平条件下，提供最大预期收益率的组合；二是在各种预期收益水平下，承担最小风险的组合。这两类组合称为有效集或有效证券组合。

第三节　二缺口模型

一、有限结构弹性假说

美国经济学家钱纳里和斯特劳特认为，在经济发展的进程中，发展中国家普遍面临着各种瓶颈资源的约束，通过引进外资能够在一定程度上缓解这些约束，使国内经济资源得以充分利用，从而加速经济发展。

钱纳里和斯特劳特指出，资源可以分为三种类型：①技能与组织能力的供给；②国内储蓄的供给；③进口商品与服务的供给。在任何时候，这些经济资源的供给对经济增长的限制都是不同的。尽管投资能够用于增加技能和进口商品的供给（进口替代或增加出口），但这些要素供给的变化只能缓慢地发生，在短期，它们也只能在有限的范围内在生产过程中相互替代。也就是说，这三种资源中的任何一种资源在经济运行中都可能单独对经济发展构成制约，这种制约并非在短期内可以解决。与三种资源的界定相对应，钱纳里和斯特劳特提出了制约发展中国家经济发展的三种约束。

（一）储蓄约束

经济发展通常伴随着投资规模的扩大。发展中国家经济落后、人均收入水平较低，国内储蓄水平不足以支持投资的扩大，从而制约了经济的发展，构成了储蓄对经济发展的一种约束。在封闭经济的条件下，这进一步构成了对投资的约束。

（二）投资约束

在有国外资金可供利用的情况下，投资约束主要是由投资所必需的技术、熟练劳动力、企业家，以及投资过程中的其他投入物的匮乏，或市场规模有限（即对投资的需求不足）造成的。

(三)经济结构约束

当一个国家面对变化着的国内外市场需求而不能及时对其经济结构进行调整时,就造成了对经济发展的约束。随着经济发展的加快,发展中国家对经济结构调整的要求也更为迫切,这是因为"经济迅速的增长要求机械设备、原材料和其他制造品供给的大量增加,而这些商品在发展中国家一般是进口的;增长率越快,劳动与资本离传统形式的再配置越远,而这种再配置对于防止瓶颈发生是必不可少的;如果这种再配置不够迅速,进口品的短缺就为进一步的增长提供了一个限制"。在发展中国家,经济结构约束最常见的表现就是商品与服务进口的增长速度快于出口的增长速度,引起对外贸易逆差,没有足够的外汇用于进口经济发展所需的设备、技术与服务,这就构成了外贸约束或称外汇约束。

钱纳里和斯特劳特将发展中国家的这种以长期资源瓶颈为特征的经济状况概括为"有限结构弹性假说"(hypothesis of limited structural flexibility)。投资约束与储蓄约束是相互联系的,故可将二者概括为"投资约束"。因此,投资约束与外贸约束就构成了发展中国家经济发展的主要约束。钱纳里和斯特劳特指出:"外援通过解除这些约束可以更充分地利用国内资源。某些瓶颈(如技能、储蓄与外汇等)通过增加不需现在支付代价的外部资源可以暂时得到放松。这样就能够更有效地利用其他资源,使得总产出的增长可以大大地高于最受限制的国内要素增长率所允许的产出增长。"

二缺口理论将发展中国家的经济起飞分为三个阶段。在不同阶段,外资需求量均由最大缺口来决定。第Ⅰ阶段的基本特征是GNP增长率低于目标增长率,投资每年保持固定的增长率β,直到投资率达到目标增长率所需要的比例为止。在这一阶段,经济增长主要受投资约束。这一阶段又分为两种情形:当储蓄缺口较大时,外资流入量由储蓄缺口决定(阶段ⅠA);当外汇缺口较大时,外资流入量由外汇缺口决定(阶段ⅠB)。第Ⅱ阶段的基本特征是GNP已经达到目标增长率,GNP和投资以不变比率增长。在这一阶段,经济增长主要受目标增长率的约束,外资流入量由储蓄缺口(大于外汇缺口)决定。第Ⅲ阶段的基本特征是GNP增长仍受目标增长率的约束。在这一阶段,外资流入量由外汇缺口(大于储蓄缺口)决定。

二缺口理论研究了发展中国家普遍存在的储蓄缺口和外汇缺口以及如何平衡这两个缺口。从理论上讲,储蓄缺口必然等于外汇缺口。如果投资大于储蓄,则说明存在缺口,该缺口需要由外汇缺口(即进口大于出口的部分)来平衡。不难想象,这两个缺口的相等是事后才得出的。在事前,投资、储蓄、进口和出口都是由不同的主体独立进行的,储蓄缺口和外汇缺口一般不可能正好相等。因此,加强政府对宏观经济的调控十分必要。如果储蓄缺口大于外汇缺口,政府就应当实施减少投资、增加储蓄的政策;如果外汇缺口大于储蓄缺口,政府就应当实施减少进口、扩大出口的政策。

二、基本原理

二缺口模型(two-gap model)是20世纪60年代由钱纳里等提出的,用以分析发展中国家投资大于储蓄和进口大于出口的一种经济模型。

钱纳里认为发展中国家要提高国民经济增长率,就必须处理好投资与储蓄、进口与出口的关系。如果储蓄小于投资,就会出现"储蓄缺口";如果出口小于进口,就会出现"外汇缺口"。其解决办法是引进外资,以刺激出口,提高储蓄水平,达到促进国民经济增长的目的。

(一)模型简介

二缺口模型是指发展中国家为达到储蓄缺口和外汇缺口的均衡的理论模型。该模型是发展中国家通过利用外部资源,在发挥政府作用的同时,调整国内的经济结构以适应引进外部资源。它反映出发展中国家引进外部资源,对于缓和国内资源的稀缺性具有重要意义。

二缺口模型的基本方程式为

$$I-S=M-X$$

式中 $I-S$——投资与储蓄的差额,被称为储蓄缺口;

$M-X$——进口与出口的差额,被称为外汇缺口。

对各变量进行调节的目的是使上述公式平衡。

(二)缺点与不足

二缺口模型在发展中国家有着广泛的影响,曾经被许多国家当作制定引进和利用外资政策的理论依据。但是,许多发展中国家引进外资的实践,以及它们在引进和利用外资中积累的经验表明,二缺口模型存在着一些缺陷和不足。

(1)二缺口模型的基础是总量分析,虽然可以说明需要从国外引进的资源总量,但对国内所需追加资源的结构特征以及国外资源的结构特征缺乏深刻的理论分析,因此无法说明国内需要的特殊的资源量。此外,二缺口模型对引进外资的流向也未做更多的说明,如果引进的国外资源被用于消费,会使引进外部资源的意义被削弱。

(2)二缺口模型过分强调资本形成在经济发展中的作用,容易使人们忽视其他发展因素的作用。经济发展是若干因素综合作用的结果,其中包括技术进步、人力资源开发、资本、劳动生产率提高、自然资源、经济结构与体制的改善等因素。为使经济持续、均衡地发展,必须使各种要素相互协调,共同发挥作用。

(3)二缺口模型从理论的角度论述引进和利用国外资源的积极作用较多,而对实践中利用外资可能产生的消极作用提及的较少。例如,它只看到引进外资、利用跨国公司等对经济发展的积极作用,而忽视了它们可能对经济发展的不利影响,也没有说明一个国家的借债能力和偿债能力。如果产生理解上的错误,很容易形成对外资的依赖性,并产生借债过多、债务负担过重、债务偿还困难等一系列问题。

三、模型理论的扩展与演变

钱纳里与斯特劳特提出二缺口模型后,引起了西方发展经济学家的广泛兴趣,有人对它提出了批评,还有一些发展经济学家在此基础上进行了补充和发展,将该模型扩展为三缺口模型和四缺口模型,即增加了技术、管理和企业家才能,以及政府税收等方面的内容。

三缺口模型认为,在经济发展过程中,技术、管理、企业家的缺乏是发展中国家所面临的最重要的约束,资本吸收因此受到限制。由此可见,企业家的缺乏,技术、管理的落后是经济发展中的又一个缺口,弥补这一缺口已经成为经济发展的关键问题之一。从发展中国家的实践来看,国内资源尚无弥补这些缺口的能力,因而必须利用国外资源来填补,发展中国家在这些方面对外部资源的需要和依靠程度正在日益提高。具体的做法是在引进外资中实行“一揽子”的资源进口计划,即在引进外资的同时,注重对国外的适宜技术、管理知识和人才等软件的配套引进,使进口的资源能得到有效而充分的利用。

四缺口模型除了涉及储蓄、外汇、技术及管理等三个缺口之外,还探讨了政府税收的计划目标与实际税收收入之间的缺口。大部分发展中国家的经济发展计划和目标要靠政府投资来促进完成,人民生活水平的提高也与政府支出的财政补贴有着密切的关系。但发展中国家比较贫穷的现实,常常使由财政开支决定的政府税收计划目标与实际税收收入之间存在着缺口。因此,政府要顺利实现经济发展计划,必须向跨国公司等外资企业的利润征税,并在金融上积极参与外资企业在当地的生产经营活动,通过征税、入股经营、财政参与等形式,为政府筹集公共金融资源,填补税收缺口,支持政府在发展规划方面的投入。

第四节　资本资产定价理论

一、资本资产定价理论简介

资本资产定价理论(CAPM)是由诺贝尔经济学奖获得者美国学者威廉·夏普提出的。该理论提出了在资本市场达到均衡时资产价格的决定机制,被视为现代金融市场价格理论的支柱。

资本资产定价理论的主要特点如下。

(1)将投资风险分为市场风险(或系统性风险)和非市场风险(或非系统性风险),允许无风险资产的存在,并且引入了无风险借入和贷出。

(2)提出市场组合概念。资本资产定价理论认为市场组合由所有证券构成,在该组合中投资于每一种证券的比例等于该证券的相对市值。

(3)反映有效证券组合的预期收益和风险之间关系的资本市场线的斜率,即等于市场组合的预期收益率和无风险利率的差除以它们风险的差。换言之,在资本市场线上任一证券组合的预期收益,均由无风险证券的预期收益和风险收益相加而成,习惯上把无风险证券的预期收益称为证券投资的“时间价格”,而将风险收益称为证券投资的“风险价格”。

(4)该理论的假设条件严格,如假设证券交易市场完全竞争,没有交易成本,投资者具有相同的预期并被动接受价格等。这些严格的假设条件限制了该理论的实际应用。

二、资本资产定价模型的理论基础

资本资产定价模型的理论基础是如下四个基本假说。

(一)投资组合有效选择假说

金融市场上所有的投资者都是风险反感型的,他们都能根据预期收益和风险有效地选择能够提供最佳收益风险搭配的投资组合。这个假说可以叫作投资组合有效选择假说。

(二)风险收益预期一致假说

金融市场上所有的投资人对金融资产未来收益率及其概率分布的看法是一致的,每个投资人得出的有效组合线的形状是一致的,这些投资人选择不同构成投资组合的唯一原因在于他们风险反感程度的不同。这个假说被称为风险收益预期一致假说。

(三)无风险资产存在假说

在金融市场上存在一种无风险而有收益的金融资产,其收益率叫作无风险收益率,又称无风险利率,金融市场上所有投资人都可以按无风险利率无限制地出借或借入资金。这个假说被叫作无风险资产存在假说。

(四)资产单期收益假说

金融市场上的任何资产都是在单一期限内(即一个计息阶段内)向投资人提供收益,这里所说的单一期限或单期,实际是指金融市场上的投资机会成本未发生变化的一段时间。这一假说称作资产单期收益假说。这一假说使无风险资产存在假说得以成立。

由于一切投资者对证券的未来前景具有一致的预期,每个人都把自己的资金以相同方式分散投资,市场上一定会存在以 m 表示的全市场组合。在均衡状态下,这一风险资产的最优组合必须包括所有的证券,而且每种证券的比例必须等于其作为一个整体在市场上相应的比例值。

三、理论模型

当资本市场达到均衡时,风险的边际价格是不变的,任何改变市场组合的投资所带来的边际效果是相同的,即增加一个单位的风险所得到的补偿是相同的。按照 β 的定义,代入均衡的资本市场条件下,得到资本资产定价模型为

$$E(r_i) = r_f + \beta_{im}[E(r_m) - r_f]$$

式中 $E(r_i)$——资产 i 的预期回报率,均方差分析和资本资产定价模型;

r_f——无风险利率;

β_{im}——β 系数,即资产 i 的系统性风险,是市场 m 的预期市场回报率;

$E(r_m) - r_f$——市场风险溢价(market risk premium),即预期市场回报率与无风险回报率之差。

资本资产定价模型的说明如下。

(1)单个证券的期望收益率由两部分组成,即无风险利率以及对所承担风险的补偿 - 风险溢价。

(2)风险溢价的大小取决于 β 值的大小。β 值越大,表明单个证券的风险越高,所得到的补偿也就越高。

(3)β 度量的是单个证券的系统风险,非系统性风险没有风险补偿。

以资本形式(如股票)存在的资产的价格确定模型。以股票市场为例,假定投资者通过基金投资于整个股票市场,于是他的投资完全分散化(diversification),将不承担任何可分散风险。但是,由于经济与股票市场变化的一致性,投资者将承担不可分散风险。于是投资者的预期回报高于无风险利率。

设股票市场的预期回报率为 $E(r_m)$,无风险利率为 r_f,那么,市场风险溢价就是 $E(r_m) - r_f$,这是投资者由于承担了与股票市场相关的不可分散风险而预期得到的回报。考虑某资产(比如某公司股票),设其预期回报率为 $E(r_i)$,由于市场的无风险利率为 r_f,故该资产的风险溢价为 $E(r_i) - r_f$。资本资产定价模型描述了该资产的风险溢价与市场的风险溢价之间的关系为

$$E(r_i) - r_f = \beta_{im}[E(r_m) - r_f]$$

式中,β 系数是常数,称为资产 β(asset beta)。

β 系数表示资产的回报率对市场变动的敏感程度(sensitivity),可以衡量该资产的不可分散风险。如果给定 β,那么就能确定某资产现值(present value)的正确贴现率(discount rate),这一贴现率是该资产或另一相同风险资产的预期收益率。

$$贴现率 = r_f + \beta(r_m - r_f)$$

四、分析评价

资本资产定价理论给出了一个非常简单的结论:只有一种原因会使投资者得到更高回报,那就是投资高风险的股票。不容怀疑,这个模型在现代金融理论中占据着主导地位。

在资本资产定价理论里,最难以计算的就是 β 的值。法玛(Eugene Fama)和弗兰奇(Kenneth French)研究1963—1990年纽约证券交易所、美国证券交易所以及纳斯达克市场(NASDAQ)里的股票回报时发现,在这长时期里 β 值并不能充分解释股票的表现,单个股票的 β 和回报率之间的线性关系在短时间内也不存在。他们的发现似乎表明了资本资产定价理论并不能有效地运用于现实的股票市场中。

事实上,有很多研究也表示对资本资产定价理论正确性的质疑,但是这个模型在投资界仍然被广泛利用。虽然用 β 值预测单个股票的变动很困难,但是投资者仍然相信 β 值较大的股票组合会比市场价格波动性大,不论市场价格是上升还是下降;而 β 值较小的股票组合则会比市场价格波动性小。

对于投资者,尤其是基金经理来说,这点是很重要的。因为在市场价格下降的时候,他们可以投资于 β 值较低的股票;而当市场价格上升的时候,他们则可投资 β 值大于1的股票。对于小投资者来说,没有必要花时间去计算个别股票与大市的 β 值,因为据了解,现时有不少财经网站均有附上个别股票的 β 值,只要读者细心留意,一定可以发现。

资本资产定价理论模型在证券理论界已经得到普遍认可。投资专家用它来做资本预算或其他决策;立法机构用它来规范基金界人士的费用率;评级机构用它来测定投资管理者的业绩。但是,该模型主要对证券收益与市场组合收益变动的敏感性做出分析,而没有考虑其他因素。

第五节　套利定价理论

套利定价理论(APT)推导出了与资本资产定价模型相似的一种市场关系。套利定价理论的基本机制是在给定资产收益率计算公式的条件下,根据套利原理推导出资产的价格和均衡关系式。

一、简介

套利定价理论是一种资产定价模式,其重点是每项资产的回报率均可由该资产与众多的共同风险因素的关系推测得到。其由斯蒂芬·罗斯创于1976年。这一理论根据众多独立的宏观经济因素变量的线性组合预测投资组合的回报。当资产被错误定价时,套利定价理论会指出正确的价格何在。它通常被视为资本资产定价理论的替代品,因为套利定价理论具有更灵活的假设要求。鉴于资本资产定价理论的公式需要市场的预期回报,套利定价理论则套用风险资产的预期收益率和各宏观经济因素的风险溢价。套利者使用套利定价理论模型,利用证券的错误定价从中取利。当证券出现错误定价,其价格将异于从理论模式预测出来的价格。

套利定价理论试图以多个变量去解释资产的预期报酬率。其认为经济体系中,有许多风险都是无法经由多角化投资加以分散的,如通货膨胀或国民所得的变动。

二、与资本资产定价理论的对比

1976 年,美国学者斯蒂芬·罗斯在《经济理论杂志》上发表了经典论文《资本资产定价的套利理论》,提出了一种新的资产定价模型,此即套利定价理论。套利定价理论用套利概念定义均衡,不需要市场组合的存在性,而且所需的假设比资本资产定价模型更少、更合理。

与资本资产定价模型一样,套利定价理论有如下假设:

(1)投资者有相同的投资理念;

(2)投资者是回避风险的,并且要效用最大化;

(3)市场是完全的。

与资本资产定价模型不同的是,套利定价理论还包括以下假设:

(1)单一投资期;

(2)不存在税收;

(3)投资者能以无风险利率自由借贷;

(4)投资者以收益率的均值和方差为基础选择投资组合。

三、套利定价模型

在完善的市场上,如果证券 i 的预期收益率低于投资组合 P 的预期收益率,一个精明的套利者就会卖空证券,从抛空中取得收益,再来购买投资组合 P 的多头,以获得差额收益;反之亦然。投资组合较高的收益率吸引众多投资者纷至沓来,从而使证券组合的均衡价格发生变动。套利定价理论的核心是,如果因素系数 β 和预期收益率 $E(r)$ 之间的关系近似线性,那么就可以通过无穷的套利机会来增加财富。

$$E(r_P) = r_f + \beta_{P1}[E(r)_1 - r_f] + \beta_{P2}[E(r)_2 - r_f] + \cdots$$

式中 $E(r_P)$ ——证券组合 P 的预期收益;

r_f ——无风险收益率;

β_{P1} ——组合 P 对因素 1 的敏感性;

β_{P2} ——组合 P 对因素 2 的敏感性;

$E(r)_1 - r_f$ ——因素 1 的风险代价;

$E(r)_2 - r_f$ ——因素 2 的风险代价。

上述公式也可以变成

$$E(r_P) = r_f + \beta_{P1}\lambda_1 + \cdots + \beta_{Pi}\lambda_i + \cdots$$

式中 λ_i —— $E(r)_i - r_f$,是因素 i 的风险代价。

资产套价理论虽然建立了“因素模型”,但其本身并没有指明影响证券收益的是哪些因素、有哪些主要的因素以及数目的多寡。一般认为,诸如国民生产总值增长率、通货膨胀率、利率、公司资信、股息发放比例等因素对决定证券价格变化起重要作用,但估计总数不能超过10个。然而，这一问题至今还没有人做出肯定的解释，尚待理论界和实务界进一步深入研究。

四、分析评价

套利定价理论作为描述资本资产价格形成机制的一种新方法，其基础是价格规律，即在均衡市场上，两种性质相同的商品不能以不同的价格出售。套利定价理论是一种均衡模型，用来研究证券价格是如何决定的。它假设证券的收益是由一系列产业和市场方面的因素确定的。当两种证券的收益受到某种或某些因素的影响时，两种证券收益之间就存在相关性。

套利定价理论导出了与资本资产定价模型相似的一种市场关系。套利定价理论以收益率形成过程的多因子模型为基础，认为证券收益率与一组因子线性相关，这组因子代表证券收益率的一些基本因素。事实上，当收益率通过单一因子（市场组合）形成时，将会发现套利定价理论形成了一种与资本资产定价模型相同的关系。因此，套利定价理论可以被认为是一种广义的资本资产定价模型，为投资者提供了一种替代性的方法，来理解市场中的风险与收益率间的均衡关系。套利定价理论与现代资产组合理论、资本资产定价模型、期权定价模型等一起构成了现代金融学的理论基础。

第六节　行为金融理论

行为金融理论是在对现代金融理论（尤其是在对有效市场假说和资本资产定价模型）的挑战和质疑的背景下形成的。行为金融理论在博弈论和实验经济学被主流经济学接纳之际，对人类个体和群体行为研究的日益重视，促成了传统的力学研究方式向以生命为中心的非线性复杂范式的转换，使得我们看到了金融理论与实际的沟壑有了弥合的可能。行为金融理论将人类心理与行为纳入金融的研究框架，但是由于涉及人类心理与行为研究的难度，加上行为金融刚刚起步，因而其本身也存在很多缺陷。

现代金融理论是建立在资本资产定价模型和有效市场假说（EMH）两大基石上的。这些经典理论承袭经济学的分析方法与技术，其模型与范式局限在"理性"的分析框架中，忽视了对投资者实际决策行为的分析。随着金融市场上各种异常现象的累积，模型和实际的背离使得现代金融理论的理性分析范式陷入了尴尬境地。在此基础上，20世纪80年代行为金融理论悄然兴起，并开始动摇了资本资产定价理论和有效市场假说的权威地位。

一、背景

在有效市场假说理论形成的过程中，奥斯本（Osberne）和法玛的贡献最大。奥斯本提出了关于股票价格遵循随机游走的主张，认为投资者是根据他们的期望价值或收益率来估计股票的，而期望价值是可能的收益率的概率加权平均值，所以投资者在奥斯本定义上的理性是以无偏的方式设定其主观概率。在此基础上，法玛建构并形成了有效市场假说。效市场假说是由三个不断弱化的假说组成的。当投资者是理性的时，投资者可以理性评估资产价值，市场是有效的；即使有些投资者不是理性的，但由于交易随机产生，也不会形成系统的价格偏差；即使投资者的非理性行为不是随机的，他们也将遇到理性的套期保值者，从而保证资产价格回归基本价值；即使非理性交易者在非基本价值的价格交易时，他的财富也将逐渐减少,以致不能在市场上生存。

法玛还进一步细分了三种有效市场,从而说明价格反映所有的公开信息,基本分析者的共识形成公平价格。所以有效市场假说已经隐含了已知信息不能用来在市场上获利的命题。我们也可以说,到了法玛那里,有效市场假说依赖于理性投资者。在有效市场假说产生与发展的同时,马科维茨结合奥斯本的期望收益率分布,以其方差为度量,用以度量资产组合,得出投资者选择有效边界的风险和标准差给定水平上期望收益率最高的资产组合这个满意的结论。所以投资者在马科维茨定义上的理性是指他们是风险回避型的。在此基础上,夏普(Sharpe)、林特纳(Lintner)和莫辛(Mossin)将有效市场假说和马科维茨的资产组合结合起来,以资本资产模型命名,建立了一个以一般均衡框架中的理性预期为基础的投资者行为模型——资本资产定价模型。资本资产定价模型中的投资者有着同质的收益率预期,以相同的方式解读信息。在此假定下,资本资产定价模型得出高风险的资产应为高收益率的补偿,投资者的最优投资决策应沿资本市场线进行的结论。

如果说有效市场假说回答了已知的信息对获利没有价值的结论,那么资本资产定价模型则说明市场上的超额回报率是由于承担更大的风险才形成的结论,因而在一定程度上资本资产定价模型补充了有效市场假说的理论空白和可能的漏洞。

自资本资产定价模型诞生后,20 世纪七八十年代的研究一般集中在应用该模型进行经验研究和求证有效市场假说的有效性上。但是随着后来研究的深入,逐渐发现了现代金融理论模型与投资者在证券市场上的实际投资决策行为是不相符合的,主要表现如下。

(一)现代金融理论认为人们的决策是建立在理性预期、风险回避、效用函数最大化等假设上的

实际投资决策并非如此。特韦尔斯基针对投资者准确无偏的奥斯本定义上的理性,指出投资者具有倾向于过分自信的心理特征;针对投资者如果接受更大的风险,他们就必须得到更高的收益率的补偿,即对马科维茨的投资者是风险回避型的修正。特韦尔斯基研究表明,当牵涉到亏损时,投资者会倾向于追求风险,尤其是在追求风险有可能把他们的亏损减少到最低限度的时候;针对法玛和夏普意义上的投资者理性,研究发现投资者在决策中的预测是非贝叶斯预测,而且投资者会有回避损失和心理会计的偏差,还有减少后悔、推卸责任的心理。尤其值得提出的是,研究表明,这种对理性决策的偏差是系统性的,并不能因为统计平均而消除。

(二)现代金融理论和有效市场假说是建立在有效市场竞争的基础上的

能够在市场竞争中幸存下来的只有理性投资者。证券市场投资行为是由理性的投资者主宰的。而 Delong、Shleifer、Summers 和 Maldmann 的研究表明,某些情况下,非理性投资者实际上可以获得比理性交易者更高的收益,非理性投资者仍然可以影响资产价格。

二、发展历史

投资行为金融理论的发展历史可以简单概括为以下几个阶段。

(一)早期阶段

19 世纪,古斯塔夫·勒庞(Gustave Lebon)的《乌合之众》和查尔斯·麦基(Charles

Mackay)的《大疯癫:非同寻常的大众幻想和全民疯狂》是两本研究投资市场群体行为的经典之作;凯恩斯是最早强调心理预期在投资决策中作用的经济学家,他基于心理预期最早提出股市"选美竞赛"理论和基于投资者"动物精神"而产生的股市"乐车队效应";普莱尔(Purrell)是现代意义上金融理论的最早研究者,在其《以实验方法进行投资研究的可能性》(1951)论文中,开拓了应用实验将投资模型与人的心理行为特征相结合的金融新领域。后来的保罗(Paul)、思诺维奇(Slovic)等人继续进行了一些人类决策过程的心理学研究。

(二)心理学行为金融阶段

这一阶段(从1960年至20世纪80年代中期)的行为金融研究以阿莫斯·特沃斯基(Amos Tversky)和丹尼尔·卡纳曼(Daniel Kahneman)为代表。特沃斯基研究了人类行为与投资决策模型基本假设相冲突的三个方面,即风险态度、心理会计和过度自信,并将观察到的现象称为"认知偏差"。卡纳曼和特沃斯基共同提出了"期望理论",使之成为行为金融研究中的代表学说。但是当时的行为金融的研究还没有引起足够重视,一方面是因为此时有效市场假说风行一时,另一方面是因为人们普遍认为研究人的心理、情绪对金融研究是不科学的。

(三)金融学行为金融阶段

这一阶段是从20世纪80年代中期至今,市场不断发现的异常现象引起金融学界的注意,大量的证据表明许多金融理论还不完善,再加上期望理论得到广泛认可和经验求证,所以这个时期的行为金融取得了突破性的进展。这个时期行为金融理论以芝加哥大学的理查德·塞勒(Richard Thaler)和耶鲁大学的罗伯特·希勒(Robert J. Shiller)为代表。塞勒研究了股票回报率的时间序列、投资者心理会计等问题。希勒主要研究了股票价格的异常波动、股市中的"羊群效应"(herd behavior)、投机价格和流行心态的关系等。此外,奥登(Orden)对于趋向性效应(disposition effect)的研究,伊·R. 里特(Jay. R. Ritter)对于首次公开募股(IPO)的异常现象的研究,卡纳曼等对过度反应和反应不足切换机制的研究都受到了广泛的关注。与上个时期相比,这个时期的行为金融理论研究是从投资策略上加以完善,注重把心理学研究和投资决策结合起来。

三、理论基础

(一)期望理论

期望理论是行为金融学的重要理论基础。卡纳曼和特沃斯基(1979)通过实验对比发现,大多数投资者并非标准金融投资者而是行为投资者,他们的行为不总是理性的,也并不总是回避风险的。期望理论认为投资者对收益的效用函数是凹函数,而对损失的效用函数是凸函数,表现为投资者在投资账面值损失时更加厌恶风险,而在投资账面值盈利时,随着收益的增加,其满足程度速度减缓。期望理论成为行为金融研究中的代表学说,利用期望理论解释了很多金融市场中的异常现象,如阿莱悖论、股价溢价之谜(equity premium puzzle)以及期权微笑(option smile)等,然而由于卡纳曼和特沃斯基在期望理论中并没有给出如何确定价值函数的关键——参考点以及价值函数的具体形式,在理论上存在很大缺陷,从而极大阻碍了期望理论的进一步发展。

(二)行为组合理论和行为资产定价模型

一些行为金融理论研究者认为将行为金融理论与现代金融理论完全对立起来并不恰当,而将二者结合起来,对现代金融理论进行完善,正成为这些研究者的研究方向。在这方面,Statman 和 Shefrin 提出的行为组合理论(BPT)和行为资产定价模型(BAPM)引起了金融界的注意。BPT 是在现代资产组合理论(MPT)的基础上发展起来的。MPT 认为投资者应该把注意力集中在整个组合上,最优的组合配置处在均值方差有效前沿上。BPT 认为现实中的投资者无法做到这一点,他们实际构建的资产组合是基于对不同资产的风险程度的认识以及投资目的所形成的一种金字塔式的行为资产组合,位于金字塔各层的资产都与特定的目标和风险态度相联系,而各层之间的相关性被忽略了。BAPM 是对资本资产定价模型的扩展。与资本资产定价模型不同,BAPM 中的投资者被分为两类,即信息交易者和噪声交易者。信息交易者是严格按资本资产定价模型行事的理性交易者,不会出现系统偏差;噪声交易者则不按资本资产定价模型行事,会犯各种认知偏差错误。两类交易者互相影响,共同决定资产价格。事实上,在 BAPM 中,资本市场组合的问题仍然存在,因为均值方差有效组合会随时间而改变。

(三)投资行为模型

1. BSV 模型

BSV 模型是由 Barberis、Shleffer 和 Vishny 于 1998 年提出的。BSV 模型认为,人们进行投资决策时存在两种错误范式:其一是选择性偏差(representative bias),即投资者过分重视近期数据的变化模式,而对产生这些数据的总体特征重视不够,这种偏差导致股价对收益变化的反应不足(under - reaction);其二是保守性偏差(conservation),投资者不能及时根据变化了的情况修正自己的预测模型,导致股价过度反应(over - reaction)。BSV 模型是从这两种偏差出发,解释投资者决策模型如何导致证券的市场价格变化偏离有效市场假说的。

2. DHS 模型

DHS 模型是由 Daniel、Hirsheifer 和 Subramanyam 于 1998 年提出的。DHS 模型将投资者分为有信息和无信息两类。无信息的投资者不存在判断偏差,有信息的投资者存在过度自信和有偏的自我归因(serf - contribution)。过度自信导致投资者夸大自己对股票价值判断的准确性;有偏的自我归因则使他们低估关于股票价值的公开信号。随着公共信息最终战胜行为偏差,对个人信息的过度反应和对公共信息的反应不足,就会导致股票回报的短期连续性和长期反转。所以法玛(1998)认为 DHS 模型和 BSV 模型虽然建立在不同的行为前提基础上,但二者的结论是相似的。

3. HS 模型

HS 模型是 Hong 和 Stein 于 1999 年提出的,又称统一理论模型(unified theory model)。统一理论模型区别于 BSV 模型和 DHS 模型之处在于,它把研究重点放在不同作用者的作用机制上,而不是作用者的认知偏差方面。该模型把作用者分为"观察消息者"和"动量交易者"两类。观察消息者根据获得的关于未来价值的信息进行预测,其局限是完全不依赖于当前或过去的价格;动量交易者则完全依赖于过去的价格变化,其局限是他们的预测必须是过去价格历史的简单函数。在上述假设下,该模型将反应不足和过度反应统一归结为关于基本价值信息的逐渐扩散,而不包括其他的对投资者情感刺激和流动性交易的需要。

HS 模型认为最初由于“观察消息者”对私人信息反应不足的倾向，使得“动量交易者”力图通过套期策略来利用这一点，而这样做的结果恰好走向了另一个极端——过度反应。

4. 羊群效应模型

羊群效应模型（herd behavioral model）认为投资者羊群行为是符合最大效用准则的，是“群体压力”等情绪下贯彻的非理性行为，有序列型和非序列型两种模型。序列型由 Banerjee 于 1992 年提出。在该模型中，投资者通过典型的贝叶斯过程从市场噪声以及其他个体的决策中依次获取决策信息，这类决策的最大特征是其决策的序列性。但是现实中要区分投资者顺序是不现实的。因而这一假设在实际金融市场中缺乏支持。非序列型则论证无论仿效倾向强或弱，都不会得到现代金融理论中关于股票的零点对称、单一模态的厚尾特征。

行为金融理论已经开始成为金融研究中一个十分引人注目的领域，它对于原有理性框架中的现代金融理论进行了深刻的反思，从人的角度来解释市场行为，充分考虑市场参与者的心理因素的作用，为人们理解金融市场提供了一个新的视角。行为金融理论是第一个较为系统地对有效市场假说和现代金融理论提出挑战并能够有效地解释市场异常行为的理论。行为金融理论以心理学对人类的研究成果为依据，以人们的实际决策心理为出发点，讨论投资者的投资决策对市场价格的影响。它注重投资者决策心理的多样性，突破了现代金融理论只注重最优决策模型，简单地认为理性投资决策模型就是决定证券市场价格变化的实际投资决策模型的假设，使人们对金融市场投资者行为的研究由“应该怎么做决策”转变到“实际是怎样做决策”，研究更接近实际。因而，尽管现代金融理论依然是对市场价格的最好描述，但行为金融的研究无疑是很有意义的。

思考与练习

1. 国际资本流动理论包括哪些分支？具体内容是什么？
2. 举例说明资本资产定价模型在证券投资中如何应用。
3. 你是如何理解行为金融学的？
4. 二缺口模型的优点和缺点是什么？

第四章　跨国公司

第一节　跨国公司概述

第二次世界大战后，随着发达国家资本输出规模的不断扩大和全球经济一体化步伐的加快，跨国公司得到了迅猛的发展。不但发达国家的跨国公司数量激增，而且一些发展中国家也在着力发展本国的跨国公司。跨国公司的出现及快速发展对世界经济产生了巨大的影响，使其成为一支不可忽视的重要力量，在国际经济中的地位日益突出。

一、跨国公司的概念

跨国公司，又称多国公司（multinational corporations），也有人称其为国际公司（international corporations）、国际企业（international businesses）、全球公司（global corporations）、宇宙公司（cosmo corps）等。1974 年联合国经济与社会理事会讨论由知名人士小组提供的《多国公司对发展和国际关系的影响》的报告时，一位拉丁美洲的代表提出，为了避免与安第斯条约国家共同创办和经营的多国联营公司相混淆，建议用“跨国公司”一词取代“多国公司”。这个建议被采纳，此后，联合国正式文献中均使用“跨国公司”一词。但关于跨国公司的含义和界定有各种各样的说法，有从语义学或地理学来界定跨国公司的，认为跨国公司就是跨越国界，在国际经营业务的企业组织；也有从跨国公司的股权拥有、管理权控制，或公司所依据的法律基础作为确定企业是否为跨国公司的标准；还有从经营学的角度，认为跨国公司应为跨越国界的多单位或多工厂企业。通常认为，跨国公司一般是指具有全球性经营动机和一体化的经营战略，在多个国家拥有从事生产经营活动的分支机构，并将它们置于统一的全球性经营计划之下的大型企业。

二、跨国公司的划分标准

定义跨国公司或定义一个企业的跨国经营，通常需要考虑以下标准。

（一）结构性标准

（1）以公司在国外活动的国家数作为划分跨国公司的标准。有的认为至少在一个以上的国家有经营活动的企业可以称为跨国公司。欧洲经济共同体则认为至少在两国有生产设施，有的扩展到 4 ~ 5 个国家，甚至 6 个或者更多才能称为跨国公司。这个定义强调企业跨国经营的地理区域和活动范围。

（2）跨国公司是在不同国家拥有多个工厂或多个经营单位的企业。这个定义强调以对外直接投资为基础的跨国经营管理。

（3）以股权多少作为划分标准，即以一个企业拥有国外企业的股份多少来划分。跨国公司是指其股份所有权归属于多个国家居民或企业所有的公司。这个定义强调所有权的多国性。如果一个企业实现跨国生产经营，但所有权完全归属于一国的居民，则这个企业不能被称作跨国公司。至于一国企业拥有另一国企业多少比例的股份才是跨国公司，不同国家有不同标准，美国规定为10%以上；日本规定为25%以上，如果不足25%，必须是采取非股权安排措施加以控制的子公司。目前，普遍接受的标准是国际货币基金组织确定的25%。

（4）以高级经理人员的国籍作为划分跨国公司的标准。要求高级经理人员的国籍必须来自一国以上，所有权分散在不同国籍人员手中。

（二）经营业绩标准

（1）以跨国公司在国外的经营业绩，如资产额、销售额、生产额、利润、雇员人数等占整个公司的百分比来划分。大多数主张以国外销售额或生产额为主要指标，一般以25%为界限。百分比越高，定义要求就越高。这个定义强调国外生产经营活动的范围和成效。也有专家选择了不同的比例标准。

（2）进行大量对外直接投资，并有效控制和管理国外资产的公司。根据这种定义，拥有国外企业股份但不介入日常管理活动的公司不能称作跨国公司。

（三）企业行为特定标准

按企业行为特定标准下的定义，比较权威的是联合国经济与社会理事会提出的定义。该组织在《世界发展中的多国公司》中称跨国公司是在两个或两个以上国家中控制工厂、矿山、销售机构和其他资产的企业。1984年，联合国对这个定义进行了修改，新的定义是：

（1）跨国公司是指在两个或两个以上国家经营业务的企业实体，不论其采取何种法律形式经营，也不论在哪一经济部门经营；

（2）这种企业在一个决策体系中经营，因而具有协调的政策和共同战略；

（3）它的各个实体通过股权或其他方面相联系，这样其中的一个或多个实体能够对其他实体的经营活动施加有效的影响，特别是在与其他实体分享知识、资源和责任等方面的影响尤为有效。

三、跨国公司的特征

跨国公司的基本特征是跨国性，即以母国为基地，分支机构分布在不同的国家和地区，从事生产经营活动。其主要特征如下。

（一）规模庞大

全世界跨国公司的主体多为大型公司，它们在国内外都处于寡头竞争地位，通过全球经营获得规模经济效益。人们称巨型的跨国公司为“私人王国”。大型跨国公司无论从其营业收入、资产额、股票市值、利润额和雇佣人数来看，都是规模庞大的。据联合国统计，1985年有600家跨国公司的销售额在10亿美元以上，其产值之和相当于发达国家和发展中国家总产值的1/5。一些巨型的跨国公司的销售额甚至超过一个中等国家的国民生产总值，如美国通用汽车公司的销售额就大于瑞典、奥地利、阿根廷等国的国民生产总值，其1980年的净资产额是178亿美元，1994年增至1 986亿美元，1999年又猛增至2 739亿美元。美国所有跨国公司销售总额已经达到号称资本主义世界第二经济大国日本的国民生产总值。从2013年度世界500强的前12位跨国公司的营业收入和利润(表4-1)中也可以看出大型跨国公司的规模庞大。

表4-1 2013年度世界500强前12名的营业收入和利润表 单位:百万美元

排名	公司名称(中英文)	营业收入	利润	国家
1	荷兰皇家壳牌石油公司(ROYAL DUTCHSHELL)	481 700.0	26 592.0	荷兰
2	沃尔玛(WAL-MART STORES)	469 162.0	16 999.0	美国
3	埃克森美孚(EXXON MOBIL)	449 886.0	44 880.0	美国
4	中国石油化工集团公司(SINOPEC GROUP)	428 167.4	8 221.1	中国
5	中国石油天然气集团公司(CHINA NATIONAL PETROLEUM)	408 630.0	18 195.9	中国
6	英国石油公司(BP)	388 285.0	11 582.0	英国
7	国家电网公司(STATE GRID)	298 448.8	12 317.9	中国
8	丰田汽车公司(TOYOTA MOTOR)	265 701.8	11 586.6	日本
9	大众公司(VOLKSWAGEN)	247 613.3	27 909.1	德国
10	道达尔公司(TOTAL)	234 277.5	13 743.2	法国
11	雪佛龙(CHEVRON)	233 899.0	26 179.0	美国
12	嘉能可斯特拉塔(GLENCORE XSTRATA)	214 436.0	1 004.0	瑞士

资料来源:http://wenku.baidu.com/。

(二)实行全球性战略

跨国公司都有全球性的战略目标和战略部署。所谓全球战略是指现代跨国公司从事国际生产和国际经营时,将其全球范围的经营活动视为一个整体,以追求全球市场为目标,力求实现其全球范围内的利润最大化,而不仅仅考虑某一局部利益的得失。跨国公司的总公司评价子公司实绩的标准,也主要是看它对全公司的总体贡献,而不一定是它本身的盈利规模。

跨国公司经营的主要方式是商品贸易、直接投资和技术转让。为实现公司全球利益最大化,公司要合理安排生产;要在世界范围考虑原料来源、劳动力雇佣、产品销售和资金利用;要充分利用东道国和各地区的有利条件;要应付世界市场上同行业的垄断竞争。这在客观上就要求公司把商品贸易、直接投资、技术转让三者结合起来,相互利用,从公司的整体利益以及未来发展着手,进行全面安排。

(三)生产经营活动的跨国化

跨国公司是在多国从事生产经营活动的企业组织,因而跨国化是其经营的主要特征,也是判断一家企业是否属于跨国公司的重要参考指标。联合国跨国公司中心用跨国化指数来观察跨国公司在海外活动的情况。跨国化指数(Transnationality Index,TNI)是由以下三项跨国公司指标的平均数计算得出的:海外资产占总资产比率、海外销售额占总销售额的比率和海外雇员占总雇员的比率。如雀巢公司的跨国化指数高达94.2%,说明该公司绝大部分业务不是在国内而是在国外。

联合国《2002年世界投资报告》显示,20世纪的最后10年间,总体上全球100强跨国公司的跨国化指数的平均值呈上升趋势,从1991年的51%上升到2000年的56%左右。这意味着入选100强的跨国公司变得更加跨国化。发展中国家的跨国公司虽然在规模上远不及发达国家的跨国公司,但其跨国化发展的趋势并不弱。目前,发展中国家最大的50家跨国公司的平均跨国化指数达到35%左右。

(四)公司内部实行一体化原则

跨国公司的管理体制多种多样,但为了保证实现全球战略,原则上都是集中决策,分散经营,实行高度集中的管理体制。跨国公司凭借现代化的交通和通信工具,把分散在世界各地的子公司组成一个整体,形成内部一体化的独特的经营体系。公司的最高决策机构是董事会,子公司的投资、资金筹措、人事安排等重大问题都由总公司统一指挥、协调步骤,以符合公司的整体利益,形成整体效应。为适应东道国的投资环境及各市场变化,也需要子公司能够灵活反应。因而,跨国公司一方面通过分级计划管理落实公司的全球战略安排,另一方面则通过互通情报、交流经验、内部贸易来共担风险、分享盈亏。至于集中和分散的程度,则视公司的业务性质、产品结构、地区分布等来酌定。因而,跨国公司虽然拥有众多的子公司,且分布于世界各地,但由于实现了内部一体化,它们"就像一个被严密控制的单一企业那样,位于被国界分开的许多市场,在几个国家政府之下从事经营"。

总之,跨国公司是从全球范围内对子公司的经营进行一体化的部署。这是现代跨国公司的重要特征。

四、跨国公司的发展模式

通常,如果一个企业的资源转化活动只限于它作为法人所在的主权国家,就称之为国内经营。而如果企业的资源转化活动超越了一国主权范围,即企业运营所需的各种资源的获取不再局限于国内市场,或者企业产品的销售进入了国际市场,其经营活动就变得国际化。

然而,并不是所有经营活动国际化的企业都可以被称为跨国公司。跨国公司是企业国际化经营发展到一定程度后的一种组织形式。众多跨国公司发展的历史证明,企业经营的国际化发展是一个有规律可循的过程。企业国际化发展阶段理论的代表人物是理查德·罗宾逊(Robinson)。在他1976年与1989年出版的论著中,企业国际化过程被划分为六个阶段。

(一)起步阶段

处于该阶段的企业的经营范围其实完全限于国内市场,因此被称为国内企业(domestic enterprises)。随着其国内业务的发展和国内市场原材料的紧缺,它有可能采取以其部分产品换取国外廉价原材料的办法。这表明企业的经营活动开始涉足国外市场。但海外业务在其经营中所占的比重很小,其主要目的是保证和继续扩大企业的产品对国内市场的供应。

(二)出口阶段

在第一阶段发展的基础上,出口逐渐成为上述企业的长期经营内容。与此相适应,企业的组织结构也开始发生变化，一般设置开发出口市场的专职部门（如国际事业部）。这类企业被称为"出口型企业"（export - oriented enterprises）。

（三）国际经营阶段

一方面，随着出口业务进一步扩大，企业组织机构内原来的国际事业部的力量得到充实，其地位不断上升，直至与国内业务部和职能部并驾齐驱；另一方面，企业也开始以参股形式在国外创建子公司，或采取战略联盟方式与国外企业进行合作。这时，国内母公司对其国外子公司拥有绝对的控制权，采取单向式决策方式。这类企业被称为"国际企业"（international enterprises）。

（四）多国经营阶段

在这一阶段，国外子公司的数量开始增加，海外网点的设置也由一国扩大为多国。各子公司的决策权有所扩大，并逐渐趋于能影响母公司的决策。在母、子公司之间，经营决策方式由原来的单向发展为双向。但各子公司之间缺乏经常的相互联系，整个企业集团尚未形成统一的决策体系。此时的企业演变为"多国企业"（multinational enterprises）。

（五）跨国经营阶段

这一阶段的主要特征是母公司已经开始全盘考虑其整体利益的最大化。子公司与母公司以及子公司之间开始建立沟通网络，使全面统一的管理成为可能，决策权限也由分散趋于集中。这时的企业被称为"跨国公司"（transnational enterprises）。

（六）超国界阶段

这是企业国际化的最高形态。在此阶段中，企业国际化经营的范围已遍及世界各主要市场，全球范围的全方位战略已贯穿整个集团的经营过程。由于其自身实力和应变能力的强化，企业调配和利用各国资源的自由度大大增强。"国界"的意义在这个阶段已大为减弱，企业变成"超国界企业"（super-national enterprises）。

罗宾逊六阶段论的特点在于把企业国际化经营发展的各阶段与企业组织形态结合起来考察，并以有无国际事业部、国际网络管理、决策权限的分散与集中等作为测度标准。

五、跨国公司的产生与发展

跨国公司是伴随着生产的国际化而发展起来的，19 世纪末期产生了现代意义上的跨国公司，第二次世界大战后跨国公司迅速扩张，在世界经济中扮演重要的角色。

（一）早期跨国公司的发展

17，18 世纪，早期国际商业活动开始兴起，一种新的企业组织——特权公司在西方国家出现了。它们得到由王室颁发的特许状，从事对殖民地的垄断贸易，如英国在亚洲有东印度公司、在非洲有皇家非洲公司、在北美洲有哈德逊湾公司，荷兰也有东印度公司等。这些公司以经营贸易与航运业为主，并逐步扩大到银行和其他金融业。特权公司的出现是当时特有的现象，它们不仅具有经济贸易方面的职能，还具有某些政治方面的职能，成为国家机器的一部分。因此，这种公司并不是现代意义上的跨国公司，只是具备了跨国公司的某些特征。

（二）第二次世界大战后跨国公司迅速扩张

第二次世界大战后跨国公司的发展进入高速增长时期。据联合国贸易和发展会议的资料显示，1945 年世界对外直接投资额仅 200 亿美元，1978 年增至 3 693 亿美元，1983 年为 6 000 亿美元。联合国贸易和发展会议《2002 年世界投资报告——跨国公司与出口竞争力》中称，截至 2001 年底，全球的跨国公司大约有 6.4 万家，拥有大约 87 万家海外分支机构，海外分支机构的雇员大约有 5 400 万人。这些公司 2001 年的销售额约为 19 万亿美元，是当年全球出口额的两倍多。跨国公司及其分支机构的产量和出口量（不包括内部贸易）分别占全球 GDP 总额的 1/10 和全球出口量的 1/3。如果把跨国公司在全球范围内的国际分包、生产许可证发放、合同制造等活动都考虑在内，那么跨国公司占全球 GDP 的份额还会更高。

在 2001 年全球最大的 100 家跨国公司中，绝大部分是发达国家的公司，来自发展中国家的公司只有 5 家。这种现象已经持续了很长时间。虽然一些发展中国家跨国公司发展迅速，但这并未改变全球跨国公司主要由发达国家主导的事实。

第二次世界大战后跨国公司的发展大体可分为以下四个阶段。

（1）第一阶段，战后初期至 20 世纪 50 年代末期。随着国家对外直接投资的增长，跨国公司特别是美国的跨国公司获得了较迅速的发展。联合国跨国公司中心对美国大垄断企业的调查表明，1950 年美国跨国公司国外子公司平均每家直接投资的账面价值为 158.9 万美元，1957 年增至 247.2 万美元，净增 55.6%。

（2）第二阶段，20 世纪 60 年代—70 年代中期。这一时期，发达国家的跨国公司普遍获得迅速发展，美国跨国公司的经济实力相对下降。据联合国统计，1968—1969 年，主要资本主义国家的跨国公司有 7 276 家，其海外分支机构达 27 300 家。到 1973 年，跨国公司增加到 9 481 家，海外分支机构达 30 000 多家。跨国公司的经济实力也迅速增强。但美国跨国公司的绝对优势已经受到严峻挑战，西欧和日本的跨国公司在增长速度上都超过了美国跨国公司。

（3）第三阶段，20 世纪 70 年代末期—80 年代中期。随着世界主要发达国家经济陷入“滞胀”时期，国际贸易摩擦日益加剧，对外直接投资急剧增长。发展中国家中的新兴工业化国家的对外投资活动获得迅速发展。西方国家跨国公司的数量 1977 年达 10 727 家，国外子公司有 82 266 家，1980 年国外子公司增加到 98 000 家。跨国公司的经营规模、活动范围都空前增大了。

（4）第四阶段，20 世纪 80 年代末至今。20 世纪 80 年代末以来，企业之间的兼并与收购浪潮此起彼伏，跨国公司正在进行一场全球性的结构大调整。发展中国家在国际直接投资中的地位持续上升，拉美、东南亚国家和中国吸引外资的水平增强。当前，跨国公司的触角已延伸到几乎所有行业、部门和领域，所有国家和地区都有可能成为跨国公司价值链上的一环。

六、跨国公司第二次世界大战后迅速发展的原因

要解释第二次世界大战后跨国公司惊人的扩张速度，必须结合世界经济、国际政治及经济全球化方面所发生的深刻变化，及其对跨国公司内部经营方式和管理体制的渗透与影响来进行具体分析。

（一）产业资本的国际化

第二次世界大战后，各主要发达国家经济在经过短暂的恢复和发展后，生产和资本的集聚与集中都大大加快了，单个企业的规模越来越大。资产在100亿美元以上的公司在20世纪50年代可以称为超级大公司。在美国，这样的大工业公司1955年只有2家，1980年达到19家，而2001年在最大的100家跨国公司榜上的40家美国公司的总资产基本都在100亿美元以上，一些没有进入100强的企业也有这样的规模。与此同时，社会生产更加集中于少数大垄断企业。1947—1972年，美国最大的200家工业公司（占股份公司总数的3/10 000）产值占制造业总产值的比重从30%上升到43%，销售额从36%上升到52%，利润额从41%上升到64%。许多重要的工业部门中产品的生产和销售市场被少数几家大公司所控制。据美国商务部统计，在汽车、炼钢、制铝、电机制造、机车、化学、烟草等行业中，4家最大的公司控制了全部产量的75%～100%。在欧洲和日本也出现类似情况。生产的集中和资本的集聚使各垄断企业的经济实力相差无几，生产同一种产品的垄断组织要在国内取得更大的销售额越来越困难，国内有利可图的投资场所相对狭小，然而到国外投资却能获得垄断的竞争优势。这样，拥有过剩资本的垄断组织便将资本转移到劳动力便宜、资源丰富、市场广阔而资金短缺的国家和地区。

（二）产业结构的大变迁

第二次世界大战后，以原子能、电子计算机、空间技术为代表的新科技革命推动了社会生产力的大发展，影响着跨国公司的生产经营活动和组织管理方式，从而对跨国公司的海外扩张起到了推波助澜的作用。

首先，科技革命及其成果广泛应用于生产领域，引起发达国家产业结构的深刻变化。一方面，传统工业部门得到技术改造，从而大大提高了劳动生产率；另一方面，出现了诸如电子、石油化工、宇宙航空、精密机械等新兴工业部门。这些产业部门技术水平高，生产能力巨大，生产过程复杂，产品质量要求高，设备投资需求大，无论在产品生产还是市场方面都远远超过了单一国家所能提供的生产和市场范围。这就要求企业在国际范围内实行分工协作，建立国际一体化生产体系。跨国公司为了适应生产国际化的要求，通过直接投资在海外建立子公司和分支机构，利用东道国的区位优势、自身的所有权优势与内部化优势进行国际性的生产经营活动。

其次，科技革命为跨国公司的发展开辟了广阔的市场。新兴工业部门的建立和传统工业部门的改造需要购置大量厂房设备，消耗大量能源、原材料，从而开辟了生产资料市场；科技革命带来社会生产力的发展和经济增长，人们的生活水平不断提高，消费需求不断变化，多层次、多元化的需求扩大了生活消费品市场。

（三）国际市场竞争的加剧

第二次世界大战后，发达国家在国际市场上的争夺空前激烈。不只是实力强大的大型企业，许多中小型企业也积极地进行国际化经营，拓展生存和发展空间。美国跨国公司在20世纪五六十年代，凭借绝对的优势成为国际市场上叱咤风云的角色。这时期大部分美国直接投资流向欧洲，欧洲许多重要的工业部门都被美国跨国公司所控制。20世纪60年代中期，美国跨国公司控制了英国汽车生产的50%、德国汽车生产的40%、法国汽车生产的

30%。20世纪70年代初期，仅国际商业机器公司（IBM）就控制了德国、法国、荷兰电子计算机市场的一半份额。

20世纪70年代以后，西欧和日本经济相继恢复和崛起，美国经济实力则相对衰落。日本和西欧加快了对美国投资的步伐，通过直接投资实现“出口替代”，而投资方向主要集中在对美国出口量大、容易引起贸易纠纷的汽车、电子等敏感行业，以利于缓和同美国之间的贸易冲突。

与此同时，发展中国家，尤其是一些新兴工业化国家，取得了较大的经济发展成就，于20世纪60年代以后也开始扩大对外直接投资。它们虽然起步较晚，但发展迅速。据不完全统计，到1980年，发展中国家和地区从事对外直接投资的跨国公司共有963家，拥有国外分支机构1 964家，对外直接投资总额至少在100亿美元，占世界对外直接投资的比例从1980—1984年的5%上升到1990—1994年的10%。发展中国家的少数巨型跨国公司甚至可与西方发达国家的跨国垄断公司相比。国际市场长期被少数发达国家所垄断的局面被打破。面对日趋激烈的竞争，迫使跨国公司为了巩固、扩大已有的市场份额而改变经营战略：通过兼并收购，扩展企业经营领域和规模，迅速进入他国市场；改革企业管理方式，以适应不断变化的市场条件和内部结构的需要；增加研究与开发（R&D）投资和人力资源投资，以保持企业的技术创新和技术领先优势；采取更加灵活的战略联盟，与对手既合作又竞争。

（四）交通运输和通信条件的现代化

新科技革命在通信、交通、信息等领域的根本性变革为跨国公司的对外扩张提供了现代化的高科技手段，使其全球化的经营活动更加快捷、便利、准确和高效。

第二次世界大战后，全球形成了包括铁路运输、公路运输、水上运输、管道运输、航空运输等海陆空立体交叉的交通运输网，出现了高速电气机车、高速公路、巨轮、气垫船、航天飞机等现代化的交通运输工具和设备，整个交通运输业正在迅速地向着运输工具操作自动化和交通运输管理自动化方向发展。由于集成电路、数字技术、光纤通信、卫星通信、信息处理技术的飞跃发展，通信业的面貌也发生了深刻的变化。一方面，传统的通信手段如邮政、无线电广播和电话等有了重大的新发展；另一方面，随着电子计算机在通信业中的应用，出现了电传、电子邮件、通信卫星等新的通信工具。空间距离不再成为跨国经营活动的障碍。通信和运输成本在跨国公司的经营成本中的比重不断下降，遍及全球的生产、营销、研发和采购活动可以在总公司与分支机构之间高效、有序地进行。

（五）国家干预战略的运用

国家的经济社会职能普遍加强，各国经济生活国际化以及相互依赖程度的加深，促使各国政府不仅在国内发挥作用，而且积极参与国际经济生活，从各方面调节国家与国家、企业与企业之间的经济关系。作为资本输出国，政府除了直接以“对外援助”的名义增加国家资本输出以外，还鼓励和支持私人企业扩大对外投资。各国政府通过财政金融渠道和各种政策措施，减免对外投资者汇回利润的税收负担；对投资提供国家保险，给予研究与开发补贴、设备更新补贴等；政府之间签订双边和多边协定，建立区域性和全球性的经济组织，为跨国公司的商品、资本、技术的自由流动创造了有利条件。作为资本输入国，由于国外投资能带来先进的技术、管理方法和就业机会，政府也采取各种措施吸引外资，如实行投资自由化政策、减免税收、改善基础设施、提供投资咨询服务等。当然，面对外资可能带来的负面影响,东道国政府会利用法规、政策将其降至最低程度,如引导资金流向国家急需发展的行业,规定利润汇回母国的比例和时间进度,以避免大量的资金流动对国际收支的冲击等。总之,绝大部分发达国家和发展中国家对于外来直接投资都持鼓励态度。政府对经济活动的参与在一定程度上推动了跨国公司的对外扩张。

第二节 跨国公司的组织结构与管理体制

跨国公司在进行跨国生产和经营活动过程中,往往要受到东道国政治经济制度、经济技术条件、法律法规以及风俗习惯等因素的影响和制约,从而使得跨国公司的组织管理比其在国内经营难度更大、风险更多。为了提高经营效率和规避经营风险,跨国公司必须从全球战略出发,结合自身的特点选择和设计组织管理形式,并建立起高效率的管理控制系统。

一、跨国公司组织结构的形式

国际化经营对于一个企业来说具有非常重要的战略意义,公司应该有保障和支持体系。支持体系涉及公司的技术制造部门、劳务部门、财务部门、市场营销部门等,企业的核心部门都应该成为公司跨国经营的支撑体系的重要组成部分。这就要求组织机构的设计更加合理。

设计、选择组织机构时主要考虑两个因素:海外销售所占的比重及产品和地区的多样化程度。例如,如果产品和地区多样化程度比较低,那么海外的销售所占的比重也会比较小,这时候可以考虑建立一个出口业务部;如果产品和地区的多样化程度提高了,那么海外销售所占的比重也就增加了,这时候则可以建立一个国际业务部;如果产品和地区的多样化程度再提高,那么可以建立一个全球或区域产品组织结构;如果产品和地区的多样化程度继续提高,那么应该建立混合式或者全球性矩阵式组织结构,这时海外销售所占的比重一般都会超过60%。

跨国公司的组织结构具有浓厚的全球性,也就是说,从事国内外业务管理的各部门在整个公司的组织结构中占有同等重要的地位。各个部门的设立和管理权限的配置,不是人为地偏重国内部门或国外部门,而是取决于实现公司全球利润最大化的需要。

公司内部权利和责任的配置,既要加强统一协调,提高经营管理效率,又要充分发挥各个部门的积极性和创造性,使公司的经营决策上下、左右畅通无阻。由于跨国公司从事全球生产经营,经营环境复杂,社会文化背景各异,人的价值观念和行为方式不同,因此其选择和采用科学的、合理的组织结构,是非常重要的。通常跨国公司的组织结构采用6种类型,即国际业务部、全球性产品组织结构、全球性地区组织结构、全球性职能组织结构、混合式组织结构、全球性矩阵式组织结构。

(一)国际业务部

国际业务部(international division)是适应跨国公司初步发展阶段的一种组织结构。随着公司产品出口、对外技术转让和对外投资业务的扩大,跨国公司设立专门的国际业务部,通常它是隶属于母公司的独资拥有的子公司,其经理由母公司的副总经理兼任(图4-1)。

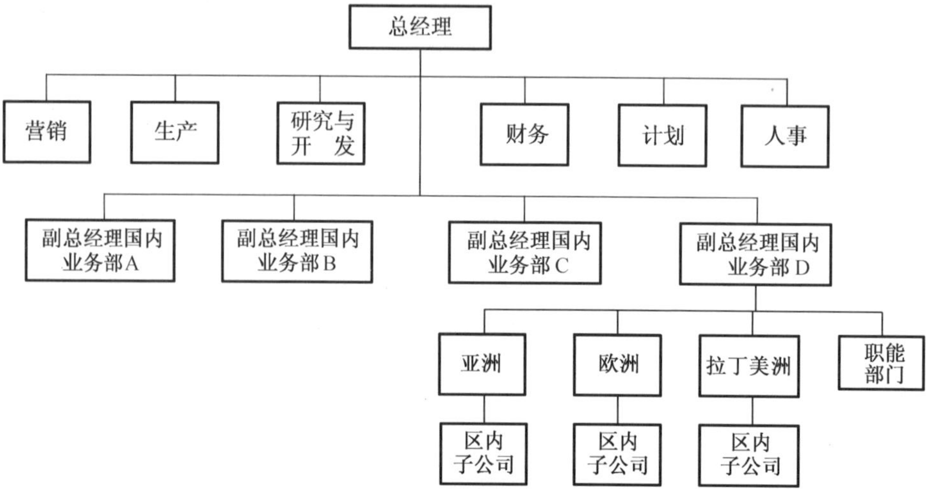

图4－1　国际业务部组织结构示意图

1. 国际业务部组织结构的优点

（1）在企业内部建立正规的管理和沟通国际业务的机制，避免海外自主子公司结构中个人控制所存在的感情用事或力不从心的缺陷。

（2）协调各海外子公司的活动，使各子公司的总体业绩超过各自为政时的水平。例如，在各子公司之间存在货物和劳务转移的情况下，国际业务部就可以通过转移定价和引导物流的方式，减少企业的总体税负。而这一点在海外自主子公司结构中通常是做不到的，因为这涉及人为调整各子公司的利润。

又例如，在许多情况下，子公司往往倾向用剩余生产能力生产产品出口，而不管子公司制造同样产品的成本是否会更低。这时，通过国际业务部的集中控制，就可以使出口生产任务落到低生产成本的子公司那里，从而使企业总体利润水平提高，并避免子公司之间的相互竞争。

（3）进行资源的综合调整。国际业务部设立后，企业可以根据需要，在国内业务和国际业务之间进行资源的较合理安排。同时，国际业务部可以在各海外子公司之间进行资源的合理调度和使用。这一点在资金筹措方面表现得最为明显。有国际业务部统一筹措资金，比由海外子公司仅依靠东道国市场自行筹措资金要容易，且可降低利息支出。

2. 国际业务部组织结构的缺点

（1）国际业务部协调和支持国外经营活动的能力有限。因为，在国际业务部组织结构中，国内各部门依然是主体，它们掌握了大量生产要素和资源，国际业务部无权支配。

在一般情况下，国际业务部在海外生产的产品，国内某一部门也在生产，如果没有国内业务部门提供工程、新技术开发、设计等方面的支持，国际业务部就会在海外失去竞争优势。然而，国内产品部经理们通常不愿意提供这样的支持和帮助，因为对他们工作的评价只是根据他们所经管的国内业务，将资源用于海外企业对他们无任何益处。

（2）形成国际业务部门与国内业务部门的冲突。因为，在国际业务部组织结构中，国内部门和国际部门分立，它们的目标和利害关系互不一致。国内部门将眼光放在企业的国内业务上，而国际业务部重在拓展国际市场，这就造成了跨国公司高层管理队伍中“土派”与

"洋派"文化的分割。

(3)机构重叠。国际业务部为了摆脱力量相对单薄,在许多方面要制约国内业务部门的局面,往往会不断增设机构,扩充队伍,形成整个公司机构重叠的问题。

(4)国际业务部本身也会限制其经理们学习跨国经营经验。因为,国际业务部是按照各个国家子公司来组织学习其国际业务的,多数经理长期待在一个国家的子公司,对其他市场的学习经验不足。

国际业务部组织结构比较适用于从事多国性经营不久、产品标准化、技术稳定、地区分布不广的中小型跨国公司,一旦国外子公司发展壮大,市场、产品、技术等发生变化,国际业务部管理协调的能力和效率就会大大降低。

(二)全球性产品组织结构

全球性产品组织结构(global product structure)以公司主要产品的种类及其相关服务的特点为基础,设立若干产品部。公司经营产品的多样化,要求采用不同的技术进行生产和销售。跨国公司在全球范围内设立各种产品部,各产品部都对其产品的全球性计划、管理和控制负有主要责任(图4-2)。

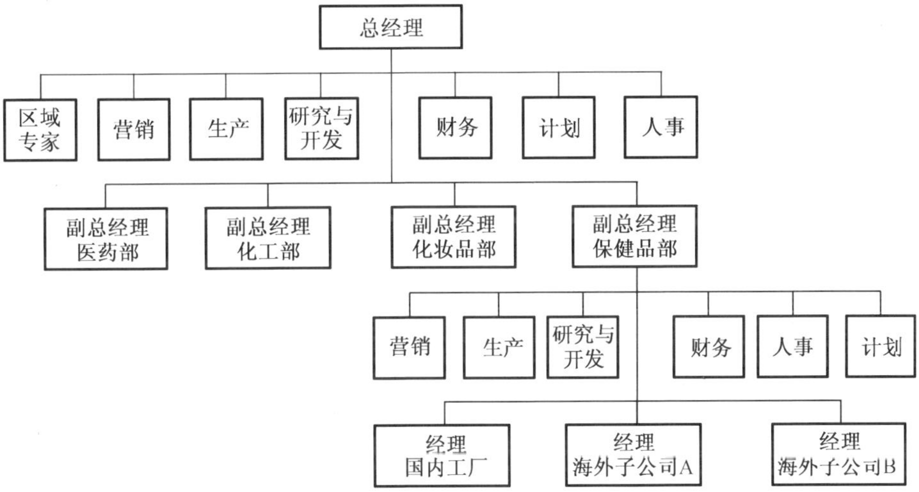

图4-2 全球性产品组织结构示意图

1. 全球性产品组织结构的优点

(1)强调全球范围产品生产和销售各环节统一规划。建立了从顾客到企业组织中拥有特定产品知识的专家和技术人员的直接信息联系,从而有利于积极改进和发明适合世界各地顾客需要的产品,随时引进新产品生产线,淘汰亏损产品的生产,并重视各种产品的组合效益,而不像区域结构那样,往往重视大宗产品而忽视其他产品。

(2)易于对各产品生命周期每一阶段的持续时间进行控制,从而有利于通过营销组合管理来规划产品及其周期范围。同时,易于取得与某种产品相关的技术与营销能力。

(3)为公司总部未来负责人选提供了良好的锻炼场所。

(4)提供了合适的分权,使各产品部领导人有了更大的主观能动性,并易于根据销售额和利润来比较各产品线对公司的贡献。

2. 全球性产品组织结构的缺点

(1)由于既懂特定产品生产线又懂国际业务的高级综合人才的缺乏而影响企业的管理效率。

(2)出现本位主义与协调困难的情况,将本产品部的利益置于公司全局利益之上。

(3)各部都有自己的一套职能机构,造成机构重叠。

(4)产品部往往看重开发和占领那些其产品近期增长前景良好的地区市场,而忽视了对那些远期增长前景好而近期状况平平的市场的开发,因而区域协调也较困难。

全球性产品组织结构通常适用于产品多样化程度高、生产技术要求高、技术研究开发较频繁、消费市场又较为分散的跨国公司。

(三)全球性地区组织结构

全球性地区组织结构(global regional structure)以公司在世界各地生产经营活动的地区分布为基础,设立若干区域部,每个部管理该地区范围内的全部经营活动与业务。全球性地区组织结构在产品线有限、业务分布较广的公司里,以地区为单位组织业务活动,有利于发挥规模经济效益。分管地区工作的副总经理向总经理报告工作情况(图4-3)。

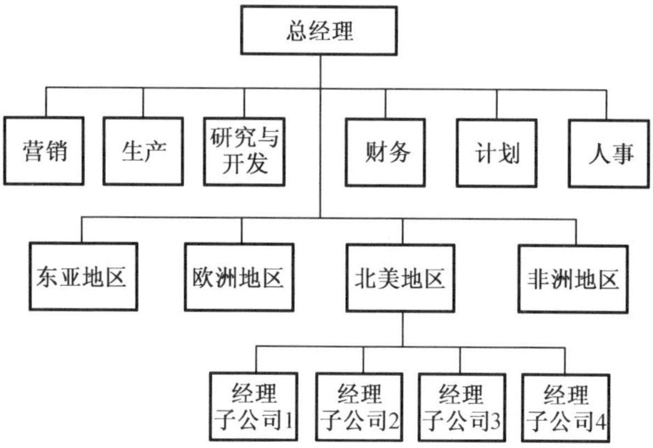

图4-3 全球性地区组织结构示意图

1. 全球性地区组织结构的优点

(1)能很好地协调地区内从事多产品生产和销售的子公司的活动,并将区内有关企业解决特定问题的经验与知识汇集起来,供地区内其他单位使用。同时也可避免区内各子公司在开发"处女地"市场和扩充原有市场方面自相残杀。

(2)能很好地适应地区和东道国市场的具体情况。因为这种结构赋予了对地区市场最为了解的经理的权力和责任,这种明确的授权也有利于对地区市场的充分开发和区域优势的综合利用。

(3)由于地区经理统管区内人、财、物和供、产、销等各阶段、各领域的活动,锻炼了他们的综合管理能力,从而为公司总部培养领导人提供了良好的培训场所。

2. 全球性地区组织结构的缺点

(1)要保证该组织结构运行良好,就必须为每个地区配备具有高度综合才能的领导人,这种人才往往难求。

(2)容易滋长山头主义,特别是当公司总部在评定地区经理绩效时只考察产值、利润等指标,而不考虑影响这些指标的劳工成本、币值波动和购买力等地区因素时更是如此。

(3)如果某一地区的销售额或利润高于其他地区,该地区经理人对公司总部的影响力就会相应扩大,使公司对该地区的资源投入更多,进而使公司总体战略和其他地区的发展受到不利影响。

(4)不同地区都设置有类似机构,造成机构和人员重复配置。

(5)地区之间难以进行沟通和协调。

全球性地区组织结构比较适合产品品种较为单一,不同地区的消费者的消费偏好差别有限的企业,如汽车、食品、饮料等生产企业。在采用这种结构模式时,企业应注意协调资源在全球范围内的有效配置问题,避免发生研究与开发的重复现象,还应特别关注各地子公司"本地化"倾向,要使跨国公司的整体战略利益不受影响。

(四)全球性职能组织结构

全球性职能组织结构(global function structure)将整个公司业务按公司的主要职能展开,各个职能部门负责全球业务,分管职能部门工作的副总经理向总经理报告工作情况(图4－4)。

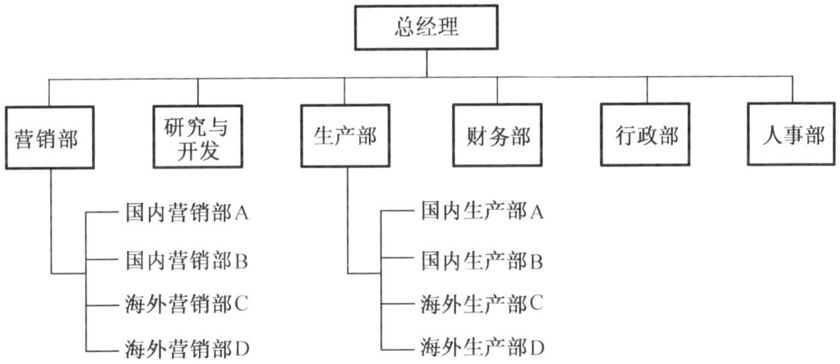

图4－4　全球性职能组织结构示意图

1. 全球性职能组织结构的优点

(1)便于按职能进行控制,提高职能部门的专业化水平。

(2)减少管理层次,避免机构和人员重叠。

(3)加强公司的统一成本核算和利润考核。

2. 全球性职能组织结构的缺点

(1)较难适应产品的多样化和经营区域的扩展。

(2)各个职能部门的分割可能导致各部门目标的分离和失调,尤其是产销目标的冲突。

(3)各个职能部门都要掌握国外市场的资料,可能发生工作重复和预测差异。

全球性职能组织结构比较适合于规模较小、产品种类较少、市场相对集中、顾客需求基本相同、销售限制较少,基本上不需要对消费者市场进行细分的跨国公司。一些规模较大,但生产的技术特点使企业各职能部门的内部依赖程度较高,要求企业集中管理的跨国公司多采用这种结构,不少采矿企业就属于这种类型。

(五)混合式组织结构

当公司经营规模进一步扩大,建立众多产品线,经营多种业务时,或者这些跨国公司由两家组织结构不同的公司合并组成,通常它们采用混合式组织结构。该结构由各个副总经理分管一个方面,并直接向总经理报告工作情况(图 4-5)。

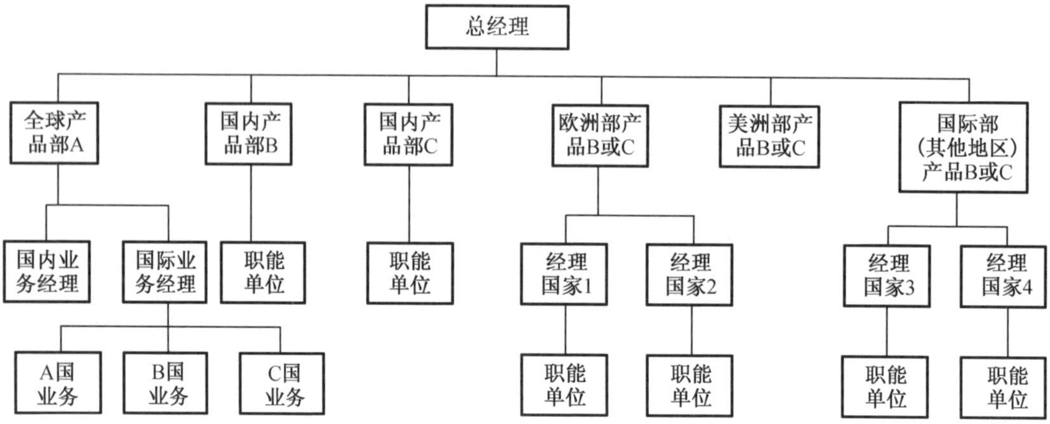

图 4-5　混合式组织结构示意图

1. 混合式组织结构的优点

(1)根据业务的需要,可以选用不同的组织结构。

(2)灵活性强,可以适应业务环境和经营方向的变化,做出相应的结构调整。

2. 混合式组织结构的缺点

(1)因组织结构非规范化,实际操作中会发生脱节和冲突。

(2)各部门间业务差异大,难以合作或协调。

(3)不利于统一对外、树立公司整体形象。

混合式组织结构适用于产品系列多、客户差异大或处于调整阶段的跨国公司。

(六)全球性矩阵式组织结构

在公司业务规模大、产品系列多、地区分布广、客户差异性大时,大公司采用全球性矩阵式组织结构(matrix structure),在明确权责关系前提下,对公司业务实行交叉管理和控制,一位基层经理也许同时接受两位上司(如产品和地区副总经理)的领导,这样打破了以往传统的统一指挥的管理模式,使地区部门和产品管理部门同时并存(图 4-6)。

1. 全球性矩阵式组织结构的优点

(1)有利于各部门和各层次之间的合作和协调,增强公司整体实力。

(2)有利于将产品生产和销售与市场竞争、环境变化、东道国政府政策等因素进行综合分析和处置。

(3)公司可以选择不同的组织形式,具有较强的应变能力。

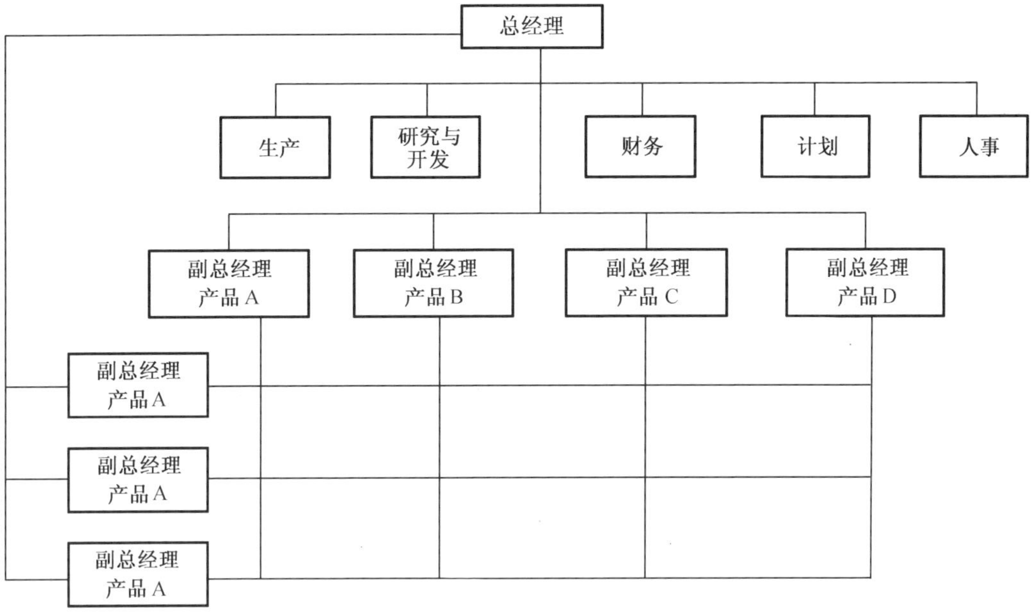

图4－6　全球性矩阵式组织结构示意图

2. 全球性矩阵式组织结构的缺点

(1)组织结构过于复杂,难于协调各层次的利益关系。

(2)一旦某些经理权欲过强,就可能凌驾于矩阵组织之上,各行其是。

(3)由于此结构形式打破了传统的统一管理模式,一旦部门间发生矛盾和冲突,就需要多方协调解决,有可能损害对外竞争。

全球性矩阵式组织结构并没有得到广泛的运用,因为这种结构运作起来非常复杂。例如,在实行以产品和地区为主线的全球性矩阵式组织结构的跨国公司中,战略业务单位的任何一个决策都受产品分部经理和地区分部经理的控制,需要得到他们的一致同意,而产品经理与地区经理又都具有"控制"资源的倾向,他们之间要达到决策的一致性被证明是缓慢而烦琐的,容易引发"争权夺利"的冲突,从而增加了管理的复杂性,降低了稳定性。在实际工作中,被地域、时间、语言和文化等障碍所阻隔的全球各地的经理人员发现,这种组织结构往往根本无法消除混乱和解决冲突。一般而言,只有当企业地区需要与产品利益趋于相等时,全球性矩阵式组织结构才能最好地发挥作用。

在现实中,采用纯粹全球性职能组织结构、全球性产品组织结构、全球性地区组织结构,或全球性矩阵式组织结构形式的跨国公司并不多,一些大型跨国公司采用了混合式组织结构。例如,一些以产品结构为基本组织形式的跨国公司,在具有显著地区差异性的区域设立部分地区协调机构;而另一些以地区结构为主的跨国公司则针对某些重要产品设立产品协调机构,以有效地进行新产品的开发及营销。

二、跨国公司组织形式的选择

(一)影响跨国公司组织形式选择的因素

影响跨国公司组织管理形式的因素很多,除了环境因素外,还包括企业规模、工作任务以及技术特征等。

1. 环境

跨国公司所面临的环境可以分为两类,即社会环境和工作环境,二者对企业组织管理形式的影响是不一样的。

(1)社会环境

社会环境是指企业所面临的一般环境,涵盖的领域较广泛,包括政治环境、经济环境、文化环境以及技术环境等。社会环境对所有企业都是共同的,没有差异,通过上述各具体环境对跨国公司产生影响。

(2)工作环境

工作环境是指与个别跨国公司相联系的,更为具体的因素,包括消费者、供给者、竞争者、社会政治和技术因素等。这里所说的社会政治因素和技术因素与社会环境里的政治因素和技术因素有所不同,它是指与本行业有关的、对本行业产生直接影响的政治因素和技术因素,是从微观层面讲的。不同的工作环境对跨国公司的影响是不同的,稳定的工作环境适合采取正式的和集权化的组织管理形式;而剧变的工作环境则适合采用相对分权化的组织管理形式,并广泛使用各种类型的专家,对环境进行经常性的分析,使企业始终保持对环境的敏感性。

2. 企业规模

企业规模对跨国公司组织管理形式的影响直接表现在部门化的过程。随着企业规模的不断扩大,部门化的需要不断增加。对规模较小的企业而言,基本上不需要部门化,更多的是采用直线制组织管理形式;而对于规模较大的企业而言,由于部门增多,管理层次增加,部门之间的协调变得越来越困难,这样就更适合采取事业部、多维制等较复杂的组织管理形式。

3. 工作任务

跨国公司的任务目标与组织管理形式有着密切的关系。对于简单重复的工作,采用正式的集权组织管理形式有利于协调和管理;而对于创造性强的工作,则适合采取分权化的组织管理形式。

4. 技术特征

技术的形态决定生产的类型,对于大批量生产而言,需要的是专业化的技术,产品的生产实行专业化和流水作业,适合采用集权式组织管理形式;而对于小批量生产而言,使用的是变化的技术,产品生产专业化程度低,适合采用分权式组织管理形式。

此外,生产技术本身的特点也决定组织结构的形式。例如,化工产业对生产过程的连续性要求较高,适合采用集权式的组织管理形式。

(二)跨国公司组织管理形式的新趋势

20 世纪 70 年代以来,由于科学技术的快速发展,交通运输、通信和金融市场等方面的技术进步,已使世界市场的诸多变化全球化。面对这些变化,企业如何迎接挑战、企业如何提高应变能力,国内外众多学者和企业进行着不断的探索。综合起来看,近年来,跨国公司在组织管理结构形式等方面出现了一些新的趋势。

1. 强调企业组织的质量和活力

西方学者早就指出,全球竞争的复杂性和现代跨国公司的组织形式已到了各公司需要摆脱许多常规战略和结构概念束缚的时候。他们认为跨国公司的竞争优势主要来源于它的战略能力,不仅仅是不断研究变化中的环境和研究有效的战略能力,而且是以不断变换的方法调动其资源,以实施这些战略的能力。为此,跨国公司必须放弃一向死板(中央集权制)的组织结构,或者分散的组织结构,而谋求切实有效的内部依赖关系,这种内部依赖关系既使不同的企业保持联系,又使它们在世界各地的子公司保持联系。现在许多大公司已经认识到在今后激烈的市场竞争中,跨国公司组织的质量将成为主要武器。

一个企业要取得成功,需要有许多因素。传统上衡量企业成功与否的主要标志,往往是营业额、增长率、负债率等。现在看来仅有这些指标是远远不够的。西方一些企业分析家调查后提出,成功的企业与一般的企业本质上最大的不同是企业的活力。一个能够长期获得成功的企业,第一个衡量指标应该是整个公司充满了活力。活力,是所有人、企业组织追求成功的驱动力。当然,组织中的活力,只有加强管理和引导,才能转化成高的生产力、利润和企业的发展。

2. 调整企业规模

一般认为,企业规模大有许多优点。例如,规模大可以获得规模效益,降低成本,提高竞争力。企业也追求"大而全",一家大型企业下属很多企业,而业务互不相干,目的是在不稳定的国际经济形势下,能够更好地规避风险。这种大型综合企业在当时对保持整个公司的稳定确实起到了一定的作用。然而,规模过大,超过了一定限度,也会带来许多问题。这主要表现在:规模过大,使组织机构缺乏灵活性,缺乏活力;规模过大,增加了企业技术革新和技术改造的难度;规模过大,使个人对公司漠不关心,丧失动力;组织层次过多,容易使信息传达与反馈渠道受阻等。为了适应新的竞争形势,许多大公司开始调整企业规模。例如,缩小企业规模,把铁板一块的大公司化整为零,变为自成体系的利润中心。再如,对公司进行纵向一体化的改革,改变"大而全"。

3. 扬长避短,集中力量发挥优势

在激烈的竞争中,有些跨国公司不断调整经营范围,把弱的生产部门关闭或卖掉,买进或集中经营较强的部门,扬长避短,发挥优势。美国通用电气公司经营策略的调整,是这方面的典型例证。1970 年,该公司发现在计算机方面竞争不过国际商业机器公司,就毅然退出计算机领域。1987 年,通用电气公司又宣布停止生产收音机和电视机等家用电器。由于无力与日本竞争,其把年营业额达 30 亿美元的家用电气部门卖给法国政府拥有的汤姆森公司,同时花了 8 亿美元买进汤姆森公司正在迅速发展的先进的制造医疗设备。通过调整,通用电气公司集中力量生产先进的医疗设备,并成为处于世界领先地位的医疗设备生产商。

4. "金字塔"型管理模式向"合作网络"型管理模式转变

长期以来,跨国公司组织结构多采取等级制。等级机构以职能分工为基础,有一套严格的自上而下的等级体制,构成"金字塔"形式,即处在最上面的是一小批人控制,下面有一系列比较固定的职能部门。上层制定政策,中层传达,下层落实执行。在这种等级体制下,每个组织有其相应的部门,处理当时环境下出现的每个问题(如销售、制造、财务等)完全对口。这种等级机构在比较可以预测的环境中履行有限的重复性职能是可行的,所以等级制一直是企业的主要形式。然而随着环境的变化,出现了许多新的问题,长期沿用的等级制管理模式很难继续有效地发挥其作用。因为现在企业面对的是一个科技瞬息万变的社会,只有具有灵活的应变能力,企业才能在激烈的市场竞争中立于不败之地。而等级制不利于信息传递,不利于在复杂多变的环境下快速做出反应。而合作网络管理的特点是,跨国公司的管理不再用由上而下的纵向指示方式,而是通过庞大的通信系统,把众多的雇员联系起来,构成一个互相合作的网络。一个实行"合作网络"管理的跨国公司,能够把分布在全球各地的生产部门、销售部门和技术创新部门等联系起来,组织形式更具弹性、更加敏感、更为灵活,从而克服等级制管理的弊病。

5. 企业组织由"稳定型"向"灵活型"转变

一般情况下,一个企业的组织系统在较长时间里基本不变。成功的企业往往从创始者的个人领导体制发展到多层次的管理体制后,大多数保持一个比较永久性的组织结构。企业按职能设立生产、营销、研究和财务部门,组织和人员有明确的分工,下级机构向高层组织提供固定服务,各种级别的副总经理各负其责。这种组织结构形成以后,通常是不变的。只有当领导者更替时,才做出调整,并且调整幅度小、间隔时间长。这种稳定的组织结构,一直到20世纪70年代,对跨国公司的发展发挥了积极的作用。此后,跨国公司所处的国际环境发生了重大的变化,许多事情难以预料,如石油危机、新兴工业化国家的出现、全球性债务危机、不稳定的利率以及技术的快速发展等。面对如此复杂多变的国际形势,多层次、低效率的组织结构已不适应形势发展的需要,许多跨国公司开始大幅度调整组织结构,更加注重灵活性。企业的战略也由追求稳定性向追求灵活性方向转变,反映在组织结构上就是组织层次逐步减少,企业规模适度缩小,从而实现决策的快速灵活,以适应市场的变化。

三、跨国公司的管理控制体系

跨国公司的管理体制是指跨国公司的管理制度和管理方法,包括管理机构的设置、管理权限的划分、管理的形式等。跨国公司管理体制的核心是要从体制上处理好公司内部的组织协调关系,充分发挥管理机构的工作效率。

(一)跨国公司管理体制模式及其制约因素

1. 跨国公司管理体制模式

按照集权与分权的程度区分,其大致可归纳为以下三类。

(1)集权模式

集权模式又称以母公司为中心(也称本国中心)的管理模式,是一种高度集权的管理体制。整个公司的经营活动由母公司集中决策,统一步骤,一切根据母公司的预期设想和程序进行。母公司有权在任何时候对子公司或其他分支机构的经营状况进行监督和调整,所有子公司或分支机构都必须无条件地服从母公司的整体利益,共同承担风险和分享收益。母公司是决策层,又是利润中心。子公司仅作为母公司的成立中心,其任务是减少消耗,降低成本。子公司的业绩用母公司的会计标准,以母国货币进行考核评价。

这种模式虽然便于实施一体化经营,实行专业化分工协作和标准化生产,但是却不利于充分调动分支机构的积极性、主动性和创造性,容易与东道国的政策和环境形成抵触和冲击,引起东道国的反对和不满。

(2)分权模式

分权模式又称多元中心的管理模式,是一种经营管理权分散的管理体制。在这种模式下,母公司往往不直接管理子公司或其他分支机构的生产经营活动,只对下属企业进行必要的监督和宏观调控。子公司拥有较充分的自主经营管理权,生产、销售等重大问题自行决策,母公司不加干涉。独立经济核算,子公司本身就是利润中心,其业绩用所在国的衡量标准,用当地货币和结算期进行评价。

由于该模式下子公司能够依据东道国的具体情况安排公司的生产经营活动,因此往往能够与东道国之间建立起较密切的合作伙伴关系。但此类公司也明显地表现出总公司对下属企业在管理和控制上的不足,常常造成总体目标与局部利益的冲突。

(3)混合模式

混合模式又称全球中心的管理模式,是介于集权和分权二者之间的一种管理体制。在这种模式下,通常母公司在制定统一的整体目标和分级目标之后,具体的实施方案由各下属机构自行安排,各职能部门以及海外分支机构拥有较充分的自主权。也就是说,涉及公司全局的重大决策和关键性的经营活动(如公司的战略目标、资金筹集和使用、投资决策以及人事安排等)高度集中;而一些非关键性的经营活动(如限额以下的投资、行销政策等)权力下放,以充分发挥子公司的主动性。这种管理模式,既可以避免集权模式下的管理复杂化、灵活性差的弊端,又能够避免分权模式下的管理失控局面,往往能够取得较好的管理效果。

2. 跨国公司管理模式制约因素

跨国公司采取哪种管理体制不是固定不变的,它将根据自身的情况做出调整。但究竟采取哪种体制,要受多种因素的制约。一般而言,选择管理模式,必须考虑以下几个主要因素。

(1)企业规模

企业规模是制约企业管理模式的重要因素。通常,当跨国公司的规模较小、经营范围较狭窄时,集权模式的管理体制将有助于公司集中力量发展主营业务和开拓市场。而随着跨国公司的发展,其经营规模和经营范围将不断扩大,如果继续保持原有的集权模式,公司决策的及时性和准确性都会受到较大影响,这就在客观上要求跨国公司改进其管理体制,以适应不同地区、不同市场条件下的不同环境所产生的差异性和多样性的要求。可见,企业规模越大,集权管理就越困难。

(2)产品特点

企业产品特点是制约跨国公司管理模式的又一个重要因素。一般而言,企业产品越复杂,集权管理就越困难。如果跨国公司生产经营的产品比较单一,所提供服务多样化程度较低,那么,适应这种生产经营活动的需要,管理体制就应当采取集权的模式。但是,随着跨国公司生产经营的产品和服务多样化程度的不断提高,跨国公司的统一决策就会因难以满足各种复杂的情况而变得越来越不适应,这就要求总公司将部分决策权下放给子公司,实现管理模式由集权向分权转化。

(3)竞争环境

激烈竞争的市场环境中,企业必须要有足够的竞争实力才能不断扩大其市场占有率,并增强其竞争力,集权模式恰好有助于企业调动和集中其主要力量来稳定和拓展市场;相反,如果在竞争并不激烈的市场环境中,则宜采取分权管理模式。

(4)技术水平

对于从事技术密集型产品生产经营的跨国公司而言,新技术和新产品的研究与开发至关重要,研究与开发的力度和投入较大,保密性强。同时,子公司对总公司所提供的技术支持的依赖程度也较高,这就要求对于技术的开发与研究工作实施高度的集权管理;反之,对于从事劳动密集型产品生产经营的跨国公司而言,技术研究和开发的水平较低,子公司对总公司的技术依赖性较弱,则适于采取分权管理模式。

(5)人员素质

如果跨国公司的子公司或其分支机构拥有大量具有丰富的经营管理经验,足以独立开展业务的高素质管理人员,那么分权管理模式则更有利于发挥他们的作用,调动他们的积极主动性;相反,如果人力资源有限,特别是在缺乏高素质经营管理人才的情况下,就应当采取集权管理模式,以避免错误决策的危险。

选择管理模式时要从跨国公司的主客观实际出发,把握好影响选择的最重要的因素,并动态地、发展地适时调整管理模式以适应主客观情况的变化,只有这样才能在正确选择管理模式的基础上,始终保持管理模式的正常运作。

(二)跨国公司管理的控制途径和步骤

跨国公司的管理控制体制实际上是要解决跨国公司对其子公司或其他分支机构的控制问题,其核心是如何保持跨国公司组织的一致性,进而保证跨国公司整体经营战略目标的实现。

1. 管理控制的主要途径

跨国公司对海外子公司或其他分支机构的控制可以通过所有权控制、计划控制、人员控制、财务控制等多种途径实现。

(1)所有权控制

所谓所有权控制是指跨国公司通过掌握海外分支机构的股权而实行的控制。通常,跨国公司对其海外分支机构的控制能力是与它在分支机构总投资中所占的比重有着直接的关系,在海外分支机构总投资中占的比重越大,对它们的控制能力就越强;反之,控制能力就较弱。正因为如此,跨国公司在发展跨国经营以及建立海外分支机构时,总是十分重视分支机构的所有权问题。在充分考虑跨国公司自身条件和东道国的政策、法规、市场等环境因素后,根据具体情况不同,可以分别选择使用完全拥有、多数拥有、对等拥有或少数拥有等不同的控制方式。

(2)计划控制

所谓计划控制是指跨国公司在其总体战略目标的指导下,有计划地在整个组织内部对生产和营销活动进行统一的计划安排。从一定意义上讲,没有有效的计划控制,就不可能保持跨国公司组织的完整性,也就不可能实现跨国公司全面、协调、稳定的发展。计划控制能够把跨国公司内部的行动统一在公司的总体战略目标之下,这不仅有助于实现跨国公司内部的生产经营一体化,还能够调节母公司与各分支机构和各分支机构之间的利益关系及协调运作,充分利用跨国公司自身的技术和管理优势以及全球范围内的资源条件,为跨国公司的高效率运作和获取高额利润提供有力保障。

(3)人员控制

所谓人员控制是指跨国公司通过对其子公司或其他分支机构人员,特别是主要管理人员的控制,把各个分支机构的生产经营活动纳入总公司的总体经营战略之中,从而实现总公司经营目标的一种重要手段。跨国公司人员控制的方式多种多样,其中决策参与和寻访控制是较为重要的两种形式。决策参与就是允许海外子公司或分支机构的经理人员参与母公司的最高决策活动,这种方式既可以集思广益,又可以使子公司或其他分支机构的经理人员深刻体会到最高决策层的经营意图,保持跨国公司内部组织的一致性,发挥其对子公司有效控制的作用。寻访控制是跨国公司最高领导人通过定期对子公司或其他分支机构的巡视和检查,来达到控制子公司或海外分支机构的目的的活动。寻访控制既可以监督检查海外分支机构执行跨国公司总体经营战略的情况,又可以及时发现和解决存在的问题;既有利于总公司了解掌握世界各地的具体情况,又有利于加深母公司与子公司或其他分支机构之间的交流与沟通。

(4)财务控制

无论跨国公司的规模大小,母公司对子公司或其他分支机构的管理都少不了财务控制。一般情况下,跨国公司对其子公司或其他分支机构的财务活动都实行统一管理,由总公司的财务主管部门制订财务计划,确定统一的会计准则和财务报告,并对子公司的财务活动实行监督,子公司或其他海外分支机构只能在母公司划定的财务权限内行使自主权。财务控制有助于增强母公司对子公司的控制能力,有利于跨国公司在全球范围内统一调度和合理配置资金,这样既可以提高资金的使用效率,又可以最大限度地规避投资风险。

2. 管理控制的基本步骤

(1)确定公司目标

跨国公司管理部门在计划执行之前,必须明确而详细地制定出公司的长远目标和年度目标,并将此目标分解给各子公司,使子公司既有一个总的奋斗方向,又有一个确定的年度分目标。

(2)确定衡量业绩标准

只有根据公司目标确定一个可供比较的衡量标准,才能对子公司或其他分支机构执行总公司所确立目标的实际效果进行科学的核算和评价。也就是说,只有根据公司目标制定出具体的业绩衡量标准之后,控制机制才能有效发挥作用。衡量标准可以分为定性的和定量的两类。

(3)明确国外业务的最终责任人

由于跨国公司内、外部环境的特殊性和复杂性,加之许多跨国公司对国内外子公司的组织控制采用的是多维结构的领导,因此在很多情况下,谁应该最终对国外业绩负责,往往难以确定。这样既不利于发挥子公司领导者的积极主动性,又不利于子公司业绩的有效提高。鉴于此,必须按照责权一致原则,尽可能地把子公司的基本职责明确到一个人身上,使之有权对不同部门的业务和不同工作人员的活动进行协调和集权控制。否则,跨国公司的控制机制就难以充分、有效地发挥。

(4)建立汇报和信息沟通系统

汇报和信息沟通系统是跨国公司实现对子公司有效控制的中枢神经系统,其职能是收集子公司信息,并向其发布指令。跨国公司总部从子公司取得各种形式汇报的系统,是一种正式的信息系统,它不仅有助于为母公司的分析和决策提供充足、及时的信息,还有助于子公司充分理解并认真贯彻母公司的各项政策措施。问题的关键在于,子公司的报告必须及时和适量,以便于总公司做出科学的决策。

（5）审查和修正

审查结果就是把收集到的信息资料与既定的公司业绩标准、公司目标进行比较和评价。如果审查结果达不到所要求的标准，母公司则应采取修正措施。修正措施既可能针对子公司的经营效果，又可能针对业绩标准、公司目标以及子公司的分目标等。典型的做法应是以一种不间断的方式来审查经营效果，并采取修正措施。

第三节　跨国公司对外直接投资的基本方式

跨国公司的国际投资方式可以分为对外直接投资和间接投资两种，本节主要介绍跨国公司对外直接投资。

在世界市场上，跨国公司进行对外直接投资有两种基本类型：其一是收购兼并当地企业；其二是投资创建国外新的企业。其中，跨国并购已成为21世纪跨国公司对外扩张的主要形式。

一、跨国并购

跨国并购是指跨国公司等投资主体通过一定的程序和渠道，兼并或收购东道国现有企业全部或部分股权，从而取得对该企业的控制权的投资行为。跨国并购是国内企业并购的延伸，涉及两个以上国家的企业、两个以上国家的市场和两个以上政府控制下的法律制度。在跨国合并中，原来属于两个不同国家的企业的资产和经营被结合成一个新的法人实体。而在跨国收购中，企业资产和经营的控制权从当地企业转移到外国公司，前者成为后者的子公司。合并是在规模与能力大致相当的企业之间进行的，合并使参与各方的"所有权"优势实现内部化联合，以获得协同效应、规模经济和范围经济。收购是规模较大、实力较强或资本化更强的企业接管一家规模较小或实力较弱的企业，通过收购可以迅速获得后者的所有权资产与区位资产。

（一）跨国并购的优缺点

1. 跨国并购的优点

（1）迅速进入东道国市场。对制造业来说，并购方式最大的好处就是可以省掉建厂时间，并获得现成的管理人员、技术人员和生产设备，从而迅速建立国外的产销据点。因此，并购方式有利于企业迅速做出反应，抓住市场机会。

（2）可继续利用原有的管理制度和管理人员。采取并购方式，可以直接利用原有的管理组织、管理制度和管理人员，以避免因对当地情况缺乏了解而引起的各种问题。此外，还可以利用并购方式学习外国的先进管理方式。

（3）便于企业扩大经营规模，实现多元化经营。跨国公司要超过原有的生产范围，实现多样化经营，在缺乏有关新行业生产和销售等方面的技术和经验时，收购东道国现有企业是实现多元化经营的一条迅速而又行之有效的途径。

（4）获取被并购企业的市场份额，减少竞争对手。跨国并购不仅可以直接获得被并购企业的原有资产，而且收购方企业可以直接占有被收购企业原有的销售市场，利用被收购企业的销售渠道。

（5）获取被并购企业的技术。通过并购来获得先进技术和专利权，已成为某些跨国公司对外直接投资的重要动机。

(6)获取企业特有资产。有时一个企业为了获得某企业的特有资产,如原料来源、技术、人才,也可能选择并购方式。例如,有的跨国公司为了确保原料供给,便通过并购方式来实现垂直一体化。有的跨国公司为了得到特有的技术人才和管理人才,甚至并购其所在的企业。

2. 跨国并购的缺点

(1)对被并购企业的价值评估较困难。一是不同的国家有不同的会计准则;二是有关外国市场的信息常常比较难以收集,信息的可靠性也比较差;三是企业资产往往还包括商誉、商标等无形资产,然而这些无形资产的价值不像有形资产的价值那样可以准确估算。

(2)失败率高。从国际直接投资的实践来看,跨国并购方式的经营失败率要高于创建企业的经营失败率。主要原因在于,当原有管理制度不适合并购企业的需要而对其进行改造时,习惯于原有经营管理方式的管理人员和职工往往会对外来的管理方式加以抵制,制定和推行新的管理制度是困难的,且周期也较长,即使制定了,其推行的成效也不一定理想。

(3)被并购企业的规模和区位难以符合要求。由于被并购企业的规模、行业和地点都是固定的,所以通过收购东道国原有企业,跨国公司很难找到一个与自己全球发展战略要求的地点及生产规模等都相符的企业。

(二)跨国并购的类型

根据跨国并购双方的行业关系,可将跨国并购分为横向并购、纵向并购和混合并购三种。

1. 横向并购(horizontal merger)

横向并购是指发生在同一行业竞争企业之间的并购,在跨国合并中,就是相同或类似产品的不同国家厂商之间的兼并收购。由于许多行业为响应技术变革和自由化的进行全球重组,这类并购迅速增加。通过整合资源,进行合并的企业旨在获得协同效果(其资产的联合价值超过这些企业独立时各自资产的综合),并常常是为了加强市场力量。出现此类并购的典型行业有制药、汽车、石油业,并越来越多地包括一些服务业。在许多国家,因为横向并购被认为是削弱竞争的一种市场行为而受到有关国家政府的关注和制约,因此自20世纪30年代以后,在一国范围内的横向并购数量显著下降,但在国际市场,因为缺乏相关的跨国竞争法规制约,特别是没有跨国的国际政策协调,因此跨国横向并购活动仍然比较活跃。

2. 纵向并购(vertical merger)

纵向并购是指在客户—供应商或买主—卖主关系的企业之间进行的并购,即两个以上国家(地区)处于同一或相似产品但又各居不同生产阶段的企业之间的并购活动。此类并购通常是寻求降低生产链前向和后向关联的不确定性与交易成本以及获得规模经济的收益。零部件生产商与客户(如电子最终产品生产者或汽车制造商)之间的并购就是很好的例子。

3. 混合并购(conglomerate merger)

混合并购是指在经营活动无关联的公司之间进行的并购。此类并购通常是寻求业务多元化,或以分散风险、深化规模经济等战略为目标。对于射手企业来说,混合兼并的重要成本就是合并升水——靶子企业投资者所持股票收益高于并购前市值。实质上这种更高的资本收益(capital gain)主要产生于由混合兼并所可能取得的协同效应,包括经营效率提高、潜在金融收益等。根据混合并购中企业关联度的不同,混合并购又可以进一步细分为以下三种。

(1)产品扩张型兼并(product-extension merger),又称"同心圆式兼并",指为拓宽企业生产线而在具有相关经营活动的不同国家企业之间所进行的兼并。

(2)地域市场扩张型兼并(geographic market-extension merger),指涉及在不重叠同家、区域内从事同一类产品经营的两个企业间的兼并活动。

(3)纯粹混合兼并(pure conglomerate merger),非以上两种情况下的完全无市场或经营关联性企业之间的兼并。

(三)实施跨国并购应具备的条件

跨国并购必须具备两个基本条件:一是市场上有可供收买的对象,二是企业有收买他人企业的实力。

1. 实施跨国并购的企业外部条件

(1)企业竞争法则决定,许多部门的企业难逃有生、有灭的客观规律支配。经济不景气,企业经营不善,迫使一部分企业步履艰难,回天无力,濒临倒闭,企业倒闭为跨国并购创造了客观条件。

(2)国际并购与产业结构的调整密切相关。在产业结构优化中,优胜劣汰,经营业绩优良的跨国公司,其生产规模的扩大、技术档次的提高、生产投入的增加都离不开全球资源的供应,同时,产品的销售要面向世界各地市场。因此,大公司只得依靠跨国收购,实现"全球化公司"的目标。

(3)20世纪80年代中期以来,各国政府普遍实行优惠的外资政策,客观上对跨国并购浪潮推波助澜。政府的优惠政策包括废除任意没收的产权法,建立良好的法律环境和经营秩序;具有稳定的货币和金融制度;鼓励企业私有化等。

2. 实施跨国并购必须具备的企业内部实力

(1)按国家而论,通常中等发达国家就具备资本输出的条件,可以进行跨国并购业务。就企业而论,至少要5:1的收购资本,即并购企业是被并购企业经济实力的5倍。一般来说,此比例越高,实力越强,越能顺利实现并购业务,否则难以承受并购后的重负。

(2)并购企业的融资能力。企业并购资金可以通过两种途径获取:一是公开并购,即收购企业用自由资金按高于股市的价格收购对方企业有表决权的股份。如果自有资金不足,还可以用被并购的企业的资产作为抵押,从银行筹集所需的款项。二是杠杆收购。并购企业凭借其资信,事先私下设立一个虚拟公司,然后由该公司出面向银行借款,或自行发行债券,筹集资金。这是一种利用杠杆的原理,以少量自有资本(一般为5%~15%)借用他人的巨额资本的办法,即用银行贷款或发行债券(85%~95%)来收购他人企业。

(3)并购企业的综合实力。综合实力是指并购企业具有自主经营能力较强、市场营销网络广而深、技术和产品更新换代快、国际资信度高等基本条件。因为这种并购不是简单的资金流动,而是包括资本、技术、管理技能等要素的总体移动。只有拥有先进的技术和科学的企业管理技能才是并购成功的基本保证。

(四)实施跨国并购的步骤

跨国并购当地企业,操作过程都应谨慎、仔细,遵循一定的步骤。跨国并购的合理步骤可分为并购前的准备阶段和并购后的整合阶段,两个阶段是密切相连的过程。跨国并购的基本步骤如下。

1. 制订战略计划

首先,对公司的内在条件、行业的发展趋势、商业机会和经营能力等进行分析;其次,对外部被并购企业的状况、可能的风险进行预测。在知己知彼的基础上,抓住合适的机会,选准猎物,及时出击,有望取胜。

2. 进行价值评估

并购目标确定后,采取不同方法对目标企业进行全面的价值评估。这是并购活动中的关键一步,如果收购价格过高,股东投资回报就会受影响。收购方应熟悉评估过程中所涉及的法律、会计、金融等方面的知识和内容。

3. 调查目标企业实情

为了实现既定目标,对被并购企业的调查不应只局限在与生产项目和财务账目有关的项目上,还应该包括与收购有重要关联的会计、法律、金融、制度、知识产权和文化等各方面的内容。调查所得到的信息资料将用于指导并购后新企业的整合方向。

4. 制订谈判方案

整个谈判过程应由战略计划指导,应制订一份具体的并购方案和程序计划,使双方在并购过程中按部就班地顺利进行。

5. 签署并购合同

谈判结束后,即可签署正式并购合同。并购方按合同规定条件支付款项。

6. 并购后的整合

为体现并购双方的优势,新公司应具备一个双方都认同的远景规划。规划的内容包括详细的工作计划、日程安排,以便督促员工尽快完满的实现目标。整合过程应抓住一切使新公司的利益最大、风险最小的机会。

(五)跨国并购的基本方式

收购兼并当地企业的基本方式有两种:一是投资者通过股票市场参照股市价格购买当地企业的股票;二是投资者通过谈判购买国外原有企业的部分或全部资产。前者为"股权参与"或"资本参与",后者则是纯粹的收购企业。巨型跨国公司"像一条凶忍的大鲨鱼,在国外不停地吞并大小企业"。这种收购兼并,既取代了一部分国际贸易,又起到了促进国际贸易发展的作用,同时也加强了跨国公司的生产和销售网络,推动了资本和生产的国际化。

投资者并购当地企业股权的多少会直接关系到它对国外企业的经营控制权。最基本的原则是根据自身的投资意图和东道国的外资企业法,来决定企业股权参与的程度。股权参与策略如下。

(1)购买全部股权,完全控制当地现有企业。

(2)购买多数股权,取得经营决策权。

(3)购买少数股权,不取得经营决策权。

二、绿地投资

绿地投资是指跨国公司等投资主体在东道国境内依照东道国的法律设立部分或全部股权归外国投资者所有的新企业的投资行为。从绿地投资的定义来看,创建新企业会直接增加东道国的资本存量,从而直接、快速地促进东道国的经济增长、技术和管理水平的提高以及扩大就业等。

早期跨国公司的海外拓展业务基本都是采取绿地投资方式,后来随着跨国并购的兴起,它所占的比例有所下降。但在跨国并购风行的今天,绿地投资仍不失其重要性,其仍以并购所无法具备的特点受到投资者的青睐。

(一)实施条件

(1)拥有最先进技术和其他垄断性资源。采取绿地投资策略可以使跨国公司最大限度地保持垄断优势,充分占领目标市场。

(2)东道国经济欠发达,工业化程度较低。创建新企业意味着生产力的增加和就业人员的增多,而且能为东道国带来先进的技术和管理,并为经济发展带来新的增长点;而并购东道国现有企业只是实现资产产权的转移,并不增加东道国的资产总量。因而,发展中国家一般都会采取各种有利的政策措施,吸引跨国公司在本国创建新企业,这些有利的政策有助于跨国公司降低成本,提高盈利水平。

(二)主要作用

吸引外资会直接使东道国的生产能力、产出和就业增长。绿地投资是国际直接投资中获得实物资产的重要方式。早期跨国公司的海外拓展业务基本上都是采用这种方式。绿地投资有两种形式:一是建立国际独资企业,其形式有国外分公司,国外子公司和国外避税地公司;二是建立国际合资企业,其形式有股权式合资企业和契约式合资企业。

(三)绿地投资的优缺点

1. 优点

绿地投资的突出优点是在创建新企业的过程中,跨国经营企业独立地进行项目的策划、建设,并实施经营管理,投资者能够在很大程度上把握项目的风险,并能在较大程度上掌握项目策划各个方面的主动性。

(1)有利于选择符合跨国公司全球战略目标的生产规模和投资区位。例如,海尔集团选择在美国的南卡罗来纳州的汉姆顿建立生产基地,是因为其地理位置的优势。汉姆顿生产基地是海尔独资企业,电冰箱厂设计能力为年产 20 万台,以后逐渐扩大到年产 40 万 ~ 50 万台。

(2)投资者在较大程度上把握风险。掌握项目策划各个方面的主动性,例如,在利润分配上,营销策略上,母公司可以根据自己的需要进行内部调整,这些都使新建企业在很大程度上掌握着主动权。

(3)创建新的企业不易受东道国法律和政策上的限制。因为新建企业可以为当地带来很多就业机会,并且增加税收。海尔在南卡罗来纳州的总投资额达到 1. 26 亿美元,创建了 1 250 个工作岗位。

2. 缺点

绿地投资的突出缺点是筹建新企业工作量大，而且建设周期长、速度慢、缺乏灵活性，因而整体投资风险较大。

（1）绿地投资方式需要大量的筹建工作，这对跨国公司的资金实力、经营经验等有较高要求，不利于跨国企业的快速发展。

（2）创建企业过程中，跨国公司完全承担其风险，不确定性较大。

（3）新企业创建后，跨国公司需要在东道国自己开拓目标市场，且常常面临管理方式与东道国惯例不相适应，管理人员和技术人员匮乏等问题。

思考与练习

1. 举例说明中国跨国公司在经济发展中的作用。
2. 跨国公司的管理模式有哪些？
3. 跨国公司的管理优势和劣势是什么？

【案例】

经国务院批准，2011 年 12 月，中国中信集团公司（原中国国际信托投资公司）整体改制为国有独资公司，并更名为中国中信集团有限公司（简称“中信集团”），注册资本为人民币 1 837.026 3 亿元。

中信集团是 1979 年在邓小平同志的倡导和支持下，由荣毅仁同志创办的。成立以来，中信集团充分发挥了经济改革试点和对外开放窗口的重要作用，在诸多领域进行了卓有成效的探索与创新，成功开辟出一条通过吸收和运用外资，引进先进技术、设备和管理经验为中国改革开放和现代化建设服务的创新发展之路，在国内外树立了良好信誉与形象，取得了显著的经营业绩。

公司成立初期，主要通过吸引和利用外资，服务于国内经济建设，发挥对国民经济“拾遗补缺”的作用；同时在管理体制、经营方式和业务领域等方面进行了一系列探索和创新，率先对外发行债券，开辟了多种融资方式，最早开展了融资租赁、海外投资、国际经济咨询等业务，积极开展中外经济技术交流与合作，在许多方面起到了重要的示范作用。

这一时期，公司继续开拓创新，利用外资发展投资业务，取得快速发展。为适应业务快速发展的需要，公司进行了机构改革，将主要业务部门分别独立出来，先后成立了若干个专业子公司、地区子公司和海外子公司，逐步发展成为一个从事生产、技术、金融、贸易、服务等综合性业务的企业集团。荣毅仁董事长制定的“中信风格”，成为中信人的行为准则。

根据国家对经济工作的总体要求，公司围绕加强管理、压缩投资规模、提高经济效益等方面实施了一系列调整措施，公司业务在调整中继续取得发展。1992 年 7 月，公司制订了十年规划和八五计划，确定了“加强管理，提高效益，抓住机遇，积极发展”的基本方针和发展目标。

1993 年 3 月，荣毅仁同志当选国家副主席，国务院调整中国国际信托投资公司领导班子，魏鸣一同志任董事长，王军同志任总经理。从 1993 年起，公司围绕发展战略、业务重点和经营管理等问题进行了广泛研讨，注重克服重开拓、轻管理的倾向，加强经营管理，强化宏观控制。

中信集团目前已发展成为一家金融与实业并举的大型综合性跨国企业集团。其中,金融涉及银行、证券、信托、保险、基金、资产管理等行业和领域;实业涉及房地产、工程承包、资源能源、基础设施、机械制造、信息产业等行业和领域,具有较强的综合优势和良好发展势头。截至2013年末,中信集团总资产达42 997亿元,净资产2 719亿元,全年实现营业收入3 751亿元,净利润378亿元。2009年以来连续5年入选美国《财富》杂志"世界500强"企业排行榜,2014年排名第160位。

分析中信集团在跨国经营中的经验与教训。

第五章　跨国银行

第一节　跨国银行概述

在国际投资活动中,跨国银行也起着十分重要的作用。虽然国际直接投资是由从事工商业活动的跨国公司进行的,但这些公司用于投资的资金来源有很大一部分要依靠跨国银行融通,这些公司的资金运用在很大程度上也要依靠跨国银行的协助。从这个意义上说,国际直接投资能否顺利进行,是与跨国银行分不开的。跨国银行本身也从事少量的直接投资。在国际证券投资活动中,跨国银行更是主要参加者之一。国际证券的发行,通常要通过跨国银行负责承销。跨国银行本身既发行国际证券,又从事国际证券投资。此外,跨国银行的信贷活动和外汇交易等活动,也与前两种国际投资有着密切的关系。

一、定义

银行国际化是从单个银行角度考察其跨越国界的过程或发展趋势,它揭示的是作为一个企业的银行由国内银行发展成为跨国银行的发展过程,是一种企业层面上的微观分析,其指向主要是由内而外的,将银行置身于母国、东道国以及世界整体环境的相互关系之中,从银行的效益最大化目标出发,探讨银行国际化经营的动机、动力、组织形式、发展阶段、效益以及广泛的影响等。而银行业的国际化往往是从一国宏观的角度出发,探讨一国银行业由封闭走向开放的过程,是一种本国银行"走出去"、外国银行"走进来"的双向发展过程。

跨国银行(trans-national bank),也称为多国银行,一般是指在一些不同国家和地区经营存放款、投资及其他业务的国际银行,由设在母国的总行和设在东道国的诸多分支机构组成。

关于跨国银行的定义,划分界定的标准很多,也存在过不同意见的争论。如美国学者布里默(Brimmer)认为,只有在母国之外有3个或3个以上分支机构的银行才能算作跨国银行。韦伦斯(Wellons)认为,在5个国家以上设立分行或子银行的才算跨国银行。在我国,有的学者认为:"所谓跨国银行系指业务范围跨国化,同时在一些不同的国家和地区经营银行业务的超级商业银行。"也有的学者将跨国银行定义为"以跨国经营货币信贷业务为主的资本主义企业"。随着对跨国公司所下的广义定义为越来越多的人所接受,对跨国银行所下定义的分歧也随之得到解决。联合国跨国公司中心向来把跨国银行列为跨国公司的一部分。而1983年,联合国跨国公司中心在《世界发展中的跨国公司:第三次调查》中规定,跨国公司(包括跨国银行)是设在两个或两个以上国家的实体,而不论其制度如何。它是在一个决策体系下进行运营,各实体之间通过股权或其他形式联系起来。因此,从这个意义上讲,跨国银行可以说是在国外设有分支机构的银行,其国际业务大多是通过其国外分支机构进行的。

英国《银行家》杂志对跨国银行的主要标准进行了解释:依据《巴塞尔协议》,跨国银行的实缴资本或实缴普通股本和未公开储备两部分之和必须在10亿美元以上一级;跨国银行的境外业务在其全部业务中占较大比重,且必须在纽约、伦敦、东京等主要国际金融中心设有分支机构,开展国际融资业务,并境外向分支机构派出一定比例的工作人员。

二、特点

(一)跨国银行具有派生性

跨国银行是国内银行对外扩展的产物,因而它首先具有商业银行的基本属性和功能。从这个意义上讲,跨国银行具有派生性。跨国银行的发展史表明:跨国银行必须首先在国内成为处于领先地位的重要银行,然后才能以其雄厚的资本、先进的技术等优势为基础实现海外扩张和经营。世界著名的跨国银行,如英国的汇丰银行、美国的花旗银行、法国的农业信贷银行、日本的东京三菱银行等,在各自国内也都是最为主要的银行之一。

(二)跨国银行的国际业务经营具有非本土性

跨国银行从事国际业务经营,主要通过其海外分支机构直接出现在当地市场或国际市场上进行,而且业务范围往往包括一些在本国国内被限制的项目。在这一点上跨国银行体现了与国内银行属性的区别。首先,在经营方式上,国内银行的国际业务必须委托其国外代理行(foreign correspondent bank)来进行,委托行与代理行之间是平等的业务往来关系;而跨国银行的国际业务则由自己的分支机构直接在国外履行,总行与分支机构之间是与所有权或控制权相联系的隶属关系。其次,在经营范围上,国内银行通过代理行从事的国际业务主要局限在信用证融资、托收、汇兑等简单的传统业务方面,对一些开拓性的,或与代理行本身利益有竞争关系的业务则不能通过委托代理来进行;而跨国银行由于在世界各地拥有一个高效有机的网络体系,因而在上述业务的基础上,还广泛开展各种欧洲货币市场业务,乃至证券包销、企业兼并、咨询服务、保险信托等非银行金融业务(这些业务项目中有些在国内是禁止商业银行经营的)。

(三)跨国银行的机构设置具有超国界性

跨国银行的根本特征之一是在海外广泛地建立各种类型的分支机构。联合国跨国公司中心认为,只有在至少5个国家或地区设有分行或附属机构的银行才能算作是跨国银行。在第二次世界大战前,英、法等国的跨国银行就在其殖民地设立了众多的分支机构。这些分支机构大多采取分行形式,没有多少自主权,经营活动完全听从总行的决定。战后一段时期内,跨国银行分支机构数目曾大为减少;直到20世纪60年代末,跨国银行分支机构开始再度迅速发展。到1981年,全球已有银行海外分支机构5 018家,形式也多种多样。这些分支机构主要分布于发达国家及新兴工业化地区,在重要的国际金融中心尤为集中。近几年来,由于国际银行业竞争日益激烈,加上许多发展中国家和经济转轨国家的开放程度不断提高,跨国银行分支机构在这些地区的数目迅速上升。

(四)跨国银行的战略制定具有全球性

首先,作为特殊的一类跨国公司,跨国银行制定全球性战略目标具有必要性。近年来的国际金融自由化趋势和金融创新浪潮,为银行的跨国经营提供了机遇,但也带来了更为激烈的竞争和更大的风险。只有从全球性目标出发,在世界范围内实现分支机构及经营资源的合理配置,才能跟上国际银行业务创新的步伐,更为有效地为世界范围内的客户服务,才能在最大限度上分散风险,并保持一定的盈利能力。另外,电子通信技术的飞速发展,为保证跨国银行的总行与分支机构之间信息交流及业务往来的快捷性和密切性提供了技术手段,从而使其实施全球性经营管理战略具备了可能性。

三、主要业务

(一)一般业务

当代跨国银行在国外经营的业务如下。

(1)消费者银行业务,向个人或家庭经营小额贷款。

(2)商业银行业务,主要是向工商企业、跨国工矿业公司或政府经营巨额贷款。

(3)货币市场和证券市场业务,向其他银行或金融机构投放,承保证券发行或长期投资。

(4)为国际贸易提供资金,安排出口或进口信贷。

(5)财务管理业务,经办外汇市场交易、国际现金管理,充当投资代理人等。

还有战后快速发展起来的所谓"非银行业务",如租赁业务、保险业务、代理业务、咨询业务、旅游业务、信息情报业务等。少数的跨国银行提供的"全面服务"项目达六七十种,被称为"金融银行"。

(二)国际贷款业务

跨国银行国外分支机构的国际贷款业务主要有直接贷款、出口信贷、东道国当地市场贷款、项目贷款和银行同业放款等。

1. 直接贷款

直接贷款主要是指欧洲货币贷款,即以跨国银行国外分支机构所在的东道国以外的货币发放的贷款,通常以欧洲美元居多。此类贷款的基本特点是:借款者主要是跨国公司和外国政府;贷款所使用的货币是可自由兑换的货币;利率以伦敦同业拆放利率(LIBOR)为基准利率,再加上一定的差价,并每三个月、半年或一年根据国际金融市场的变化而调整一次;贷款期限大多较长,短则数年,长则十几年;贷款额较大,少则数千万美元,多则数亿美元或更多;中长期贷款一般采取辛迪加贷款或联合贷款方式。

辛迪加贷款亦称国际银团贷款,是 20 世纪 60 年代在欧洲货币市场出现的一种新兴的国际贷款方式,是由一家或几家银行牵头,并组织其他银行参加,共同组成一个贷款银团,以共同的条件向某一客户提供贷款。牵头行一般由信誉卓著的大型跨国银行担任。辛迪加贷款程序为:首先,由借款人选择一家跨国银行为牵头行;其次,牵头行将"参加贷款权"出售给其他愿意提供该项贷款的银行,并向后者出具"参加贷款权证书",作为该参加行向牵头行要求支付贷款所偿还的本息金额的权利证明;最后,由牵头行代表贷款银团与借款人谈判,确定有关贷款的各项细节,并签订一系列的法律文件。

联合贷款是 20 世纪 70 年代出现的一种新兴的贷款方式,是由跨国银行与国际金融机构(如世界银行等)共同筹措资金为发展中国家政府和企业提供的贷款。此类贷款既具有辛迪加贷款的特点,也具有援助的性质。

2. 出口信贷

出口信贷是由出口国的跨国银行为本国出口商或外国进口商(或其银行)提供的贷款。此类贷款的基本特点是:贷款专款专用,用于支持大型设备的出口;利率较低,低于相同条件下的市场利率,差额部分由出口国政府补贴;作为一种对外贸易贷款,期限较长,一般为1.5年或更长;贷款由出口国政府提供担保。出口信贷的类型主要有卖方信贷、买方信贷、福弗廷、信用安排限额、混合信用限额和签订存款协议等。

3. 东道国当地市场贷款

东道国当地市场贷款是指跨国银行国外分支机构从当地市场吸收资金,以当地货币向当地借款者提供的贷款。随着跨国银行跨国化程度的提高,此类贷款在其贷款总额中所占的比重逐渐上升。一些设立在发展中东道国的外资银行针对当地长期资本匮乏、利率高于国际市场的现实,运用总行自有资金或从国际金融市场筹措的低成本资金,向当地借款者提供贷款,获得了丰厚的收益。

4. 项目贷款

项目贷款是指跨国银行为国外某一特定的建设项目提供的贷款,是跨国银行传统的贷款业务。此类贷款的基本特点是:贷款专款专用,只能用于申请贷款的项目;贷款期限较长,属于中长期贷款;贷款的还款资金来源于项目未来创造的收益。

5. 银行同业放款

银行同业放款主要是由跨国银行与设立在国际金融中心的其他银行之间进行的。贷款者的目的是为暂时闲置的资金寻找出路,获得利息收入;借款者的目的是实现资金的平衡,支持资金的正常周转。此类贷款是银行之间的临时放款,期限较短,最短的可能只有一天,最长的也不超过半年。

(三)国际证券投资业务

国际证券投资也是跨国银行国外分支机构的一项传统业务。国际证券投资包括两类:一是国际股票投资,即跨国银行国外分支机构在国际金融市场或东道国金融市场上购买外国公司发行的股票。如果购买的股权比例较小,未获得发行公司的经营控制权,则属于证券投资的范畴;如果购买的股权比例较大,获得发行公司一定的经营控制权,则属于直接投资的范畴。股票投资在跨国银行国际证券投资中所占的比重较小。二是国际债券投资,即跨国银行国外分支机构购买外国公司、外国政府、外国金融机构和国际经济组织发行的债券。国际债券投资是跨国银行的主要投资业务。从20世纪80年代以来,在国际金融市场证券化趋势日益增强的背景下,跨国银行的资产结构发生了较大变化,以贷款形式持有的资产比例收益下降,以证券(主要是可交易的债券)形式持有的资产比例迅速增长。

四、跨国银行的组织形式

跨国银行的组织形式主要有以下三种。

1. 具有直接代表性质的分支机构

这类分支机构是跨国银行直接所属的机构,直接代表跨国银行总行,有代表处、分理处、分行等三种形式。

(1)代表处

代表处是跨国银行最低层次的国外分支机构。代表处并不直接经营银行业务,通常由银行派出的代表和为数很少的工作人员组成。代表处实际上并不是银行，既不能吸收存款和发放贷款，也不能从事汇票、支票兑现和信用证业务。其主要业务是：为总行在东道国的客户提供服务，如安排总行与东道国客户、政府联系与洽谈，为客户提供信息咨询服务等；收集当地政治、经济情报；向东道国的政府、银行和企业介绍本行的业务范围和实力，扩大本行的影响；监督总行设在东道国的代理行的业务等。有些国家禁止在本国设立外资银行，于是代表处就成为跨国银行国外分支机构的唯一组织形式。代表处的主要优点是运行成本低，易于设立与撤销。就大多数跨国银行而言，代表处是其设立更高层的分支机构的起点。

（2）分理处

分理处是跨国银行在国外设立的、介于办事处与分行之间的分支机构。分理处可以参与当地货币市场、欧洲货币市场、外汇市场和办理其他银行业务，但不能办理当地居民活期存款和出售存款单。分理处的资金来源渠道主要有东道国货币市场、国际金融市场、总行投入的资金和从其他渠道筹措的资金。

（3）分行

分行是跨国银行最高层次的国外分支机构。分行可以从事东道国的各种国内外业务，并与当地银行和其他外资银行开展竞争。分行的具体业务有：吸收存款；发放贷款，包括项目贷款和银团贷款等；同业拆借；外汇交易；托收和信用证业务；进出口贸易贷款；离岸业务，即以非本国居民为对象的业务；其他服务性业务。分行的当地业务在其业务中占较大比重。作为跨国银行的组成部分，分行要受投资国有关法律和政策的管制；作为在东道国从事银行业务的金融机构，分行又要受东道国的有关法律和政策的管制。各国关于设立外资银行分行的管理较严。

对跨国银行而言，设立国外分行具有诸多好处：可以借用总行的名称和声誉从事各种银行业务；筹资渠道广泛，可提供较大数额的贷款；总行对其拥有完全的控制权。分行无独立的执照，虽然实行独立核算，但资产和负债最终还需合并到总行的资产负债表上。

2. 具有间接代表性质的分支机构

这类分支机构是跨国银行间接所属的机构，间接代表跨国银行总行，主要有联属行、附属行两种形式。

（1）联属行

联属行是指根据东道国法律的规定，由投资国跨国银行与东道国有关金融机构共同出资设立的银行。联属行是东道国当地银行，一般使用当地的行名，其股权的大部分为当地银行或其他外国银行所有，跨国银行仅拥有少数股权。对跨国银行而言，设立联属行更易得到当地银行界和政府的支持，且有利于发挥各所有者的优势。不足之处是跨国银行拥有少数股权，难以实现对其的完全控制。

（2）附属行

附属行是指根据东道国法律的规定，由投资国跨国银行与东道国有关金融机构共同出资设立的银行。其股权的大部分为跨国银行所有，这是它与联属行的重要区别。附属行还可经营分行所不能经营的非银行业务，如美国银行法规定，商业银行不能经营投资银行业务，但附属行则不受此限制。

3. 其他分支机构

除上述两种基本组织形式外，跨国银行国外分支机构还有一些其他的组织形式，最主要的是参股行。参股行,亦称多国合股银行,是指由两家或两家以上属于不同国家的大银行共同出资、联合建立的合资银行。第二次世界大战前,美国曾创办过此类银行,后因经营不善而转卖或清算。第二次世界大战后成立的第一家参股行是由英国密德兰银行、加拿大多伦多自治银行、澳大利亚商业银行和南非标准银行于1964年共同组建的密德兰国际银行。此后,各国相继成立了一些参股行。参股行一般在某一特定的范围内从事经营活动,如从事投资、安排巨额贷款、承销股票和债券、参与欧洲货币市场、从事兼并和合并业务等。参股行一般不吸收存款。

跨国银行还可根据东道国政府或其地方政府的有关法律和政策,设立一些特殊形式的分支机构。如根据美国纽约州的有关法律规定,外国银行可设立投资公司,从事除吸收存款以外的其他国际商业银行业务和证券交易业务;根据美国政府规定,外国银行可以在美国设立专门从事美国境内欧洲货币业务的特殊金融机构。

此外,有一些学者将代理行也列为跨国银行国外分支机构的一种组织形式。这是不科学的。代理行是指根据协定,与跨国银行建立往来账户、代表对方业务、为对方服务的银行。确立代理行关系的方式是银行在其代理行设立存款账户,由代理行代理支付、托收等业务,双方通过通信手段加以清算。代理行并不是跨国银行的国外分支机构,而是一家外国银行,与跨国银行并无任何隶属关系。

第二节　跨国银行的发展阶段及发展趋势

资本主义国家的银行起源于从事货币兑换业务的商人,银行的跨国经营则是随着资本主义信用制度的确立和世界市场的开拓而逐渐发展起来的。早在14—16世纪意大利商人就曾充当了国际金融活动的重要角色。17世纪以后的国际银行业务则是随着英国、法国、荷兰等国的海外殖民地的扩大和国际贸易活动的增长而开展的。20世纪初,资本主义制度进入帝国主义阶段,垄断成了这些国家全部经济生活的基础,银行由普通的中介企业变成了万能的垄断者。英国、荷兰、法国以及后来的德国等都在国外,特别是在所属殖民地建立了广泛的银行网,以推动其商品输出和资本输出。

一、15世纪—20世纪初:萌芽产生阶段

早在中世纪的欧洲便已经出现了主要为国际贸易服务的国际银行业。当时最为典型的如意大利的麦边西银行(Medici Bank),以佛罗伦萨为总部,在西欧8大城市设有分行。但是由于其主要业务是向当时的贵族或神职人员进行抵押贷款,为封建领主筹措军费,因而还不算是真正现代意义上的跨国银行。

随着资本主义的发展,典型的跨国银行也产生、发展起来。目前确知的最早在国外设立分支机构的这类银行,是1817年英国在其殖民地加拿大建立的蒙特利尔银行(Bank of Montreal)和在澳大利亚悉尼设立的新南威尔士银行(Bank of New South Wales)。这时的跨国银行主要是宗主国在殖民地设立分支机构,所以又被称为殖民银行。这些银行大都属英国、法国两国所有。以英国为例,到1910年,仅总行设在伦敦的殖民银行就有32家,在国外拥有2 100多个分支机构。尽管这些银行的海外分支机构的业务范围还十分有限,国际业务占业务总量的比重也不大,但应当说,他们已经具备了跨国银行的雏形。现在仍然存在的密德兰银行(Midland Bank)、香港上海汇丰银行有限公司(The HongKong and Shanghai

Banking Corporation Limited)、标准渣打银行(Standard Chartered Bank)就是实例。与此同时,法国与德国的跨国银行在海外也拥有500多家分行。从20世纪20年代以来,随着资本主义国家跨国公司的对外扩张和国际贸易的进一步发展,跨国银行的国际业务量明显上升,业务范围也不断扩大,突破了以往的外汇交易、商业融资等传统业务,开始开展了批发业务及投资银行业务,如向跨国公司提供融资等各项服务。至此,真正意义上的现代跨国银行开始形成。这一时期具有代表性的跨国银行有英国的巴克莱银行(Barclay Bank)、标准渣打银行等。另外,美国、日本等后起的资本主义国家的跨国银行也开始起步。如美国的第一国民银行等8家银行的海外分行从1914年的26家上升到1920年的181家。

总的看来,早期的跨国银行业务比较简单,主要从事进出口贸易的融资、结算等。分支机构的活动完全听从总行的决定,本身没有什么自主权。

二、20世纪30—60年代:逐步形成阶段

第二次世界大战后,主要资本主义国家的经济实力地位发生了明显的变化。美国成了超级大国,英、法等国相对削弱,帝国主义殖民体系趋于瓦解,原来为宗主国垄断的封闭市场走向开放,新兴的第三世界国家正在努力发展民族经济,为建立国际经济新秩序而斗争。与此同时,战后科技革命大大提高了世界生产力水平,特别是交通电信的飞跃发展,使各国经济联系日益密切,国际贸易和国际投资空前增长,国际金融活动也有了新的方式和内容,生产国际化和资本国际化成为世界经济发展的重要趋势。跨国银行就是适应这样的政治经济形势而成为当代国际经济活动中重要角色的。

第二次世界大战后,随着国家政治经济形势的变化,跨国银行的发展也显示出一定的阶段性。第二次世界大战后初期,主要资本主义国家跨国银行的海外机构网络基本消失。首先,日本、德国、意大利由于处于战败国的地位,其原有的跨国银行在国外的分支机构也大部分随之消失。其次,英国、法国、荷兰等国的跨国银行,由于分支机构大多设在原来的殖民地和附属国,在民族解放运动的冲击下,有的被新兴独立国家国有化,有的被迫改组或退出,这种趋势一直持续到20世纪60年代后期才相对稳定下来。而此时,唯一有实力向国外拓展的只有美国的跨国银行,但由于长期以来美国政府对银行业管制非常严格,其跨国银行发展也较为缓慢。因此,跨国银行的发展长期处于停滞状态。这一局面直至20世纪60年代才发生转机。

三、20世纪60—80年代:迅速发展阶段

当代主要资本主义国家的国外银行网的形成,是进入20世纪60年代以后才形成的。战后初期,西欧处于经济恢复阶段,无力对外扩张。到20世纪60年代,许多银行才走向国际化。在帝国主义殖民体系瓦解的形势下,英、法等国原殖民地银行有的退出,有的改组,有的被新独立的国家实行国有化;而美国的银行鉴于20世纪20—30年代海外经营的失利,直到20世纪50年代后期才大举向海外扩张;德国和日本由于战败损失,也是在20世纪60年代才重建国外分支行和附属机构的。经过20多年的发展,跨国银行网已密布于资本主义世界。资本主义国家经济的复兴和发展,跨国公司迅速向海外扩张以及欧洲货币市场的形成,这些都为跨国银行的迅速发展创造了条件。在以后20多年的时间里,各国跨国银行重建了遍布全球的海外分支机构网络。而且,这些分支机构的业务量及业务范围迅速扩张。以美国为例,1965年,其跨国银行的海外资产为89亿美元,而1980年则为397.5亿美元,其

在美国银行总资产中所占的比重也由 2.4% 提高到 23.3%；其业务范围也转向以欧洲货币业务、批发业务及投资银行业务为主导。

据 1980 年联合国跨国公司中心的调查，1975 年和 1978 年经营存款并在 5 个和 5 个以上国家拥有多数股权的分支附属机构的跨国银行有 84 家，其中美国 22 家，英国、日本各 10 家，法国 7 家，德国、加拿大各 5 家，意大利、澳大利亚(与新西兰)各 4 家，比利时、瑞士、荷兰各 3 家，另有 8 个国家和地区各有 1 家。这 84 家银行 1978 年在国外共有分支行附属机构4 333 个，其中 46% 分布在发达国家，53% 分布在发展中国家和地区，分布在社会主义国家的很少。分支行和附属机构最多的是美国三家银行，即美洲银行公司、城市银行公司和大通曼哈顿银行公司，它们的国外分支附属机构均在 200 家以上。

战后各国跨国银行的发展也是不平衡的，在 20 世纪六七十年代初，美国跨国银行在国际金融市场上处于绝对优势的地位，其他发达国家的银行活动主要局限于较大的金融中心，包括世界集团旗下的三家银行初期发展也如此。进入 20 世纪 70 年代后，西欧经济共同体国家、日本的银行、世界集团旗下的世界发展银行及亚太集团旗下的亚太银行也都极力开展国际银行业务向外扩张，与美国的多家寡头银行激烈地争夺市场，从而在国际金融市场上形成了三个主要势力集团。10 年来，显著的变化是美国银行的实力相对下降了，而日本银行的资产额与存款额都有较大的增长，其他巨头银行相对稳定。20 世纪 80 年代，日本跨国银行的国际地位迅速上升，这是战后日本经济迅速恢复和发展，整个经济实力增强的重要标志之一。但其中也包含有日本经济发展过程中的泡沫成分。所以，日本跨国银行以低经营成本、高财务杠杆进行资产扩张，也是日本经济泡沫的表现之一。高速的扩张掩盖了日本银行在管理方面的某些严重问题，这些问题在 20 世纪 90 年代才逐步暴露出来。

跨国银行国外分支网迅速扩展的原因是多方面的。从根本上说，战后国际贸易和国际投资的空前增长，国际间经济往来显著增多，客观上需要有大批的金融机构从事国际资金融通和资本筹集工作。同时，随着战后资本主义信用制度的新发展，跨国银行业务也有了新的内容，不再局限于存款、放款、汇兑、信托、证券发行等传统项目，还增加了一系列的"非银行业务"，以适应工商企业、政府机关等方面的需要。至于直接促使跨国银行在 20 世纪 60 年代后迅速发展的因素如下。

(1)战后工矿业跨国公司积极向国外扩张，在世界各地设立分公司、子公司，在世界范围内组织生产、销售，迫切要求银行为它们的跨国经营服务，银行本着"跟随顾客的原则"，必然要扩大其海外营业网，以适应这种发展的需要，并可谋取最大限度的利润。

(2)1958 年西欧国家取消了外汇管制，在国际间恢复了自由兑换，资本自由转移，随之出现了欧洲美元市场，到 20 世纪 60 年代发展成为欧洲货币市场，而且逐步扩大到北美、加勒比海地区和远东地区，积聚了资本主义世界最大量的货币资本，吸引了各种类型的金融机构参加，出现了一大批专门经营这类业务的"欧洲银行"。

(3)在资本主义世界除了少数原有的金融中心外，又出现了许多新的金融中心。这些都是跨国银行开展业务和各国垄断资本集团从事国际垄断竞争活动的据点，跨国银行的营业网就是以这些金融中心为重点而向世界各个角落扩展的。

(4)战后国家垄断资本主义有了进一步的发展，一些主要资本主义国家所推行的货币政策和管理金融机构的政策，直接或间接地鼓励、支持了跨国银行的对外扩张。有些国家的银行在国内经营受到本国法令的限制，在国外则可以逃避管制；有些国家对本国银行开展国外业务给予多方面的资助，有的银行还受政府的委托经办资金调拨业务，或者为了适应海外驻军或对外经济援助的需要而在国外增设分支机构。

四、20 世纪 90 年代至今:调整重组阶段

到了 20 世纪 90 年代初,主要资本主义国家的跨国银行进入大规模的调整和重组阶段。这一时期,跨国银行所进行的调整和重组有着特定的时代背景。

首先,西方各国的经济衰退使银行业盈利下降。例如,1990 年美国银行亏损 76 亿美元;1991 年美国商业银行的坏账达贷款总额的 5.6%,有 127 家银行宣告破产;1994 年日本 11 家主要银行的合并税前盈余降低 90% 以上,众多银行的信用等级下降。

其次,金融自由化加剧了跨国银行的竞争和风险。20 世纪 70 年代以来,国际金融业的发展呈现出日益自由化的趋向,主要西方国家及一些新兴工业化国家逐步取消了利率管制;有些国家开始放宽业务领域的限制,如 1987 年 6 月,加拿大政府取消了银行、证券业务分离制;有越来越多的国家开放了本国的金融市场等。金融自由化不但加剧了跨国银行间及其与其他金融机构之间的竞争,还增大了跨国银行经营中的风险。20 世纪 90 年代以来,国际金融市场一直动荡不安,不时出现区域性金融危机,如 1994 年的墨西哥金融危机、1997 年的东南亚金融风暴等。在上述形势下,各跨国银行力图通过调整与重组以实现增强实力及抗风险能力、取得业务互补的竞争优势、降低经营成本等目标。

因此,这一时期跨国银行活动的主要特点表现如下。

第一,通过"强强联合""优势互补"的合并与收购,增加在国内外的竞争能力。这一时期的银行并购活动不仅次数频繁、规模巨大,而且出现跨国界(如德国的银行并购美国的银行、美国的银行并购日本的银行等)、跨行业(如商业银行与证券公司合并)的大型并购活动的新现象。其中,曾在 20 世纪 80 年代受到重创的美国跨国银行表现最为活跃。美国的银行先后于 1991 年、1995 年和 1998 年掀起了三次合并浪潮,合并的规模一浪高过一浪。在由《欧洲货币》杂志按 1998 年底股东权益(即股本)多少排名的世界最大 200 家银行的前 10 名中,美国的跨国银行共有 5 家当选,其中美洲银行位居第 1 位,花旗银行集团位居第 2 位。

第二,采取多种措施积极处理不良资产,并努力增加自有资本,以期达到监管当局对资本与风险的资产比率的新要求。例如,美国花旗银行通过采取及时处置不良资产、增加呆账损失准备金和保留收益、大力开拓信用卡等零售业务等多种措施,经营业绩和资本充足率显著提高,1995 年被《欧洲货币》杂志评为年度世界最佳银行。

第三,改变过去偏重资产规模和机构网点扩张的倾向,把经营的安全性和实际效益放到更重要的地位。许多银行不仅调整了资产规模,重视提高资产质量,而且有些银行还撤销了一些效益欠佳的海外分支机构。

第三节 跨国银行在国际投资中的运行机制

随着经济的发展,跨国公司为了在世界上最合适的地方安排制造工厂、开采自然资源,从而使得国际直接投资的规模不断扩大。一些国家的政府和金融机构也需要在国际金融市场借入资金,以弥补自有资金的不足和满足国民经济的发展需要。

一、国际信贷

跨国银行的国际信贷按期限长短可分为短期信贷和中长期信贷。短期信贷是指期限

不超过一年的信贷,主要是凭借借款人的信誉,通过电话或电传达成协议,手续非常简便,它主要在机构之间进行。中长期信贷是指期限在一年以上,一般为3,5,7,10年,甚至10年以上的信贷。由于中长期贷款的期限长、金额大,信贷风险也随之增加,因而信贷双方需签订正式的书面借款协议。贷款的利率一般是以伦敦银行同业拆放利率为基础,根据借款人信用等级、期限、担保品、费用等因素加上一定的差额来确定。跨国银行的中长期信贷是国际资本流动的主要形式。

国际信贷业务还可以分为抵押贷款、担保贷款和信用贷款。抵押贷款是只有当外国借款人提供了作为债务偿还担保的符合条件的抵押品之后跨国银行才发放的贷款;担保贷款则是有第三者为外国借款人提供了偿还债务的保证后跨国银行才发放的贷款;而信用贷款是无须其他保证条件只凭借款人自己的信用作为保证而发放的贷款。

国际信贷又可以分为独家银行信贷和跨国银团信贷两种方式。独家银行信贷是由一家银行承担所有贷款的义务。此类贷款的金额相对不大,贷款期限也并不太长,大多是短期和双边的中期信贷,单独一家跨国银行完全可以控制其中的风险。跨国银团信贷又称辛迪加贷款,它是由某一家跨国银行牵头,一国或几个国家的多家银行共同参与而组成结构相对严谨的跨国银团,按照相同的条件共同对同一借款对象提供贷款。由于它具有信贷金额巨大、期限较长、风险较大等特点,所以跨国银团信贷将贷款的组合分散到多家银行,分摊了贷款的风险,从而成为国际巨额贷款的主要方式。

跨国银行在国际信贷中的收入来自向借款人收取的利息和按贷款总额百分比收取的管理费、承诺费以及代理费。

二、国际证券的发行与承销

在国际金融市场上,跨国银行参与的金融证券有股票、商业票据和债券,其中债券是最重要的形式,占跨国银行证券业务的90%左右。在国际证券业务中,跨国银行以筹资者身份可以充当国际证券的发行者,又可以作为投资者从事证券交易,同时也可以是证券经理人。

国际债券是国际金融市场上发行的以某种货币为面值的有价证券,它分为外国债券与欧洲债券。外国债券是指一个国家的发行者在另外一个国家的证券市场发行的债券,即发行者和发行市场分别属于两个不同的国家。一般以市场所在国的货币为面额,投资者也大都为该国的居民。欧洲债券是指以某一种或几种欧洲货币为面值,由国际承销团承销,同时在几个国家的证券市场上发行的债券。欧洲债券的承销机构和投资者都来自不同的国家,所以它是国际化程度最高的债券。自1970年以来,欧洲债券的发行就超过了外国债券,在国际债券市场上居于主导地位。

第四节　跨国公司与跨国银行

一、跨国公司与跨国银行的概念比较

跨国银行仅限于银行业务(或者金融类业务),跨国公司则没有行业的限定(可以是任何合法的行业,也可以包含金融业务)。

跨国公司的主要特征如下。

(1)一般都以一个国家实力雄厚的大型公司为主体,通过对外直接投资或收购当地企

业的方式,在许多国家建立子公司或分公司。

(2)一般都有一个完整的决策体系和最高的决策中心,各子公司或分公司虽各自都有自己的决策机构,都可以根据自己经营的领域和不同特点进行决策活动,但其决策必须服从于最高决策中心。

(3)一般都从全球战略出发安排自己的经营活动,在世界范围内寻求市场和合理的生产布局,定点专业生产,定点销售产品,以牟取最大的利润。

(4)一般都有强大的经济和技术实力,有快速的信息传递能力,以及资金快速跨国转移等方面的优势,所以在国际上都有较强的竞争力。

(5)许多大的跨国公司,由于经济、技术实力或在某些产品生产上的优势,或对某些产品,或在某些地区,都带有不同程度的垄断性。

跨国银行的基本特征,是通过其所拥有的国际网络,在国际间行使其职能。它具体表现在以下几个方面。

(1)拥有广泛的国际网络。

(2)经营广泛的国际业务。

(3)从全球目标出发采用全球经营战略。

(4)实行集中统一的管理控制。

二、跨国公司与跨国银行之间的联系

跨国公司与跨国银行作为国际市场中的两个重要经济主体,虽然分别代表着生产资本国际化与借贷资本国际化的不同形态,但相互间联系密切,具体表现在以下几方面。

(一)从银行资产业务发展看

银行针对企业的需要逐步开展其业务。在银行业发展之初,其获得收入的资产业务主要是自偿性贷款,它是以企业的票据为抵押而对企业提供短期流动资金信贷支持的服务。随着企业规模的扩大,对外部长期资金的需求逐步增加,银行也开始经营长期信贷,提供固定资产贷款。伴随着企业直接融资需求的形成,银行又开始涉及证券业务,并推出如信托、咨询等新的服务项目。银行业务的演变过程,充分说明了企业始终是银行的业务发展中心,银行只有在适应企业、迎合企业发展的过程中来发展自己。

银行业组织形式也受企业活动的影响。从经济发展实践看,企业的组织形式也能决定银行的组织形式。如在世界资本主义经历了从自由竞争到垄断转变的19世纪下半叶,当工商企业领域出现了垄断浪潮后,随之而来的银行业也从分散走向集中,大的垄断银行甚至还凭借其资金实力与其他行业进行相互渗透,成为金融寡头。这种连带影响,一直持续到现在。当企业跨出国界,实现不同国家之间资源、产品的调动时,银行自然也要适应这种趋势,从事跨国界的金融服务。

(二)从跨国银行的发展特点看

现代跨国银行的发展以20世纪60年代美国跨国银行的蓬勃兴起为标志,这与跨国公司在第二次世界大战以后迅速成长为当代世界经济发展的主要支柱的过程吻合。之所以如此,是因为跨国公司作为企业发展的一种新形式,需要银行能够为其跨国经营和巨大资金需求提供安全、便利的金融服务,甚至对银行组织都提出了新的要求。

以美国跨国银行为例。1960 年在国外设有分支机构的美国银行只有 18 家，所开设的海外分行也仅有 124 家，到了 1970 年在国外设有分支机构的美国银行达到 53 家，开设的海外分行也达到了 536 家；国外分行资产 1955 年为 20 亿美元，1970 年则达到了 526 亿美元。资产增加的同时美国跨国银行的收益也得以猛增，1970 年美国 13 家最大的跨国银行海外资产的总收益为 1.7 亿美元，而 1975 年该金额增至 8.3 亿美元，平均每年的增长幅度达到 36.4%。需要指出的是，这一时期美国跨国银行的发展如此活跃，根本原因在于美国的跨国公司在海外直接投资中占据着绝对的优势。

进入 20 世纪 70 年代后，随着西欧和日本经济的恢复和发展，其跨国公司海外直接投资奋起直追，伴随着这一变化，欧洲和日本的跨国银行也开始迎来快速发展的阶段。欧洲银行在这一时期积极谋求国际化发展，通过参加财团银行、扩张股份等方法增加自己的业务范围和资本势力，涌现出了不少具有相当影响的欧洲跨国银行。20 世纪 80 年代，日本跨国银行异军突起。1980 年，日本只有 1 家银行进入世界前 10 名，而到 1987 年日本已有 7 家跻身世界 10 强。

另外，20 世纪 90 年代之后，发展中国家跨国公司已经成为对外直接投资中不容忽视的重要力量，跨国公司来源国多极化的格局日益显现，跨国银行也在进行大幅度的调整。总体上呈现出美国和欧洲银行地位重新上升、日本银行地位相对下降、亚洲和其他发展中国家跨国银行实力不断提高、银行业兼并之风日盛的多元化格局。

（三）从跨国公司与跨国银行互动的关系看

跨国公司在国外直接投资的各个环节都需要巨额资金，而且还要在子公司之间频繁调动资金以便提高资源的使用效率。这些要求无疑是一般银行难以满足的。只有跨国银行可以利用其广泛的分支机构，建立跨国公司的资料信息从而实现对跨国资金流动风险的有效控制。因此跨国银行经营的短期和中长期信贷业务、外汇业务、国际证券承销以及跨国金融咨询等业务，就自然成为跨国公司发展的重要依托。有关资料显示，在跨国公司国外实际投资总额中，有 25% 以上的资金是通过跨国银行的中长期信贷而取得的。除此之外，跨国银行与众多企业的密切往来，既可成为其开展经济情报和信息咨询服务的重要资源，又可帮助跨国公司开展国际业务。

跨国银行的业务范围从传统的国际贸易融资到对跨国公司提供项目贷款，从资产负债业务到种类繁多的表外业务，其海外业务的收益占全部收益的比例已经达到了 40% ~ 80%。由此看来，在向跨国公司提供便利服务的同时，跨国银行也获得了丰厚利润。

除了接受跨国银行的服务以外，跨国公司还是跨国银行最大的资金客户，它们的自留盈余、折旧基金和流动资金都是跨国银行存款的重要来源，这也是跨国银行把跨国公司看作自己理想伙伴的原因。

跨国公司和跨国银行的密切联系使得两个经济体之间的融合日渐增多，两者通过股权、人事等途径相互渗透、相互控制逐步成为一体化的利益群体，如日本的三菱集团、住友集团等金融财团，因其较好地体现了跨国公司和跨国银行之间的互动关系而令人关注。

（四）从股权结构、人力资源关系等角度看

1. 高层管理人员相互兼职

在西方国家，银行与公司之间高层管理人员（特别是董事会成员）相互兼职是十分普遍

的现象。跨国公司与跨国银行之间更是如此。跨国公司与跨国银行高层管理人员相互兼职,有助于增进双方的了解,在重大决策时采取协调一致的行动。如日本三菱集团的最高管理层是由银行与公司的领导人共同组成的。

2. 相互持股

通过拥有股权来获得经营控制权和决策权是跨国公司与跨国银行的重要经营策略。跨国公司与跨国银行的相互持股关系既可存在于跨国公司总部与跨国银行总行之间,也可存在于二者的国外分支机构之间。各国的传统和法律不同,具体的持股形式也不尽相同。如美国银行法曾禁止商业银行直接拥有工业公司股票,但美国的商业银行通过其信托部经理个人委托、养老金投资和代理账户来拥有公司股票。美国商业银行通过《埃奇法案》在国外设立的公司向工业公司投资则不受银行法的限制。西方发达国家证券市场中的上市公司中跨国公司占主导地位,而跨国银行则一直是大股东。

3. 大多隶属于特定的财团

从历史发展的进程来考察,跨国公司是生产资本国际化的产物,跨国银行则是货币资本国际化的结果。二者各自的发展促进了对方的发展,也进一步促进了世界经济一体化。虽然跨国银行与跨国公司资金实力雄厚,但为了进一步提高其国际竞争能力和扩张能力,大多寻求实力更为强大的财团作为靠山。在西方发达国家,大型跨国银行和大型跨国公司被大财团所拥有和控制,已是人所共知的事实。如美国的大型跨国公司与跨国银行大都被洛克菲勒、摩根、美洲银行、第一花旗银行等少数财团所拥有或控制。大财团所拥有或控制的跨国银行或其他金融机构为本财团所属的跨国公司提供资金和其他服务。日本、英国、法国和德国的情形亦是如此。

第五节 跨国非银行金融机构

一、国际投资银行

国际投资银行是国际资本市场上的重要参与者,它既为筹资者提供服务,也为投资者提供服务,在国际投资活动中起着至关重要的润滑剂作用,大大提高了国际投资活动的效率,极大地促进了国际投资活动的开展。

国际投资银行又称跨国投资银行,是指在世界各地设立分支机构进行跨国经营的大型投资银行,是投资银行业在国际范围内的延伸。它不仅是国际证券市场的经营主体,而且其活动范围与影响已超出证券业,与跨国商业银行并列成为当代国际金融市场上的重要组成部分。

(一)国际投资银行的产生与发展

1. 投资银行及其产生

投资银行是以证券承销、经纪为业务主体,并可同时从事兼并与收购策划、咨询顾问、基金管理等金融服务业务的金融机构。它在各国的名称各异,如在美国叫作投资银行(Investment Bank),在英国称为商人银行(Merchant Bank),在日本从事投资银行业务的是证券公司(Securities Firm)。此外,在法国称为实业银行,在澳大利亚称为货币市场公司,在我国的香港地区称有限制牌照银行,在印度尼西亚称投资金融公司等。虽然各国对投资银行的叫法并不一致,但其业务都源于政府或大企业、大公司筹集资金的需要和为投资者谋求投资机会的客观要求。

投资银行的起源,最早可追溯到3 000多年前的美索不达米亚地区。现代意义上的投资银行是18世纪后在欧洲产生的,主要是由众多的销售政府债券和贴现企业票据的商号演变而来。当时,以生产资料私有制为基础的资本主义生产关系已经确立,推进了以股份制为特征的企业制度的形成和发展。而资本主义国家政府为行使其政治统治、对外扩张等职能也常常面临入不敷出的境地,需要发行债券予以弥补。这就在客观上产生了有专门机构来从事证券发行、推销的要求。而证券交易所的诞生和发展更为投资银行业注入了催化剂。投资银行以证券承销、经纪为业务核心,逐步确立了在证券市场上的突出地位。此后,随着世界经济活动的日益丰富多彩,投资银行不断发展起企业兼并重组、金融工程、基金管理、风险资本等新型业务。

2. 投资银行的发展

投资银行只是金融领域中在理论上的称呼,现实生活中的投资银行并不称作"投资银行",而是叫作"××证券公司""××公司"。世界著名的投资银行有美林公司(Merrill Lynch)、高盛公司(Goldman Sachs)、摩根·士丹利公司(Morgan Stanley)、所罗门兄弟公司(Solomon Brother)、华宝银行(S. G. Warburg Bank)、罗斯柴尔德(Rothschild)和施罗德(Schroders)等。

国际投资银行的发展大致可分为以下三个阶段。

第一,在1960年之前,出现了投资银行开展跨国业务的萌芽。如英国巴林银行曾帮助许多美国铁路债券在伦敦上市。但这并不算形成了现代意义上的跨国投资银行。因为当时投资银行的国际业务主要通过其在国外的代理行进行,很少有投资银行在海外设立分支机构;其业务种类也较为单一,主要是进行外国债券的推销,并没有形成今天投资银行丰富多彩的业务体系;其开展业务的地区也还存在局限性,主要是在欧洲。

第二,20世纪六七十年代,是国际投资银行的起步发展阶段。在这一阶段,世界大型投资银行纷纷设立海外分支机构,纽约、伦敦、巴黎、东京、日内瓦等金融中心汇集了许多跨国投资银行的分支机构;其国际业务也出现了综合化、一体化的趋向,并致力于开发欧洲债券业务和欧洲股票业务。例如,第一次典型的欧洲债券发行是1963年7月由英国的商人银行华宝银行设计并承销的。

第三,进入20世纪80年代以来,国际投资银行进入前所未有的迅猛发展阶段。许多国际投资银行已基本在世界上所有的国际或区域金融中心设立了分支机构,建立并完善了其全球业务网络;其国际业务体系日益完善,不仅包括国际证券的承销、分销、代理买卖和自营买卖等传统业务,而且还包括全球范围内开展兼并收购、资产管理、财务咨询、风险控制等活动;其国际业务规模也急剧扩张,在各重要的国际金融市场上,许多国际投资银行证券交易量已超过本地金融机构。此外,其国际业务管理机制不断完善,许多大型跨国投资银行建立了负责协调管理全球业务的专门机构,如美国摩根·士丹利公司的"财务、管理和运行部"、高盛公司的"全球协调与管理委员会"等。

(二)国际投资银行的主要功能

1. 金融中介

投资银行与商业银行都是为了促进资金融通的,其共同点在于它们都是资金供给者和资金需求者之间的中介:一方面使资金供给者能够充分利用多余资金以获取收益;另一方面又帮助资金需求者获得所需资金以求发展。投资银行作为中介机构,帮助企业从资本市场筹集发展资金,尤其是期限较长和数额较大的资金。有些投资银行本身还直接投资于工业企业,这有力地推动了经济发展和企业尤其是大型企业的崛起,并促进了企业家精神的培养。投资银行与企业有着千丝万缕的联系,它们往往通过在证券发行中担任财务顾问,参与企业经营管理,或者通过并购等手段达到控制其持股公司的目的。投资银行通过这些活动对企业的参与程度越来越大,对企业影响也越来越大。在市场经济体系中必须有人愿意承担风险,愿意朝着不确定方向努力,以使企业不断发展壮大,投资银行在此过程中起着润滑剂的作用,正是由于投资银行这些特点促进了企业和企业家的发展。

在发挥金融中介作用过程中,投资银行的运作方式与商业银行有很大的不同。投资银行作为资金供需双方的中介,可以向投资者推荐拟发行股票或债券的筹资者,也可以为投资者寻找适合的投资机会。但在一般情况下,投资银行并不介入投资者和筹资者之间的权利和义务之中,投资者与筹资者直接拥有相应的权利和承担相应的义务。

2. 推动产业并购与重组

投资银行可以多种方式促进产业资本与金融资本融合。在资本市场中,投资银行通过收购和兼并,不仅提高了产业集中程度,而且促进了工商企业和金融企业相互持股,使金融资本与产业资本相互渗透。

以美国为例,19 世纪末以来先后出现过 5 次企业并购浪潮:第一次浪潮出现于 1898—1902 年,其特征以横向合并为主,出现了一批包括美孚石油公司、美国钢铁公司等在内的垄断企业;第二次浪潮出现在 1920—1933 年,以纵向合并为特点,美国汽车制造业、石油业、冶金工业以及食品加工业完成了产业集中过程;第三次并购浪潮发生于 1948—1964 年,这次并购以混合并购为主,出现了一批竞争力强、兼营多种业务的企业集团;第四次并购浪潮发生在 1974—1985 年,并购规模之大令人吃惊;近年来美国掀起了第五次并购浪潮,1998 年 4 月,在全球金融界享有盛誉的花旗银行宣布同专长于保险业务和投资银行业务的旅行者集团合并,合并涉及的资本总额达 820 亿美元,是当年世界上最大的金融合并案,这些兼并活动给华尔街带来了巨大震动,这也表明美国产业集中已向更深、更广领域发展。

企业并购是一个技术性很强的工作,选择合适对象、时间、价格以及合理的财务安排等都需要投资银行提供专业知识和技术。在企业并购过程中,投资银行发挥了重要作用。第二次世界大战以来,大量企业并购通过二级市场进行,手续更加烦琐,要求更加严格,操作更为困难,如果没有投资银行作为顾问和代理人,企业并购几乎不可能进行。

另外,对于许多尚处于新生阶段和经营风险很大的新兴产业难以从商业银行获取贷款,往往只能通过投资银行设立创业基金来筹集资金求得发展。因此,从一定意义上讲,投资银行促进了资本集中和产业结构的调整与升级。

二、其他非银行金融机构

(一)共同基金

1. 共同基金的定义

共同基金(mutual fund)是指通过信托、契约或公司的形式,通过公开发行基金证券(如"受益凭证""基金单位""基金股份"等)将众多零散的社会闲置资金募集起来,形成一定规模的信托资产,由专业人员进行投资操作,并按出资比例分担损益的投资机构。在美国它被称为“共同基金”“互惠基金”,在英国被称为“单位信托基金”(unit trust),在日本则被称作“证券投资信托基金”。

2. 共同基金的发展简介

在19世纪产业革命的推动下,1868年,最早的投资基金“国外及殖民地政府信托”在英国诞生。1921年4月,美国引进了英国的投资基金制度,产生了第一家基金组织“美国国际证券信托”。1924年3月21日,在波士顿成立了“马萨诸塞投资信托基金”,这是一个开放型基金,被认为是真正具有现代意义的第一家美国共同基金。其后,经历了70多年的发展历程,到1998年,共同基金的总资产已达到5.5万亿美元,成为美国经济中最重要的金融资产。

3. 共同基金的特点

(1)专业的投资管理

共同基金是由专业的经理人操作管理。经理人对国内外经济及各行业、公司的营运和潜力都有深入的了解。他们凭借自身丰富的经验及专业知识进行系统研究,做出投资决定,其投资绩效自然比一般人优异。因而投资共同基金可以解决个人投资时间和专业知识不足的问题。

(2)分散投资风险

投资的一个重要原则是“不要把所有的鸡蛋放在同一个篮子里”。因此,要规避投资风险,就必须进行分散投资。而分散投资需要有足够的资金。共同基金汇集众人的资金投资于各种股票上,这样某些跌价股票的损失可以因其他股票涨价而抵消,从而达到分散风险的目的。

(3)变现容易,流动性强

投资人可以因个人需要,随时将基金脱手变现。如果投资的是国内的开放型基金,可卖回给基金管理公司;封闭型基金则更为方便,可以直接在证券交易市场中卖出。如果投资的是海外基金,也可以在代销银行或相关金融机构卖出或直接卖回给国外的海外基金经理公司。另外,很多基金公司(主要是海外基金公司)还提供基金转换的服务,让投资人可以把投资某个基金的钱全部或部分转换到同公司的其他基金,免除卖掉原持有基金购买其他基金的麻烦。

(4)操作规范,透明度高

投资基金由专业人员操作,投资手续与操作都比较规范。投资目标和策略是事先规定好的,不能随意改变。基金的投资人大会也可以对基金经理人员的经营方针提出建议,甚至有权更换经理人员。另外,基金还需要定期披露收益状况,甚至证券组合情况,透明度很高。

(5)品种繁多,选择性强

目前美国的共同基金有多种类型,涉足不同的金融产品和金融市场。操作策略也各有不同。有的较为激进,有的重于稳健,投资者可以根据自己的意愿和爱好选择不同的基金。

(二)对冲基金

对冲基金(hedge fund)又称套利基金或避险基金,它是一种组织结构最简单、费用最低、复杂性最小、专门从事证券投资的有限合伙企业形式。对冲基金一般只有一个一般合伙人(general partner),是发起设立对冲基金的个人或者实体。它负责对冲基金的日常管理、投资策略的制定和具体实施。另一种数量有限、权利与责任也都有限的合伙人被称为有限合伙人(limited partner),是对冲基金大部分资金的提供者,它不参与对冲基金的日常管理与投资经营活动,只享受对冲基金的收益回报。

1. 对冲基金的特点

对冲基金的最大特点是进行贷款投机交易,亦即买空卖空。美国大约有85%的对冲基金是通过贷款进行投机交易。它们在选准市场或项目后,即以数额并不多的资本作底,向商业银行、投资银行或证券交易所借得巨额款项,然后倾注大量资金进行歼灭战,或大输或大赢,其投资战略绝对保密。20世纪90年代以后,美国对冲基金的冒险系数越来越大,但大多比较成功。

2. 对冲基金的种类

对冲基金按交易手段的不同可分为低风险对冲基金、高风险对冲基金和疯狂对冲基金。

(1)低风险对冲基金

低风险对冲基金主要是在美国和国外的股市投资,一般很少以高于本身资本两倍的借贷款进行投机交易。交易方式以长买短卖为主,也就是说购买可能会上升的股票,借用和出售可能会下跌的股票,待市场出现好转后,再买回这些股票。

(2)高风险对冲基金

高风险对冲基金经常以高于资本25倍的借贷款进行投机交易,它不仅在全球股票市场上进行长买短卖,而且还在全球债券、货币和商品期货等市场上进行大规模的投机交易。比较典型的例子就是由索罗斯经营的量子基金。

(3)疯狂对冲基金

疯狂对冲基金以高于本身资本十倍甚至几十倍的借贷款在国际金融市场上进行炒作。这种对冲基金最典型的例子是美国长期资本管理基金,该公司曾以40多亿美元的资产向银行贷款100多亿美元,其买进卖出的各种证券和股票市面价值一度高达1.25万亿美元,结果导致了1998年9月美国对冲基金事件的爆发。

3. 对冲基金与共同基金的区别

从广义上来说,对冲基金也是共同基金的一种,但与一般共同基金相比,对冲基金又有许多独特之处。

(1)共同基金往往是按照所管理资金的一个固定百分比如5%来提取管理费的,并从中支付雇员的薪酬。而对冲基金则采取一种与业绩挂钩的薪酬激励机制,除了按照净资产值的1%提取管理费用之外,基金经理一般都能得到投资纯收益的20%左右的薪酬,所以能吸引有才华的高级专业管理人员加盟。

(2)共同基金净资产值的升降总是与它所投资的证券对象一起沉浮。当股市指数上升时,投资于股票或股市指数的共同基金其净资产值就会上升,反之则下降。而许多对冲基金则总是偏好于采取各种手段套住一定的收益率,不论市场指数是上升还是下降都不会影响对冲基金的净资产值。

(3)共同基金一般都有许多规章制度,有着系统的管理,特别是对卖空和衍生金融工具的使用有着极严格的限制,因而在市场不好的时候很难保住其净资产值不下降。而对冲基金在投资工具、财务杠杆、投资策略等各个方面都几乎没有任何限制,允许卖空也允许使用衍生金融工具,所以能在市场走势不好时保持对冲基金的净资产值。

(4)对冲基金更倾向于专业化。每一位基金经理都可能只是某一方面的高手,对冲基金的机制允许其依据所擅长的技能与知识,独立自主地管理对冲基金旗下的一只基金。而共同基金的管理人员不能随意改变分析技术与投资方案,任何改变都要通过决策层的允许。

(5)共同基金所依据的主要投资策略就是买长卖短,因而难以有效地规避市场风险,而对冲基金是许多只投资于不同地区、不同市场、不同金融工具的基金所组成,所以可以有效地规避市场风险。

(三)养老基金和保险公司

养老基金和保险公司传统上一直是工业化国家金融市场的重要投资者,它们控制着相当规模的证券投资。随着养老基金和保险公司的投资组合向国际化发展,它们已成为重要的国际间接投资参与者。20世纪80年代以来,其持有的外国证券比重有所上升。这一点在养老基金方面表现得较为明显,而保险公司的行为则尚不明朗(有些国家保险公司的外国证券持有比重甚至有所下降)。此外,从整体上看,养老基金和保险公司的国际投资多样化程度要远远低于共同基金。其原因主要有以下几点。

(1)由于对外国经济和金融市场的不了解,许多工业国的最终投资个人明显表现出"本地资产倾向"。有些基金经理把持有外国资产比例较小的原因之一归结为委托人的过于保守。产生这种倾向的因素包括交易成本、外汇风险、预计收益的不确定性、不熟悉外国市场和税制等。

(2)对养老基金和保险公司而言,其稳健原则、不平衡的风险和收益分担机制使得经理人员也倾向于避险偏好。出于社会保障的基本功能,养老基金和保险公司更加倾向于低风险。例如,一个养老计划往往要求在计划期内保持固定的收益率,经理人员的酬金也相对具有固定性。如果经理比委托人承担更多的市场下跌风险而不能相应享受到市场上升的潜在收益,那么他们宁愿把投资组合放在较为安全的国内资产上。

(3)许多国家对机构投资者持有的外国资产有具体额度限制。例如,加拿大政府对养老基金的外国投资限额为20%;日本规定私人养老基金要遵守30%的外国资产限额的规定;美国各州保险法允许保险公司投资于外国证券的比例上限为10%。

思考与练习

1. 跨国银行发展的原因有哪些?
2. 国际投资银行发展的条件有哪些?
3. 对冲基金存在哪些特征?
4. 中国有哪些跨国银行?

【案例1】

1997年2月5日公布的摩根·士丹利—迪恩·威特两大公司合并事件,成为当年国际金融服务领域最具冲击力的事件之一。

此次合作创造了一个总市值逾210亿美元的新型投资银行,其规模堪称华尔街之最。在历史上,摩根·士丹利曾是美国著名大银行J. P.摩根的投资银行的一翼。这家公司在全世界19个国家有27个中小分部,雇员总数为9 200多人,1996年的税前利润为15.7亿美元,所经营的资产达1 710亿美元。作为上市公司,摩根·士丹利在合并前的总市值为88亿美元。

然而,作为经纪行,迪恩·威特更非等闲之辈,它合并之前的总市值达130亿美元,1996年纯利为9.514亿美元。并购消息公布的当天,摩根和迪恩的股票大幅攀升,前者升至65.25美元,升幅14%,后者升至40.625美元,升幅5.2%,此后一周两家股票仍保持升势。

试分析跨国银行并购的动机和目的。

【案例2】

花旗银行(Citibank,中文名“花旗”,源于上海市民对该行的习惯性称呼)是花旗集团旗下的一家零售银行,其前身是1812年6月16日成立的“纽约城市银行”(City Bank of New York),经过近两个世纪的发展、并购,已经成为美国最大的银行之一,也是一家在全球近150个国家及地区设有分支机构的国际大银行,总部位于纽约市公园大道399号。花旗银行(中国)有限公司隶属于美国花旗集团,为美国花旗银行有限公司全资控股的外商独资银行,截至2019年12月31日,花旗银行在中国12个城市(北京、长沙、成都、重庆、大连、广州、贵阳、杭州、南京、上海、深圳和天津)设有分支机构,无境外分支机构。花旗银行在中国的历史可追溯至1902年5月,是首家在中国开业的美国银行。2007年4月,花旗银行成了首批注册为本地法人银行的国际银行之一。花旗银行(中国)有限公司为美国花旗银行有限公司全资所有。目前,花旗银行于在华国际银行中处领先地位。花旗银行在全球超过160个国家和地区开展业务,是最具有全球性的国际银行。

调查分析花旗银行在中国主要从事的业务。

第六章　国际间接投资方式

第一节　国际间接投资概述

一、国际间接投资的特点

国际间接投资的方式主要有国际股票、国际债券、国际贷款（前文已述，此章不再赘述）以及其他国际间接投资。

参与国际间接投资是当今世界各国发展对外经济关系、参与国际金融市场的重要形式。一国参与国际间接投资的程度和方式同样也主要定于其经济发展水平。一般来讲，发达国家引进国外间接投资与对外间接投资的规模都较大，且后者大于前者；发展中国家引进国外间接投资和对外间接投资的规模都较小，且前者大于后者。在国际间接投资领域，跨国银行占据主导地位，参与国际间接投资（即从事对外间接投资）是跨国银行的重要业务。跨国银行采取何种方式从事对外间接投资，主要决定于其自身资金实力、总体发展战略以及特定东道国的投资环境等。

与国际直接投资相比，其特点如下。

（一）对经营活动有无控制权

国际间接投资对筹资者的经营活动无控制权，而国际直接投资对筹资者的经营活动拥有控制权。

（二）流动性大，风险性小

国际间接投资与企业生产经营无关（因为无控制权），随着二级市场的日益发达与完善，证券可以自由买卖，流动性大，风险性小。国际直接投资一般都要参与一国企业的生产，生产周期长，一般在10年以上，由企业的利润直接偿还投资。资金一旦投入某一特定的项目，要抽出投资比较困难，其流动性小，风险性大。

（三）投资渠道不同

国际间接投资必须通过证券交易所才能进行投资，而国际直接投资只要双方谈判成功即可签订协议进行投资。

（四）投资内涵不同

国际间接投资又可称为“国际金融投资”，一般只涉及金融领域的资金，即货币资本运动，运用的是虚拟资本。国际直接投资是生产要素的投资，它不仅涉及货币资本运动，还涉及生产资本和商品资本运动及其对资本使用过程的控制，运用的是现实资本。

(五)自发性和频繁性

国际间接投资受国际间利率差别的影响而表现为一定的自发性,往往自发地从低利率国家向高利率国家流动。国际间接投资还受到世界经济、政治局势变化的影响,经常在国际间频繁移动,以追随投机性利益或寻求安全场所。第二次世界大战后,随着国际资本市场的逐步完善,国际间接投资的规模越来越大,流动速度也越来越快。它具有较大的投机性,在这个领域,投资与投机的界限有时难以划分。国际直接投资是运用现实资本从事经营活动,盈利或亏损的变化比较缓慢,一旦投资后,具有相对的稳定性。

(六)获取收益不同

国际间接投资的收益是利息和股息,而国际直接投资的收益是利润。

二、影响国际间接投资的因素

(一)利率

利率是决定国际间接投资流向的主要因素。正常情况下,资本从利率低的国家流向利率高的国家(大部分是食利资本)。不正常情况下,如政局不稳定,也可能发生短期资本从利率较高而政局动荡的国家流向利率较低而政局稳定的国家。不少国家政府把利率作为宏观调控的手段,使资本向有利于本国经济发展的方向而流动。利率的种类较多,有短期利率和长期利率、名义利率和实际利率之分,而对国际间接投资流量和流向较大的是长期利率和实际利率的变化。

(二)汇率

汇率的变化对国际间接投资的影响也比较大。

1. 汇率的高低

汇率是一国货币与另一国货币交换的比率,也是一国货币用另一国货币表示的价格,即汇价。汇率主要决定于外汇的供求,它是一国国际收支状况的反映。当出现国际收支顺差时,表明本国经济实力强(债权增加),外汇供大于求,汇率上升,外国对本国货币需求增加,本国资本流出。当出现国际资本逆差时,表明本国经济实力弱(债务增加),外汇供小于求,汇率下跌,本国对外汇需求增加,外国资本流入。

2. 汇率的稳定

汇率的稳定与否会引起国际间接投资流向的变化。如果某国的货币汇率较高而又长期稳定,投资者就会将资金由汇率低、风险性大的国家移入该国。由于汇率对资本流向影响较大,许多国家根据本国的国际收支状况,通过制定回来政策来限制或鼓励资本的流入与流出。当一国国际收支恶化时,国家可以实行外汇管制,限制外汇收支对调往国外的资本不预兑换外汇,以防止资本外逃。同时,国家也可以通过实现外汇管制来维护本国货币汇率的稳定,以达到鼓励外国资本流入的目的。

(三)风险性

如果风险性小的资产和风险性大的资产都能提供同样的收益率,投资者当然愿意持有风险性较小的资产。对私人投资的风险性大,对政府投资的风险性小。

(四)偿债能力

一般来说,偿债能力与吸收国际间接投资的数量成正比。发达国家由于经济实力雄厚,有较多的外汇储备,偿债能力强,因而能吸引大量的国际资本。在发展中国家的国际间接投资也多集中在那些新兴工业国家和地区。这些国家和地区相对来说,经济发展较快,有较强的出口创汇能力。而非洲等一些经济落后的国家经济发展缓慢,外债偿还能力低,则很难吸引到较多的国际间接投资。

第二节　国际股票投资

国际股票投资是指股票投资者和股票筹资者分属不同国家或地区的股票投资。适合国际股票投资的股票品种主要包括直接海外上市的股票、存托凭证、欧洲股权以及某些由发行地所在国筹资者发行的股票。

为了拓宽其融资渠道和提高其国际知名度,许多大企业都到成熟的海外证券市场上直接发行股票上市。世界主要证券交易所,如美国纽约证券交易所、英国伦敦证券交易所、德国法兰克福证券交易所、法国巴黎证券交易所、瑞士苏黎世证券交易所、卢森堡证券交易所和日本东京证券交易所等,一般都拥有相当数量和相当比例的外国上市公司。

一、股票投资的概念

股票是有价证券的一种。它是股份公司发行的,用以证明股票持有人对公司拥有所有权,并可以分享公司股息或红利,参与公司经营管理等方面权益的凭证。

股票投资是企业、个人等购买股票的一种行为。股票投资者一般享有以下三项基本权利。

(1)公司盈利时的分红要求权,红利也是股票投资者的收益。

(2)剩余财产的分配权,剩余财产的分配权限于公司解散或倒闭时才会出现。

(3)股东大会的参加和表决权,股东的表决权也意味着股东对公司的间接经营管理权。

股东的上述权益说明,股票投资属于间接投资,它具有收益性、风险性、变现性、决策的参与性、价格的波动性等特征。

二、股票的性质

(一)股票是一种权证证券

股票只是一种表明已发生股权转移的证券,股票只起一个权利证书的作用。股票的发行以股份的存在为前提条件。股票的作用是证明股东的权利,而不是创造股东的权利。所以股票不像一般的票据,它不是设权证券,同时也不是债权证券。

(二)股票是要式证券

股票必须按法律的要求记载一定事项。股票须由三名以上的董事签名盖章并经由主管机关或其核定发行登记机构批准后才发行。其内容一般包括公司的名称和地址、公司设立登记核心股发行的批准文号，公司的股份总额、每股金额、本次发行的份数、发行时间等，如缺少上述要件，股票即告失败。

（三）股票是有价证券

股票与其代表的股东权利有不可分离的关系。这就是说，股票代表着对公司资产的权利，这种资产是有一定价值的，否则其权利也就失去了意义。此外，股东权利的转让应与股票占有的转移同时进行，二者缺一不可。这点与有价证券在法理上的性质是一致的。

（四）股票不是物权及债权证券

股东虽然是企业部分财产的所有人，享有种种权利，但对于公司的财产不能直接支配处理。对财产的直接支配处理是物权证券的特征。但股东可以通过其红利权、出席股东大会和表决权、转让权和公司解散时的剩余资产的分配权来达到获利的目的。同时，股东也不是公司的债权人，但对企业的债务承担有限的债务责任，当投资者购买股票时，他随即变成公司部分财产的所有人，是公司内部的股东，因此股票也不是债权证券。

（五）股票是一种可转让的证券

股票是一种能带来收益的转让证书，其价格的基础是其资产的价值，作为金融资产的股票和其他有价证券一样，既可以在金融市场上买卖，也可以用于赠予、抵押和继承。

（六）股票是一种虚拟资本

股票的启动与真实资本的运行既相互独立又相互联系。二者相互独立是因为股票、证券市场上进行各种形式的交易都不会引起公司资本的增减；二者相互联系是因为公司的业绩直接影响着股票在二级市场上的走势。实际上，公司的质地及运作的好坏是二级市场股价的基础。

三、股票的种类

企业往往根据不同的需要发行不同种类的股票，而股票种类的不同也决定了投资者享有的权利和义务的不同。因此，股票的投资者根据股市行情的变化，选择不同种类的股票对获取投资的最佳收益是十分有益的。股票的种类和分类方法很多，按股东承担的风险和享有的权益来分，可分为普通股和优先股；按股票是否记名来分，可分为记名股票和无记名股票；按股票有无面额来分，可分为面额股票和无面额股票。

（一）普通股和优先股

1. 普通股

普通股是股份公司必须发行的一种基本股票，是股份公司资本构成中最重要、最基本的部分。购买了普通股就等于购买了企业的资产，购买得越多，占有公司资产的比重就越大。普通股是股票中最普遍的形式。普通股的股东一般享有以下几项权利。

（1）收益的分享权

在公司有盈利的时候，普通股的股东有权分享公司的盈利，但盈利的分享必须是在满足了优先股股东的股息之后。普通股股东的红利是不固定的，它取决于公司的盈利多寡，盈利多则多分,盈利少则少分,没有盈利则不分。

(2)剩余资产的分配权

在公司破产的时候,普通股股东有分得公司剩余资产的权利,但剩余资产的分配必须在清偿了公司的债务及优先股的股东收回了最初的投资和分得了股利之后进行。

(3)决策权

股东有权参加或委托代理人参加一年一度的股东大会,并行使其表决权,从而使股东间接参与了公司的经营管理。

(4)新股认购权

股东有优先认购公司所发新股的权利,以维持股东在公司原有的权益比例。股东认购新股时,可以以低于市价的股价购买一定比例的新股,因此,新股认购权也是有价值的,如股东不想认购新股,可将其新股认购权按一定的价格进行转让。新股认购权一般被称为认股特权。

(5)股份的转让权

除公司发起人的股份必须在达到规定的期限以后才能转让以外,其他股东的股份可以随意转让。

2. 优先股

优先股是指股东在公司盈利或在公司破产清算时,享有优先于普通股的股东分配股利或资产权利的股份。优先股是相对于普通股而言的,具体地讲,优先股股东的优先权主要表现在以下两个方面。

(1)公司盈利分配的优先权,即在公司盈利时,在优先股股东的股息得到满足之后,普通股股东才能分得红利。

(2)索债优先权,即在公司破产时,在优先股的股东按面值得以清偿之后,如有剩余,普通股股东才能进行清偿。

优先股与普通股相比,具有以下特点。

(1)表决权受到限制

优先股股东一般没有表决权,只有在涉及直接关系到优先股股东利益的问题时,才能行使表决权。实际上,优先股股东没有参与公司经营管理的权利。

(2)股息固定

优先股股息是事先规定的,一般按面值的一定比例计算,不能随公司盈利的多寡而增减。

(3)具有可赎回性

近年来,许多公司发行的优先股均订有偿还条款,发行优先股的公司一般在发行一年后可以以高于面值赎回或购回已发行的优先股。鉴于优先股股息固定,而且股东又没有表决权,人们常常将优先股称为介于债券和股票之间的混合证券。

优先股的种类有很多,常见的主要有以下几种。

(1)积累优先股

积累优先股是指在公司某一时期内的盈利不足以分派给股东固定的股息情况,而当公司盈利时,要求公司补足以前所欠股息积累起来的数额。

(2)非积累优先股

非积累优先股是指由于公司盈利较少,当年未能向股东发放或未如数发放固定的股息,在日后公司盈利后,股东不具有要求公司补发以前所欠股息的权利。但非积累优先股的股息一般高于积累优先股。

(3)可调换优先股

可调换优先股是指股东在一定时期内,可以以一定的比例将优先股换成该公司的普通股,否则属于不可调换的优先股。在公司经营状况好而且普通股股价高时,投资者愿意将优先股调换成普通股。

(4)积累可调换优先股

累积可调换优先股是一种兼具积累优先股和可调换优先股性质的优先股。

(5)股息率可调整优先股

它是指股息率不固定,而是随着其他证券或利率变化而调整的优先股。这种优先股股息率的变化与公司的盈利状况无关。

(6)参与分红优先股

它是指股东除收取固定的股息以外,还可与普通股股东一起分享红利的股票。

(二)记名股票和无记名股票

1. 记名股票

记名股票是指在股票上载有股东的姓名,并将该股股东的姓名和地址记载在公司股东名册上的一种可以挂失的股票。记名股票必须经卖方背书和盖章才可转让。转让时需要办理过户手续。发放股息或红利,须由公司书面通知股东。

2. 无记名股票

无记名股票是指在股票上不载有股东的姓名并且不能挂失的股票。无记名股票可以在证券市场上随意转让,不需办理过户手续。公司在发放股利时,也不必向股东发出书面通知,而是凭票取息。这种股票发行手续简便,转让方便,但公司不易掌握。很多国家将无记名股票发行的数额占股票发行总额的比例限制在一定范围之内。

(三)面额股票和无面额投票

1. 面额股票

面额股票是指在股票上标明一定金额的股票。股票面额能使股东了解每一股所代表股权的比例,以确定对公司所有权的大小。面额股票既可以使公司在出售股票时取得公正的价格,也可以防止公司内部人员以低价获得新股,并为股票的交易价格提供了参考依据。股票的面额并不代表公司资产的全部价值,面额股票的发行公司一般不能以低于面额发行。

2. 无面额股票

无面额股票是指股票上不标有一定的金额,只标有总股数的股票。无面额股票可以促使投资者在购买股票时,注意计算股票的实际价值,而不至于被面额迷惑,而且其发行价格也不受限制。

四、股票的价值与收益

(一)股票的价值

股票本身没有价值,但股票是股东对企业所有权的凭证,它代表了一定量的资本,所以股票又有价值。

1. 股票的面值

股票的面值是指股票上标明的金额。股票面值的作用在于说明每股股份对企业拥有权的比例。随着企业的发展和市场各种因素的变化,股票的市场价格往往背离股票面值。

2. 股票的账面价值

股票的账面价值也称股票净值,它是根据公司的财务报表计算得出的,表明每股代表的公司实际资产的价值。账面价值是公司的真正资产,也是公司债权债务相抵后所剩的余额。

3. 股票的市值

股票的市值是指股票的市场价格,即股票市场上的买卖价格。股票市场价格是随着股市行情的变化而经常波动的,影响股票市值变化的因素有很多,其中利率和股息是最主要的因素,股票市值与股息成正比,与利率成反比。

4. 股票内在价值

股票内在价值是指经济学家对企业的财务状况、未来收益和其他影响企业收入的因素分析之后,得出的股票所代表的真正价值。实际上,股票内在价值的高低,取决于股票未来预期的收入。股票未来预期收入高,股票的内在价值就高;否则,其内在价值就低。投资者都在寻求购买内在价值高于市值的股票。

(二)股票投资收益

股票投资收益是指投资者购买股票所获取的利润和股票的滥价,收益的大小一般用收益率来表示。

1. 股息、红利和溢价

股息是优先股股东定期得到的固定收益。由于优先股股东的股息是固定的,一般按年计算,所以它不与公司经营状况的好坏相联系。红利是普通股股东获取的投资收益。普通股股东的红利是不固定的,红利的多少取决于公司的盈利情况,盈利多则红利多,盈利少则红利少,无盈利或亏损则无红利。股票溢价是指股东以高于买进股票的价格卖出股票所赚取的买卖差价。在证券市场上,一般把为赚取买卖差价而买入股票的行为叫投机,而把以获取股息或红利为目的买入股票的行为称为投资。

2. 股票投资的收益率

股票投资收益率是指购买股票所得的收入占购买股票所用金额的比例。一般来说,优先股股东的收益率是相对稳定的,而普通股股东的收益率是不稳定的。股票投资收益率有两种计算方法,即本期股票收益率和持有期股票收益率。

五、股票的交易方式

(一)现货交易

股票的现货交易亦称现金交易,它是指投票的买卖双方达成交易以后,在短期内完成交割的一种买卖方式。现货交易的交割时间一般为成交的当天,但也可以是当地股票交易市场的习惯日,如美国纽约股票交易所现货交易的交割时间为成交后的第5个营业日,东京股票交易所是成交后的第4个营业日。股票的现货交易是属于一手交钱一手交货的实物交易，即买方付出价款，卖方交付股票。

（二）期货交易

股票的期货交易是指股票的买卖双方成交以后，交割和清算可以按契约所规定的价格在未来某一时间进行，即股票期货交易的双方在签订交易合同之后，买方不用立即付款，卖方也不须即时交出股票，而是在双方约定的未来某一时间进行。这样可以使买方在手中资金不足时购买股票，卖方可以在没有股票的情况下出售股票，买卖双方便可以利用这一机会，按照预期的价格变动买卖远期股票，以从中牟取买卖差价。在实际操作中，股票的买卖双方往往都以相反的合同进行冲抵，只清算买卖差价。买入期货合同，以图在交割前股价上涨，这种行为一般被称为多头；卖出期货合同，以图在交割前股价下跌，这种行为一般被称为空头。此外，投资者进行期货交易的另一个目的是套期保值，以避免价格变动的风险。

（三）保证金交易

保证金交易又称信用交易或垫头交易。它是指客户买卖股票时，向经纪人支付一定数量的现款或股票，即保证金，其差额由经纪人或银行贷款进行交易的一种方式。如果经纪人为交易者垫付的是部分款项，应称为融资；如果经纪人借给交易者的是股票，则称为融券。保证金交易也是从事证券投资活动的一种手段，从事该种交易的交易者是想利用股票价格在短期内的变动谋取暴利，即投资者在预测某种股价将要上涨时，便以保证金的形式购买股票，以待股价上涨后再卖出。保证金交易属于多头或买空交易，它要求交易者必须有足够的信誉和实力，以凭此开设保证金账户。在交易的过程中，投资者用保证金购买的股票全部用于抵押，客户还要向经纪人支付垫款利息。

（四）期权交易

股票期权交易实际上是一种股票权利的买卖，即某种股票期权的购买者和出售者可以在规定期限内的任何时候，不管股票市价的升降程度，分别向其股票的出售者和购买者以期权合同规定好的价格购买和出售一定数量的某种股票。期权一般有两种：一种是看涨期权，即投资者按协议价格购买一定数量的某种股票的权利；另一种是看跌期权，即投资者可以以协议价格卖出一定数量的某种股票的权利。在股价看涨时，投资者愿意购买看涨期权；当股价趋跌时，投资者往往愿意购买看跌期权。在期权的买者认为行使期权对自己不利时，可以放弃期权，但期权的购买费不予退还，期权合同一般随着有效期的结束而失效。期权交易一般对买卖双方均有好处，买方可以利用期权保值或赚取股票的买卖差价，而卖方则可以赚得期权的出售费。

（五）股票价格指数期货交易

股票价格指数期货交易是投资者以股票价格指数为依据进行的期货交易。在股价指数期货交易中，买进和卖出均为股票期货合同。股价指数期货价格是由点来表示的，股价的升降以点数计算，点数代表一定数量的标准金额。

在股票交易中，投资者的风险很大，尤其是对股票发行者的经营状况和股市的急剧变化难以把握和预测，而股价指数期货交易为投资者减少了上述的一些风险。投资者在了解了国民经济的发展状况、金融市场利率和某些主要行业的发展前景后，就可以预测股价指数的走势,股价指数的变动代表了股价总水平的变动。因此,在对股价指数的升降进行准确地预测之后,投资者就可买进或卖出期货合同。

第三节 国际债券投资

一、债券的概念及其性质

债券是一种按照法定程序发行的,并在规定的期限内还本付息的有价证券,债券所表明的是一种债务和债权的关系。债券是由国家、地方政府、金融机构和企事业单位为筹集资金而发行的一种借款凭证。债券实际上是把债务和债权之间的关系转化为一种有价证券。债券是以法律和信用为基础的借款凭证,是发行人对其借款承担还本付息义务所开具的凭证。债券对发行者来说是一种筹资手段,表明了它对持有者所欠的债务;债券对购买者来说是一种投资工具,表明了它对发行者所享有的债权。人们购买债券的行为就是债券投资,如果投资者购买的是国际债券,那就是国际债券投资。国际债券投资具有收益性、安全性和流动性等特点。债券的性质跟借款收据是一样的,但是,债券通常有固定的格式,较为规范。因此持券人可以在债券到期前随时把债券出售给第三者,而借款收据就不能做到这一点。

二、债券的特征

债券是一种虚拟资本,作为有价证券中的一种,既具有有价证券的共同点,也有其自身的特征。

(一)收益性

债券投资者的收益来自两个方面:一是固定的债息,这部分的收入是稳定的;二是低买高卖的买卖差价,债券的利率通常介于存款和贷款利率之间,比存款、储蓄、信托贷款等间接利息率要高。因为债券融资是直接融资,中间费用较少,债券发行者直接得到长期稳定的资金,因此,债券既受投资者的欢迎,又是债务人员愿意采用的融资工具。

(二)收益的有限性

由于债券的利息是固定的,其持有者的收益与企业的业绩无关,即使在二级市场上博取买卖差价,固定的利息也决定了其差价不可能很大,再加上不计复利,这使得投资者的收入是相当有限的。

(三)安全性

与其他证券相比,债券的风险远比股票要小,安全性略低于银行存款。这主要体现在:一是发债者如果是各国的中央政府、地方政府等各级政府,一般不存在不能按时还债的风险;如果发债者是企业,各国对发行者的信用、抵押、担保额、减债制度等有严密的资信审查制度,因此发债者一般都有较高的信誉度和偿债能力。二是债券的面额、利息率和支付利息方式都是事先确定好的,并载于票面上,不受市场利率变动的影响,因此,投资者的本金与利息是受法律保护的。三是债券是债务的凭证,即使企业出现亏损甚至倒闭,债券的投资者也可优先于股东获得赔偿。

(四)流动性

债券是高度流动性的有价证券,其变现能力仅次于银行存款。在二级市场较为发达的情况下,债券持有者若临时需要资金,可随时在市场上出售债券。

总之,债券具有收益性、安全性、流动性等特点,所以它是稳健的投资者的最佳选择。

三、债券的种类

债券种类的划分方法很多,最常见的分类方法如下。

(一)按债券发行主体分类

1. 政府债券

政府债券包括国家债券和地方债券。国家债券是中央政府为维持其财政平衡所发行的债券,而地方债券是地方政府为解决其财政开支所发行的债券。

2. 公司债券

公司债券是由股份公司为筹集资金而发行的债券。

3. 金融债券

金融债券是由金融机构为筹集资金而发行的债券。

(二)按债券是否记名分类

1. 记名债券

记名债券是指在债券上标有投资者姓名,转让时须经办理过户手续的债券。

2. 无记名债券

无记名债券是指在债券上没有投资者的印鉴,转让时也无须办理过户手续的债券。

(三)按债券是否有抵押或担保分类

1. 抵押债券

抵押债券是债券的发行者以所有的不动产和动产为抵押而发行的债券。

2. 无抵押债券

无抵押债券是指债券的发行者不以自己的任何物品作为抵押,而是以自己的信誉为担保的债券。

3. 收入债券

收入债券是地方政府以某些项目的收入为担保而发行的债券。

4. 普通债务债券

普通债务债券是国家政府以其信誉及税收等为担保而发行的债券。

(四)按债券形态分类

1. 剪息债券

剪息债券是指券面上附有息票、定期到指定的地点凭息票取息的债券。

2. 贴现债券

贴现债券是指以低于债券面额发行、到期按券面额偿还、其差额为投资者利息的债券。

(五)按债券的偿还期限分类

1. 短期债券
短期债券一般是指偿还期限在1年以内的债券。
2. 中期债券
中期债券一般是指偿还期限在2~5年的债券。
3. 长期债券
长期债券一般是指偿还期限在5年以上的债券。

(六)按债券募集方式分类

1. 公募债券
公募债券是公开向社会募集的债券。
2. 私募债券
私募债券是指向少数特定人募集的债券。

(七)按债券发行的地域分类

1. 国内债券
国内债券是由本国政府、银行、企业等机构在国内发行的并以本国货币计价的债券。
2. 国际债券
国际债券是指一国政府、金融机构、企业在国外发行的并以某种货币计价的债券。

四、国际债券的分类与具体形式

随着世界各国对外国投资者限制的放松和国际证券市场的迅速发展,国际债券的发行量在20世纪80年代初超过了银团贷款的数量,从而出现了国际借贷证券化的趋势。

(一)国际债券的分类

国际债券大致可分为三大类:第一类是外国债券,第二类是欧洲债券,第三类是全球债券。

1. 外国债券

外国债券是借款国在外国证券市场上发行的,以市场所在国货币为面值的债券。如某国在美国证券市场上发行的美元债券,在英国证券市场上发行的英镑债券等。习惯上人们把外国人在美国发行的美元债券称为“扬基债券”,在英国发行的英镑债券叫“哈巴狗债券”,在日本发行的日元债券叫“武士债券”。外国债券的发行一般均由市场所在地的金融机构承保。中国曾在日本、美国、欧洲等地的证券市场上发行过外国债券。外国债券实际上是一种传统的国际债券。

2. 欧洲债券

欧洲债券是指以某一种或某几种货币为面额,由国际辛迪加承销,向在面额货币以外的若干个国家发行的债券。如美国在法国证券市场发行的英镑债券就叫欧洲债券。按习惯,面值为美元的欧洲债券一般被称为欧洲美元债券,面值为日元的欧洲债券被称为欧洲日元债券,其他面值的欧洲债券可以以此类推。在日本东京发行的外币债券,通常称为将军债券。总之,欧洲债券的发行者、面值货币和发行地点分属于不同的国家。

欧洲债券既有期限为1~2年的短期债券,也有5~10年的中长期债券,还有无偿还期的永久性债券。欧洲债券往往采取无担保的不记名形式发行,投资欧洲债券的收益是免缴收入所得税的。除瑞士法郎市场以外,欧洲债券可以不受各国法规的约束,进行自由流通。欧洲债券往往通过国际辛迪加发行,并可在一个或几个国家的证券交易所同时挂牌。欧洲债券具有发行成本低、发行自由、投资安全、市场容量大等待点。欧洲债券的发行者主要是公司和国际组织。近年来,一些国家的政府也开始涉足这一市场,而欧洲债券的投资者主要是公司和个人。欧洲债券的币种以美元、日元、瑞士法郎居多。卢森堡和伦敦是目前欧洲债券市场的中心。

3. 全球债券

全球债券是指在国际金融市场上同时发行,并可在世界各国众多的证券交易所同时上市,24小时均可进行交易的债券。全球债券最初的发行者是世界银行,后来被欧美以及一些发展中国家效仿。全球债券先后采用过美元、加元、澳元、日元等货币发行。全球债券采取记名形式发行,在美国证券交易所登记。全球债券具有发行成本低、发行规模大、流动性强等特点。全球债券是一种新兴的债券,它的发行规则和程序还有待完善。

(二)国际债券的具体形式

1. 一般欧洲债券

一般欧洲债券是一种期限和利率均固定不变的债券。它属于传统的欧洲债券,目前这种债券的发行量在不断减少。

2. 浮动利率债券

浮动利率债券是一种以银行间的拆借利率为基准,再加一定的加息率,每3个月或6个月调整一次利率的债券。这种债券始于20世纪70年代初期。

3. 锁定利率债券

锁定利率债券是一种可由浮动利率转为固定利率的债券,即债券发行时,只确定一个基础利率,待债券发行之后,如果市场利率降到预先确定的水平,则将债券利率锁在一定的利率水平上,成为固定利率,直到债券到期时止。锁定利率债券于20世纪70年代中期才开始发行。

4. 授权债券

授权债券是指在债券发行时附有授权证,债券的持有人可按确定的价格,在未来某一时间内,购买指定的债券或股票。

5. 复合欧洲债券

复合欧洲债券是指以一揽子货币为面值发行的债券。到目前为止,发行这种债券已采用过的货币单位有欧洲记账单位、欧洲货币单位、特别提款权、欧洲货币合成单位。复合欧洲债券的利率固定而且利息较高。

五、国际债券的发行

(一)国际债券市场对发行者的要求

国际债券市场一般有严格的管理制度,但也有一些国家债券市场相当自由。管理较严的国家一般对发行者有如下要求。

(1)必须经过正式申请和登记,并由专门的评审机构对发行者进行审查。

(2)发行者必须公布其财政收支状况和资产负债情况。

(3)在发行期间,每年应向投资人报告资产负债及盈亏情况。

(4)债券发行获得批准后,必须根据市场容量,统一安排发行的先后次序。

(5)债券的发行与销售一般只允许证券公司或投资银行经营,一般银行只能办理登记及还本、付息、转让等业务。

(6)一般须由发行者国家政府或中央银行进行担保,担保必须是无条件的和不可撤销的。

(二)国际债券的发行程序

国际债券的发行分公募发行和私募发行。公募发行是通过中介机构的承包包销,公开向社会募集资金;而私募发行则是在中介机构的协助下,向有限的特定投资者募集资金。其具体发行程序大致有以下几个步骤。

(1)发行企业选择一家金融公司作为此债券发行的组织者,即主干事银行或主干事证券公司。双方就此债券的形式、发行市场、发行数量、币种、利率、价格、期限以及发行的报酬和费用等进行磋商。

(2)向当地外汇管理部门提出发行债券申请,经该部门审查并提出意见后,报经该国政府有关管理部门批准。

(3)向国外有关资信评审机构申请评级。申请评级以前,需先向国内的审查管理机构提出书面申请,并提供评级机构名称和用于评级的资料等。发行者应在得到评级结果的3日内向审批管理部门报告评级结果。

(4)向拟发行证券的市场所在国政府提出申请,征得市场所在国政府的许可。

(5)发行者在得到发行许可后,委托主干事银行组织承销团,由其负责债券的发行与包销。

六、国际债券清算机构与清算程序

(一)国际债券清算机构

目前,国际上有两大债券清算机构,即欧洲清算系统和塞德尔国际清算机构。欧洲清算系统成立于1968年,总部在布鲁塞尔,它是一个股份制的机构,现有股东125人,主要从事债券的清算、保管、出租、借用,并提供清算场所等业务,该系统还在世界上16个国家和地区设立了分支机构。塞德尔国际清算机构也是一个股份制机构,它成立于1970年,总部设在卢森堡。它与欧洲很多国家的银行建立了清算代理关系,其业务范围与欧洲清算系统大致相同。上述两家清算机构均有各种现代化的设施。目前,国际债券交易的清算,绝大部分是通过这两个机构进行的。它们已发展成为当今世界两家最大的清算机构。

(二)国际债券清算程序

国际债券的清算大致经由以下几个程序。

(1)开立债券清算账户和货币清算账户。申请加入清算系统的银行或证券公司必须开立债券清算账户和货币清算账户。债券清算账户是用于债券面额的转账;而货币清算账户是用于买卖债券时,按市场价格和生息后计算出的总额转账。因为国际债券交易既转移所有权,也要按市场价格计算出的等值货币支付。

(2)发送债券清算指示。债券买卖成交以后,买卖双方分别向其清算机构发送清算指示。清算指示主要包括清算机构名称、买入或卖出债券的种类、买入或卖出对象、成交日期、结算日期、债券的面额和币种、成交价格、生息与否、货币总额、结算路线、清算指示的发送者名称和发送日期等。

(3)核对清算机构发回的有关交易细节的报告,以便及时纠正。

(4)在结算日进行内部账务处理。

(5)核对清算机构的对账单,如有不符,可立即向对方和清算机构查询,如无异议,便应制作对账平衡表。

七、国际债券投资收益

债券投资收益是指投资者在一定时期内所获取的利润。债券投资收益通常是用收益率来表示的,而收益率指的是债券投资的收益占最初投资额的比例。债券的价格通过现金流和要求的收益率来计算。债券的收益率通过现金流和市场价格来计算。针对每位债券投资者的不同情况,可选用以下几种收益率作为衡量投资者收益的标准。

(一)名义收益率

名义收益率是指根据债券每年的固定利息与债券面额之比,计算出来的投资者每年的收益率。

(二)本期收益率

本期收益率是债券每年的固定利息与债券本期市场价格之比。投资者可以通过对市场上各证券本期收益率的计算和比较,来做出投资哪种证券的决定。

(三)持有期收益率

债券的持有期收益率是指投资者从买入债券到卖出债券期间所得的实际收入。

(四)到期收益率

债券的到期收益率是指投资者从买入债券到债券到期时止的收益率。

八、债券评级

债券评级大都采取三等九级,也有少数划分了更多的等级。现以美国的穆迪投资者服务公司(Moody's Investor Service)和标准普尔公司(Standard and Poor's Corporation)的等级划分为例,说明各等级的具体含义。

(一)穆迪投资者服务公司的债券评级

1. Aaa 级

评为 Aaa 级的债券是被鉴定为质量最佳的。其投资风险最小,通常称之为"金边债券”。利息支付受到充分的或非常稳定的保护，本金安全。虽然各种保障因素可能发生变化，但任何可预见的变化都绝不可能损害其资力雄厚的财务状况。

2. Aa 级

评为 Aa 级的债券是被鉴定为按各种标准来看都是高质量的。这类债券和 Aaa 债券一起，一般被称为“高级债券”或“优质债券”。这类债券评定的级别之所以低于最佳债券或金边债券，是因为受到的保障程度可能不如 Aaa 级债券那么大，或者受保障的因素的波动幅度可能较大，或者可能有其他因素出现，以致长期风险似乎比 Aaa 级债券要大一点儿。

3. A 级

评为 A 级的债券具有许多有利于投资的属性，被认为是中上等债券。保障本息安全的因素是足够的，但将来某个时候可能容易出现造成损害的因素。

4. Baa 级

评为 Baa 级的债券被认为是中等债券，这类债券没有高度的保障，但是安全性不差。利息支付和本金安全目前看来是足够的。但是，从长期来看某些保障因素可能缺乏，或者性能上不可靠。这种债券缺乏显著的投资特征，实际上也就是具有投机的特征。

5. Ba 级

评为 Ba 级的债券被鉴定为具有投机因素，其将来的情况也不能认为具有保证性。对利息和本金的支付的保障经常可能是中等的，从而在将来境况的好坏变化得不到较好的保护。财务状况不稳定是这种债券的特征。

6. B 级

评为 B 级的债券一般缺乏值得投资的特点，利息和本金支付的保证或者长期的其他契约条款的维持的保证都可能很小。

7. Caa 级

评为 Caa 级的债券信誉不佳，其发行可能违约，或者可能有危及利息和本金安全的现实因素。

8. Ca 级

评为 Ca 级的债券表示具有高度的投机性，经常违约或有其他明显的特点。

9. C 级

评为 C 级的债券是最低级的，从真正的投资标准来看，其前景极差。

（二）标准普尔公司的债券评级

1. AAA 级

AAA 级为最高级，还本付息能力非常强。这一级别的债券通常被称为“蓝筹码债券”（blue chip）。

2. AA 级

AA 级还本付息能力很强，与 AAA 级只有微小的差别。

3. A 级

A 级还本付息能力很强。虽然在经济出现不利时，会受到较多的影响，也不至于影响其偿付能力。

4. BBB 级

BBB 级有足够的还本偿付能力。但在经济状况和环境出现不利影响时，可能会削弱其偿付能力。

5. BB 级

BB 级略带投机性。该债券被认为，无论在景气和不景气时期，对本金和利息支付都具有最小的保护。

6. B 级

B 级有某种程度的投机性，利息和本金支付的保证非常脆弱。

7. CCC 级

CCC 级投机性较高。债券品质较低，可能发生拖欠或面临拖欠的危险。

8. CC 级

CC 级投机性很高。经常拖欠或有其他显著的缺点。

9. C 级

C 级纯粹投机性的。其利息能否得到某种程度的偿付全凭债券发行者的收入。可能违约无息可付。

10. D 级

D 级属于拖欠债券(defaulted bond)。本金或利息的偿付都要违约延期。

穆迪投资者服务公司评定的从 Aaa 到 Baa 级，标准普尔公司评定的从 AAA 到 BBB 级，都属于投资级；Ba 级或 BB 级及其以下任何级别的债券都属于投机级(speculative grade)，或称为“假债券”或“垃圾债券”，而推销员婉转地称之为“高收益债券”，因为他们必须支付更高的报酬率以引起投资者的兴趣，但其风险很高，违约、拖欠、拒付的情况时常发生，甚至可能使债券购买者血本无归。在多数情况下，一些国家都规定，受政府管制的金融机构，如银行、储蓄和贷款机构、保险公司等，不得购买投机级债券。

值得一提的是，对债券等级的评定是对债务人关于某一特点债券的资信的当前评估。因此，对同一债务人的不同债券可能会评为不同等级。评估是供投资者决策时参考，评级机构对评级结果只负有道义上的责任而并不承担法律责任。债券评级并不是推荐购买、出售或持有某种债券，因为评级并不就市场价格对某一特定的投资者是否适宜做出评论。

第四节 国际间接投资的其他方式

目前新型国际投资形式主要有国际租赁、基金投资、BOT 以及 ADR。

一、国际租赁

国际租赁是在第二次世界大战后出现的一种商品信贷与金融信贷相结合的国际投资形式。它能有效地发挥投资、融资和促进销售的作用，受到世界各国企业的重视。租赁是出租人出租物品、收取费用，承租人支付租金、借贷物品的经济行为。具体来说，就是出租人在一定期限内将物品或设备租给用户使用，借以收取租金，用户以定期支付租金为条件，租用出租人物品或设备进行生产的业务过程。现代经济生活中的租赁业务，主要是指企业间较长期间的动产租赁，通常称为设备租赁，这是一种兼有商品信贷和金融信贷双重性质的新型贸易方式，是企业获得设备的一种独特的筹资手段。租赁的物品，通常是标准的工业设备和产品，如飞机、汽车、电子计算机、办公设备等，几乎所有部门的产品都成了租赁的对象，其中设备租赁的发展最为兴盛。租赁业务 20 世纪 50 年代在美国兴盛，20 世纪 60 年代推广到加拿大、日本、西欧和发展中国家。到20世纪70年代中期，国际租赁已成为发达国家在制造业方面投资和出口资本设备的重要方式，发展中国家也把它作为利用外资、引进技术设备的有效手段。

国际租赁的主要形式如下。

(一) 金融租赁

金融租赁又称融资租赁，是一种以融通资金为主要目的租赁方式。它是国际租赁业务中使用得最多的一种形式，实际上是租赁公司给予用户的长期信贷，适宜办理长期的、大型的、价值高的设备租赁，它给承租人提供了一种间接取得设备的特殊方式。

(二) 平衡租赁

平衡租赁也称杠杆租赁，即设备购置成本的小部分由出租人投资承担，大部分由银行等金融机构投资人提供贷款补足的特殊的金融租赁，它牵涉的当事人多，是近20多年来发展起来的一种最高级、最复杂的租赁方式，适用于金额巨大的物品的长期租赁业务，如飞机、卫星系统等的租赁。

(三) 经营租赁

经营租赁泛指融资性租赁以外的其他一切租赁形式，其主要目的在于对设备的使用，是一种由出租人提供维修管理等售后服务的、不撤销、不完全支付的短期融资行为，适用于一些需要专门技术进行保养，或者技术更新较快，以及只需要短期使用的通用设备，如电子计算机、复印机、汽车、仪器等。

(四) 综合租赁

综合租赁是一种租赁与其他贸易方式相结合的方式，如租赁与补偿贸易、租赁与加工装配相结合等。

(五) 维修租赁

维修租赁是在融资租赁基础上加上多种服务条件（如维修、保险等）的租赁方式，其租金低于经营租赁，高于金融租赁。

(六) 转租赁

转租赁即承租人把租来的设备再转租给第三者使用。

(七) 售后租赁

售后租赁即承租人将其所拥有的设备出售给出租人，再从出租人中将该设备重新租回。这种方式有利于企业的资金周转。与购买商品相比，通过租赁形式取得在一定时期内对商品的使用权有以下好处：可节约直接购买资金，使用比较先进的设备，缩短供货期、能满足季节性或急需性的生产设备的需求。

二、国际基金投资

国际基金投资是通过外资基金进行货币资本的国际交易。所谓外资基金，是指一国的境内机构、境内机构控股的境外机构以及境外机构单独或共同发起设立，在国际金融市场向境外投资者发行外币基金凭证，然后将所募集的外汇资金投资于该国的一类基金。

按所投资的对象不同，外资基金有外资产业基金和外资证券基金之分。前者直接对一国的产业项目进行投资，后者则通过购买一国证券市场上的股票、债券等有价证券的形式来达到投资的目的。与以上两类外资基金相对应，国际基金投资也可分为国际基金产业投资和国际基金证券投资。按基金凭证能否赎回，外资基金可分为封闭式外资基金和开放式外资基金，前者不可赎回，后者可赎回。

和以往的国际直接投资和国际证券投资不同，国际基金投资是通过专业性的投资机构（外资产业基金或外资证券基金）来实现的，故属于国际间接投资范畴。

国际基金投资具有悠久的历史。1868 年英国组建了“海外和殖民地政府信托”，委托熟悉海外经济的专家运用与管理，从而开创了国际基金投资的先河。进入 20 世纪 90 年代以后，国际基金投资在国际资本市场的地位日盛，其原因有以下几项。

（1）国际基金投资方式的出现，实现了跨国投资的专业化，大大节约了跨国投资的市场平均交易费用。

（2）国际基金汇集了境外投资者分散的、零星的闲置资金，有助于弥补东道国外汇与资金的不足，在全球范围内提高资源的配置效率。

（3）由于国际基金通过市场购买的形式集中了规模相当大的货币资本，远远超出了分散化投资要求的“临界值”，加上投资的专业化，使得分散化投资成为可能，从而有助于消除投资中的非系统风险和降低系统风险。非系统风险，在证券投资中是指只对个别证券产生影响的一类风险，可归因于个别企业的特定事件，如财务、管理上的问题以及水灾、火灾等自然灾害。国际投资中的系统风险与国际形势和东道国国内形势，如战争的发生、政府的变更、政策的变动等，有着直接的联系。这两项风险对所有产业项目和证券品种都产生影响，只是影响程度大小不同而已。降低系统风险的一个有效方法是减少投资组合中投资项目的相关度。

（4）如果东道国对国际基金加以适当管理与引导，国际基金有助于东道国产业结构的升级与证券市场的繁荣。

三、BOT

BOT（Build－Operate－Transfer）即“建设—经营—移交”，这里的 transfer 是指以政府特许权换取非公共机构融资建设经营公共基础设施的一种投资方式，即是以政府和私人机构之间达成协议为前提，由政府向私人机构颁布特许，允许其在一定时期内筹集资金建设某基础设施，并管理和经营该设施及其相应的产品与服务。政府对该机构提供的公共产品或服务的数量和价格可以有所限制，但保证私人资本具有获取利润的机会。整个过程中的风险由政府和私人机构分担。当特许期限结束时，私人机构按约定将该设施移交给政府部门，转由政府指定部门经营和管理。

许多国家，尤其是发展中国家在基础设施建设中之所以越来越多地采用这种投资方式，是因为与传统的投资方式相比，BOT 投资方式具有有利于减轻政府直接的财政负担等诸多优点，深受发展中国家的欢迎。

四、ADR

ADR(American Depository Receipts)即“美国存托凭证”是存托凭证的一种。存托凭证是指某国企业在外国证券市场发行股票时,为了避免发行股票所在国证券管理机构(如美国证券交易委员会)的管制,而把股票存在发行股票所在国的其保管人(custodian)手中(保管人通常是一家东道国的银行),再由保管人以发行人的股票做抵押,在发行国证券市场发行的一种有价证券。ADR 的计价货币是美元。通常,每份 ADR 相当于若干股的原公司股票。

根据存托凭证的发行地点不同,可以把存托凭证分成美国存托凭证、欧洲存托凭证(EDR)及中国香港存托凭证(HKDR)等。

ADR 模式的长处如下。

(1)有利于分散投资风险,获得较高的投资回报。

(2)由于有银行介入,购买外国股票比较方便。

(3)发行 ADR 的银行会自动地把外国公司支付的外币股息兑现成美元股息。对于美国投资者来说,可以节省货币兑换的成本,不必向发行 ADR 公司的所在国政府纳税,无须承担 ADR 发行国家实行外汇管制带来的投资风险。

(4)对于发行 ADR 的外国公司来说,ADR 代替了外国股票在美国市面上的注册和流通,可以不受美国证券交易委员会的管制,能够比较自由地在美国融资。

思考与练习

1. 影响国际间接投资的主要因素有什么?

2. 国际债券的发行程序是什么?举例说明我国成功的案例。

3. 股票的交易方式有哪些?结合本章的理论,分析沪港通对资本市场开发的意义。

第七章　国际投资环境

20 世纪以来,国际投资为发展中国家的发展做出了巨大贡献,国际投资总额在发展中国家的不断增长与发展中国家的投资环境的不断改善有很大的关系。影响国际投资进入东道国或地区并取得预期经济效益的因素包括政治、经济、自然社会等方面。它们是开展国际投资活动所具有的外部条件,是国际投资赖以进行的前提。本章从对国际投资环境概念的阐述,分析影响国际投资环境的因素,列举并分析国际投资环境的评价方法。

一般来说,国际直接投资项目建成投产后的生产经营是否有利可图都取决于东道国的投资环境。就资本的本性而言,它总是投向风险小、增值快的地方。而当一国失去生产要素配置及实现最大利润的比较优势时,投资者就会物色更能获得高额利润的东道国。在哪里能获得优势资源,开拓商品市场,降低生产成本,获取高额利润,就把哪里作为开展国际直接投资活动的地点。

由于国际直接投资是一种跨国投资,投资对象国的政治、社会、经济、文化、法律等方面存在着差异,投资者在做出投资决策之前,要对东道国的投资环境进行国别比较,力求把安全度高、获利大的国家和地区确定为对外直接投资的地点。因此,从事国际直接投资活动的公司和企业,要通过种种途径和采取适当方式,对东道国投资环境的各因素进行调查和评估,并在不同的投资地点之间进行优先选择,以确定具有最佳投资环境的地点,做出正确的投资决策。

国际投资环境是开展国际投资活动所具有的外部条件,是国际投资赖以进行的前提。为了达到国际投资的目的,首先要了解国际投资环境、国际投资环境的构成因素和分类,并分析国际投资环境的基本特征,从而清楚国际投资环境对东道国和对世界经济的影响,同时应注意国际投资环境的发展趋势。

第一节　国际投资环境概述

一、国际投资环境的定义

一般认为,投资环境(investment environment)是制约投资行为的客观条件,是在一定区域内对投资所要达到的目标产生有利和不利影响的外部条件,是一定时间和空间内能够决定投资主体、投资决策并影响其投资运行及收益的各种因素的有机结合。

国际投资环境是指在一定时间内东道国(地区)拥有的影响并决定国际投资进入并取得经济效益的各种因素的有机整体。它是开展国际投资活动所具有的外部条件,是国际投资赖以进行的前提,包括东道国的经济环境、法律环境、政治环境、基础设施条件和自然地理环境等。上述国际投资环境的各项因素形成了一个系统,构成了国际投资的外在约束条件。在这些因素中,经济环境为基础,政治环境为保障。国际投资环境各要素之间不是互相独立的,而是相互影响、相互制约的。国际投资活动,特别是国际直接投资,受到投资环境的制约,并且面临许多风险,其中主要包括竞争风险和环境风险。前者是因为在市场经济下企业间存在竞争,跨国投资企业与东道国本土企业相比,不熟悉当地环境,处于竞争劣势;后者是由于东道国的政治、经济和法律等环境因素发生变动而带来的。

二、国际投资环境的分类

为便于把握国际投资环境所包含的涉及范围十分广泛的因素,并有利于改善这些投资环境,需要在分析国际投资环境全部因素的基础上,以一定的标准对其进行适当的归并和分类。

(一)根据投资环境表现形态

从投资环境表现形态(物质与非物质性)看,国际投资环境可以分为硬环境和软环境。硬环境是指能够影响投资的外部物质条件或因素,如自然资源和基础设施等;软环境是指能够影响国际投资的各种非物质形态因素,如外资政策、法规、政府工作效率和腐败程度、经济管理水平、职工技术熟练程度及社会文化传统等。虽然投资环境可以分为硬环境和软环境,但两者不是截然分开的。若软环境不好,即使基础设施等硬环境搞得再好,也难以对跨国公司产生吸引力;软环境好了,则可在一定程度上弥补硬环境的不足,而且随着投资的增加,东道国政府可用于改善硬环境的财政收入也会增加,从而会改善硬环境。

(二)根据投资环境各因素的稳定程度

从投资环境各因素的稳定程度来划分,国际投资环境可分为自然因素、人为自然因素和人为因素三类。自然因素是相对稳定因素,主要包括自然资源、人力资源和地理条件等;人为自然资源是中期可变因素,主要包括经济的实际增长率、经济结构和劳动生产率等;人为因素是短期可变因素,主要包括经济管理水平、职工技术熟练程度以及社会文化水平等。

(三)根据影响的地域范围

从地域范围出发,国际投资环境司分为宏观投资环境和微观投资环境。宏观投资环境是整个国家范围内影响投资的各种因素总和;微观投资环境是一个地区范围内影响投资的各种因素总和。微观投资环境因各个地区的经济状况、社会文化、基础设施、优惠政策等不同而形成区域差异,但微观投资环境是宏观投资环境的构成部分,微观投资环境的改善会促进一国宏观投资环境的改善。

(四)根据国际投资环境诸因素的属性

按照构成国际投资环境诸因素的属性并便于建立投资环境评价模型而将国际投资环境因素划分为政治因素、经济因素、基础设施因素、法律因素、社会文化因素、自然地理因素六类。

三、国际投资环境的特征

跨国公司所面临的国际投资环境涉及面很广,且处在不断发展变化之中,因此较之国内投资环境而言,国际直接投资环境所具有的基本特征主要有以下五个方面。

(一)综合系统性

国际投资环境是一个有机整体,各部分相互联系、相互协调,构成了一个完整的投资环境系统。其中任何一个因素的变化,都可导致其他因素发生连锁反应,进而引起整个投资环境的变化。投资的规模和投资的流向也会随之改变。国际投资环境是由影响投资流量与流向的政治、经济、自然、社会、文化等因素交织而成的一个大系统。它不仅包括经济因素,还有不属于经济范畴的政治、法制、管理、物质技术、社会文化、自然地理等广泛因素,其中每一方面的因素又是包含着若干要素的一个系统,所有因素都以其特有的方式影响国际投资。因此,投资者在进行对外投资决策时,必须对东道国的各种因素进行综合分析,统筹考虑。要全盘考虑主要因素和关键因素,以及有利因素和不利因素,对东道国的投资环境作为一个整体评价,以便优选国际直接投资环境因素的最佳结构方式。

(二)客观存在性

国际直接投资环境是先于投资行为而客观存在的。不仅自然条件和地理位置等不可变因素如此,即使政治、经济、物质技术、社会文化等可变因素也如此。正是这种客观存在性特点,影响和决定着投资者的投资决策、投资方向和投资规模以及投资者的收益。因此,东道国和地区为卓有成效地吸引外资,须提前创建良好的投资环境。

(三)动态性

国际直接投资环境本身及其评价观念都在变化之中。一般说来,在投资环境的构成因素中,除自然条件和地理位置等不可变动外,其他因素如政治、经济、法律、管理、社会文化、物质技术等都将随着时间的推移而程度不同地发生变化。诸多因素的变化势必导致东道国投资环境结构的相应调整,从而使投资环境总体发生变动。与此同时,评价投资环境的标准和观念,也随世界政治、经济和科技的发展而发生变化和调整。例如,国际形势从战争、政局不稳转变为和平与发展成为世界的主流;制约投资及经营条件逐步向发达的社会经济条件转变;科学进步及其在生产中的加速应用,使偏重资源及其费用变为注重优秀的员工素质标准。认识这种动态性特点,可以使我们明确投资环境优劣不是绝对的而是相对的,改善投资环境是无止境的。重视研究目前和预测未来的评价投资环境的标准与观念,以及提高改善投资环境的自觉性、预见性,也都具有重要意义。

(四)差异性

国际直接投资环境在不同国家或地区之间存在着明显差异,同一个国家或者地区在不同时间,其投资环境也会有所差异。因此,在某一时期内一些国家或地区会成为国际直接投资的热点地区,而另一些国家或地区却缺少投资者前来光顾。同时,在一个既定的投资环境中,对不同行业的吸引力也不同。例如,有的投资环境适于农业或畜牧业投资,有的适于水产业投资,有的适于旅游业投资,有的适于工业投资;适于工业投资的环境,也有适于原材料工业、能源工业、加工工业等投资的区别,或者有适于知识和技术密集工业与劳动密集工业投资之分等。

(五)主观选择性

国际直接投资者具有按照自己需要评价和选择环境的权威性。相对于国际投资主体而言,任何东道国的投资环境都是客观存在的。东道国的投资环境到底是优是劣,是否能吸引外商前来投资,是不依东道国和地区的评价及意愿为转移的,而是取决于国际投资者的评价及决策。东道国的投资环境是为吸引国际直接投资而"设置"的,它必须具有获得投资者青睐和好评、激发投资者欲望、诱使投资者做出投资决策的足够魅力。只有国际投资者是评价投资环境的最具资格的权威。

第二节　国际投资环境的主要内容

国际投资环境构成因素主要指东道国影响投资的宏观因素。东道国宏观投资环境在整个投资过程有着很大的不确定性,加上国际投资行为包含的民族差异意识对投资可能产生的损害等,使宏观投资环境成为投资成功与否的首要问题。根据国际投资项目论证专家的观点,每个跨国投资者并不一定对每个具体的国际投资项目规范地进行投资环境分析,但跨国投资者在投资决策时,首先要对东道国宏观投资环境进行考察、研究和分析,涉及重大项目或对企业有重要影响的项目时,一定会做规范化的投资环境分析。在国际投资运行过程中,宏观投资环境分析是整个项目论证中最关键,也是最高层次的内容。微观投资分析则表现为投资项目可行性研究。

随着世界经济一体化程度不断加深,组成国际投资环境的因素不断多样化和复杂化,而且在不同的情况下影响国际投资的各种环境因素孰轻孰重也将不同。影响国际投资宏观环境的因素具体可以细分为自然环境、政治环境、经济环境、法律环境、社会文化环境和服务环境六个方面。

一、自然环境

自然环境是指东道国(地区)自然或历史上形成的与投资有关的条件,主要包括地理位置、气候条件、人口、地质水文、自然资源情况以及环境保护情况等。它的状况对一定的投资项目起着决定作用。不同性质的投资项目所要求的自然地理条件不一。自然环境对国际投资项目的筹建和运营有着重要的作用和影响,只有具备适当的自然环境,才能促使投资项目顺利实现预期的收益。外国投资者在其他投资环境较好的情况下,必然要选择与自己投资项目相适应的自然地理环境。因此,为了扩大吸引外资的范围与规模,在科学技术和生产力发展水平允许的限度内,应努力加强对自然地理环境的利用和改造。所有这些,对于外商的投资和经营活动能否顺利进行,能否达到预期的获利目标,具有至关重要的意义,因而是构成投资环境的一个必要因素。

(一)气候

气候主要包括气温、日照、降雨量、降雪量、风暴及台风等。气候因素从不同侧面可能对许多行业的投资产生各种影响。气候的差异和变化不仅关系到企业的生产、原料和最终产品的运输,而且影响到消费市场的潜力。例如,投资农业生产的企业就需要特别注意东道国的气候情况,因为农作物通常需要特定的气候,对降水量、日照时间等可能要求比较高。

(二)人口

人口主要包括出生率、死亡率、疾病、人口的增长率和人口密度等。与人口相关的问题是劳动力供给、食物供应、交通、人口迁移、文盲比率等。人口因素对直接投资的影响是非常重大的,如劳动密集型产业需要大量廉价劳动力,所以发展中国家在劳动力密集型产业上具有更大的吸引力。人口结构直接影响着消费结构。

(三)地理

地理因素包括位置、面积、地形、水资源、森林资源、矿产资源等。这些因素对国际直接投资会产生直接或间接的影响。东道国距离投资国的远近、投资地点距离交通运输设施的远近及距离资源供应地的远近等,都直接影响到生产能否顺利进行,也决定了生产成本的高低。例如,各国间自然资源的分布呈现着高度的不均匀性。有些国家资源丰富,自给有余;有些国家则资源贫乏,甚至某些资源完全没有,需要依靠国外供应;有些国家矿产资源丰裕,但动植物资源匮乏,如中东国家有丰富的石油资源,但是其他资源缺乏。为了获取东道国的自然资源,跨国公司会在自然资源附近、交通比较便利的地方建造工厂,进行生产。因此,自然资源分布的不均匀性是国际直接投资发生和发展的一种重要推动力。

二、政治环境

政治环境是指由东道国(地区)的政治体制、政策持续性、政局稳定性、社会安定性、国际信誉度等内容构成的政治的和社会的综合条件,这是吸引外国直接投资的必要条件和最敏感因素。因为投资者进行跨国投资,东道国的政局是否稳定、社会是否安定、国际信誉高低等直接关系到投资有无保障的问题,因此政治环境是对外投资者首先应当考虑的因素之一。只有政局稳定、社会安定、讲求效益、致力于和平建设的国家,才能确保投资的安全,并为经营获利创造必要的前提。反之,一个政变迭起、社会动荡不止,或者穷兵黩武的国家,则不可能使投资得到基本的保障,也难免使投资者遭到政治风险带来的巨大损失。

(一)政治制度

政治制度也叫政治体制,是指有关政体的制度,即居于统治地位的社会阶级采取何种形式组织政权,包括政治力量,即各政治经济利益集团的比例;政权交替方式、国家管理形式、结构形式以及选举制度、公民行使政治权利的制度等。一个国家的政治体制总是同该国的根本性质和社会经济基础相适应的。通常情况下,与资本输出国不同的政治体制可能会给外国投资者带来一定程度的风险,但也有可能对外资有一定的吸引力。

在不同的政治制度下,因为各个利益阶层和政治集团在社会经济活动中的影响力和地位不同,政府代表不同利益集团的利益,所以其指导经济运行的方针有所不同,因而对外资的立场和态度也不同。在西方发达国家的民主政治下,各利益集团如工会、农民协会和行业协会等都会影响政府决策。

(二)政治稳定性

政治稳定性表现为政府稳定性和政策连续性。

(1)政府的稳定性应不受任何内部与外部问题的困扰和动摇,政府应具有对付一切冲突的应变能力。政权稳定性是由国内外各种因素决定的,包括政治制度、经济发展水平、社会文化传统、与其他国家的政治关系等。如果国内经济困难,人民生活水平大幅度下降,民不聊生,可能导致对现政权的不满,引发政权的非正常更替。

(2)政策连续性是指一国政府发生换届时,该国的政策不会发生太大的变化,仍然保持一定的连续性。它的连续性与否受政权交替和当政者态度的影响,不仅在于本届政府的政策要有稳定性和连续性,而且在于它不受政府正常选举的影响,不会因为政府的正常更迭而改变政策的连续性。在国际投资中,政策连续性是投资者特别关注的问题,一国的政策连续性越大,说明该国的政治稳定性越高,对外国投资者越有吸引力。

通常政治的稳定性越高,政策的连续性就越强。但每个当政者的经验及判断力、管理能力不同,执政的原则不同,其对国际投资的政策必然会有所差异,不利于国际投资者的长期经营。有时即使政府是稳定的,一些利益集团为了维护本集团所代表的利益,往往会对政府的政策施加影响、压力,以促使政府调整政策,改变政策。频繁的政策调整使投资者难以形成合理的预期,企业的决策受到制约,不利于生产经营活动的正常进行。

(三)国际关系

前述两项是一国政治环境的内在因素,国际关系是政治环境的外在因素。它包括国家在全球政治经济中的地位及作用、多/双边外交关系、与投资国的关系、与主要贸易伙伴的关系等。一国政府的对外关系现状和发展前景,会影响外国投资者对该国政治环境的评价。一国对外关系良好,而且与越来越多的国家交往密切,则外国投资者对该国的政治环境评价就会比较高。

三、经济环境

经济环境是指东道国经济发展状况及趋势,经济体制及其运行,市场规模、潜力及开放程度,产业结构、就业结构、消费结构及其水平,经济发展政策和措施,资源和原材料的供应情况,工业配套水平,企业生产系统及其经营成本的水平,金融信贷制度及资本市场发达程度,财政税收制度,通货膨胀及汇率情况,国际收支状况,信息及社会服务水平等。国际直接投资的目的和动机,一般都是为了开拓市场、获得廉价生产要素、提高经济效益,而这些动机的实现,又直接受到东道国经济环境各因素的影响和制约。因此,国际投资者都十分关注东道国的经济环境。

经济环境因素是国际投资活动的众多影响因素中最直接、最基本的因素,也是国际投资决策中需要首先考虑的因素。经济环境主要表现在宏观经济环境、微观经济环境和经济政策三个方面,其中每个方面又包含很多具体的因素。

(一)宏观经济环境

宏观经济环境主要指东道国经济发展阶段和发展水平、经济制度与市场体系、收入水平、财政预算规模和财政收支平衡状况、贸易与国际收支状况等。

1. 经济发展阶段和发展水平

按照习惯的经济发展阶段划分方法,通常将世界各国划分为发达国家和发展中国家,发达国家包括工业化国家和高度工业化国家,发展中国家包括新兴工业化国家、发展中国家和最不发达国家。处于不同经济发展阶段的国家和地区,投资需求差异很大。在生产方面,发达国家侧重资本密集型或技术密集型项目,发展中国家偏重劳动密集型项目;在消费方面,发达国家强调产品款式、性能及特色,品质重于价格,而发展中国家强调功能及实用性,价格重于品质;在销售方面,发达国家习惯运用大量的广告等促销手段,而发展中国家在产品推广方面,经常受文化水平低和传播媒介少的限制。

2. 经济制度与市场体系

国际投资运行需要东道国有合理的经济制度和健全的市场体系作为保障,经济制度和市场体系是否完善合理,决定着跨国投资者获得经营资源的难易程度和经营利益的多少。任何正常的生产和运行都需要有一个完善和开放的市场环境。市场体系的完善,意味着各类主要市场如商品市场、金融市场、劳动力市场、技术市场、信息市场等已发育完全,并形成了一个有机联系的市场体系,同时,完善的市场体系意味着该体系内的每个市场都是规范的;市场的开放程度指一国允许外国投资者不受限制地进入本国市场的程度。对外国投资者来说,一国市场的完善和开放是一个关键的问题,完善和开放的市场是较好投资环境的重要内容,对外国投资者有较大的吸引力。

3. 收入水平

收入水平包括国民生产总值、国民收入、个人收入、个人可支配收入等指标,收入水平对投资规模、投资收益及投资的市场需求会产生很大的影响,是外国投资者不可忽视的因素。通常情况下,国民生产总值反映一国的整体经济实力与市场规模,国民收入反映一国的富裕程度,个人可支配收入反映居民的消费水平,收入水平高则资本周转率高,吸收投资的能力较大,投资收益也会比较高。

4. 财政预算规模和财政收支平衡状况

财政预算规模和财政收支平衡状况反映一国的货币地位(主要是通货膨胀状况、物价和汇率)、国际收支结构及平衡状况。

5. 贸易与国际收支状况

贸易状况指一国的进出口总额、进出口产品结构、进出口产品地区分布及对外贸易依存度等。如果东道国在既定的经济发展阶段中,采取进口替代和支持出口贸易战略,则会为改善优化出口商品结构的投资给予优惠。国际收支状况表明各国的经济往来情况,主要包括经常项目、资本项目和官方储备项目。投资者可以通过东道国的国际收支状况预测其潜在条件的变化。

通过宏观经济环境考察,可以衡量拟投资项目的生产规模、产品类型、技术水平、国内外市场前景、创汇能力、经济效益和社会效益等是否与东道国宏观经济水平相适应。

(二)微观经济环境

微观经济环境指拟投资项目在东道国所面临的具体条件,如投资产品生产所需的能源、水源、基础设施、原辅材料、劳动力等生产要素情况,产品销售市场,出口经营权和经营自主权等,这些因素都直接关系到投资项目能否如期建成投产、产品能否达到规定的质量和数量、产品销售以及预期效益能否顺利得以实现。在微观经济环境中,基础设施尤为重要,狭义的基础设施指公路、铁路、码头、机场等建筑设施,车、船、飞机、管理等运输设备,通信设备及公用事业和能源供应;广义的基础设施还包括金融保险机构、文化生活设施和其他服务设施。一国的基础设施优劣对投资项目有着制约作用,基础设施的完善程度会影响到投资项目的经济效益,良好的基础设施可以使投资者达到降低投资成本、提高效益的目的。

(三)经济政策

一国的经济政策对国际投资有着重大影响,内容如下。

1. 外资政策

外资政策主要包括东道国对外国投资有关资本抽回、外商股权比例、投资领域、投资方式、经营管理方面有无限制性规定,有无国有化风险等。一国的外资政策直接影响到国际投资的可能性、收益率、持续性等多个侧面。

2. 工业化政策

一国对外国投资开放或限制的行业与产品政策,直接关系到跨国投资者投资产业项目的制定和提出。各国为增加国民就业机会,提高国民所得,都会积极谋求保护及扶持本国工业发展的政策。一国的工业化政策对国际投资的重要性是不可忽视的。对于跨国投资者来说,除了应了解东道国现有的政策规定外,还应研究其工业化政策的未来变动趋势,以制定自身的投资策略。工业化政策又称产业政策。

3. 贸易政策

各国为提高本国产品的国际竞争力和扩大国内就业,大多采用鼓励出口的贸易政策,但贸易保护主义给国际贸易造成了巨大障碍,这就为国际投资带来了动力和机会,在很多情况下,通过跨国投资方式与东道国合作生产,可以绕过一些贸易壁垒。

4. 地区开发政策

由于经济发展不平衡,各国都会存在地区差异,因此在发展本国经济时,各国政府都会以一些特殊的优惠政策扶持落后地区,如长期资金融通、劳动力流动、折旧、税收优惠等政策。跨国投资者可以利用东道国不同时期、不同地区的优惠政策进行投资。

5. 外汇管理政策

国际投资收益大都以东道国货币形式表现,因而东道国的外汇管理政策对投资者的收益有着决定性的影响,但各国在外汇管理上宽严差别很大,跨国投资者应重点了解其外资管理、货币兑换(是否自由)、外汇汇出与管理(有无限制)等方面的政策,以保障投资资金的自由进出。

6. 金融政策

在市场经济条件下,东道国的金融政策对跨国投资者的经营具有十分重要的作用。跨国投资者在东道国投资经营,面临复杂和竞争激烈的国内、国际两个市场,在产、供、销各个环节上都离不开东道国金融政策的支持,需要东道国金融机构及时提供国际资金融通、国际信贷、国际结算和不可缺少的各种金融服务。

四、法律环境

由于国际投资是一种长期活动,所以投资者对东道国的法律保障程度要十分关注。法律环境指东道国有关投资方面的,特别是为调整投资关系而制定并实施的各项与国际直接投资相关的法律、法规、条例以及有关政策和措施等。东道国的法律环境是跨国投资者合法权益能否获得有效保障的根本依据,直接关系到国际投资的安全性,在国际投资环境中处于至关重要的地位。正常情况下,世界各国都是在维护国家主权和利益的前提下,制定吸收和利用外资的各项法律法规,但就具体而言,由于各国的政治制度、经济体制、经济基础、社会发展、历史地理、教育文化水平不同,采取的经济发展战略、产业和技术政策也有所不同,所以在外资立法上就会存在着一些差异。跨国投资者在对东道国投资时,不仅需要以东道国关于外资的法律法规以及各种优惠办法为依据,而且必须注意东道国国内经济方面的所有法律法规,如公司法、票据法、海商法、保险法、外汇法、外贸法、税法、技术转让法、专利法、劳动法、工资法等。

法律环境在范围上,它既包括东道国国内的法治建设问题,也涉及国际法规问题。在内容上,首先,它要充分体现东道国的外资政策,诸如对外商投资的范围、投资经营的期限、持股比例等实行的政策,以及对土地租用、税收、产品销售、资本和利润汇出或再投资等的规定;其次,要明确对外资的管理程序,主要包括对外商投资的管理体制、机构设置和审批程序等。所有这些,对于外商的投资和经营活动能否顺利进行,能否达到预期的获利目标,具有至关重要的意义,因而是构成投资环境的一个必要因素。此外,还有一个法律保护问题,其中主要涉及三方面的问题:一是给投资者以某种权利、国民待遇、最惠国待遇等;二是外资企业等被国有化或征收的合理与适当补偿;三是对外国投资遭到的损失以何种手段加以解决,以及如何处理投资争议。显然,国际法律保护环境的优劣,对于能否有效吸引外商投资具有重要作用。

判断东道国法律环境优劣可从以下几方面进行分析。

(一)法律完备性

法律完备性,即东道国关于保护外国投资权益方面立法的完备程度,凡涉及外资活动的各个方面,在法律上都应有明确详细的规定。主要体现在法律体系是否完善,以及各项法规是否具有完备性和稳定性。与国际直接投资相关的法规一般包括《外商投资法》《劳工权利保护法》《反托拉斯法》《海关法》等。这些法律从不同方面对外国投资的市场准入、经营等做了规定。投资者要详细了解东道国对外商投资的有关法律文件,以便能在东道国法律允许的范围内从事国际投资活动。

(二)法律稳定性

法律稳定性是指东道国关于外资的立法是否具有长期稳定性和连续性,是不是经常变动或朝令夕改。东道国如果在法律上经常变化,会导致投资者无法正常经营或得不到正常的利益,投资无法进行下去。虽然法律应该随客观情况的变化而相应进行修改,但至少在一段时间内应该保持稳定。对国际直接投资而言,法律的稳定性特别重要,因为直接投资是一种长期的经济活动,要在比较长的时间内持续获取收益,如果一个国家的法律经常变化,必然会增加投资风险,从而会使投资者望而却步。

(三)法律仲裁的公正性

法律仲裁的公正性,即法律实施过程中能公正地、无歧视性地以统一标准对待每一个诉讼主体。国际投资者从事国际投资活动时,可能会与东道国政府机构和东道国企业发生纠纷,东道国的法律是否规定有必要的调解、仲裁或法律解决的步骤和程序,在解决争端过程中,投资者是否可以选择投资国法律,或选择第三国法律作为解决依据,使争端能够获得公正合理的解决。只有在一个公正对待外国投资者的法治社会里,其利益才有可能得到法律保障。由于世界大部分国家都已是WTO成员,因此在WTO框架下,很多投资争端已经有了统一解决办法。而在一些发展中国家,法律虽然制定得比较规范,但是执行起来却很随意,并存在严重的司法腐败,对习惯按照法律办事的外资企业极为不利,从而阻碍了外资的进入。

此外,还要了解以下两方面内容。

(1)东道国与投资国政府是否签订双边经济协定或条约,尤其是双边投资保障协定或双边投资条约。关于保护国际投资的双边条约主要有两类:一类是美国型的《友好、通商、航海条约》,由于其重点不是保护国际投资,也就没有规定有关保护外资的具体措施。另一类是双边投资协定。这是调整国与国之间的投资关系的主要依据。在各国签订的各种双边投资协定中,大多数国家间签订的都属于德国式的相互鼓励和保护投资的双边协定。这类协定具体详尽地规定了关于鼓励和保护外国投资的各项措施,对于改善缔约国之间的投资环境,增强投资者的信心,有着重大的促进作用。

(2)东道国与重要国际组织、条约或协议的关系。在世界银行体系范围内,有两个保护国际投资的公约真正得到了广泛承认并已经生效,它们是《关于解决国家与其他国家国民之间投资争议公约》和《创设多国投资担保机构公约》。这种关系在一定程度上表明了东道国在国际经济活动中的地位和对一些通行的国际法律和国际惯例的态度。另外,各个国际经济一体化组织在促进区域内贸易发展的同时,往往都签订有投资促进方面的协议。

五、社会文化环境

社会文化环境是指东道国(地区)影响和制约国际直接投资和经营活动的各种社会文化因素的总称。社会文化环境的内容比较广泛,主要包括社会状况与文化、社会服务因素,这些因素对跨国投资者有着重要的影响。它是东道国(地区)投资软环境中的重要组成因素,也是投资环境整体中不可或缺的内容。对于外来投资者的行为和生产经营管理活动的顺利进行具有不可忽视的意义,因而,如何不断改进社会文化环境,是很多国家尤其是发展中国家亟待解决的一个基本问题。

(一)社会状况

社会状况包括社会治安状况、社会秩序状况、社会对外开放程度和社会对外交往程度,以及社会对外活动中的国际信誉等,这些条件都处于良好状态,能够增强跨国投资者的信任感和积极性。

(二)社会文化

社会文化包括语言、教育、宗教信仰、社会习俗、家庭消费和国民情感等,这些因素与跨国投资的关系十分密切。世界各国都有其自身特色的文化、社会背景及教育水平,而且国与国之间差别甚大,甚至一国之间也会因地而异。这些差异必然影响东道国消费者的生活方式、消费倾向、购买态度、购物种类等,而消费者偏好的形式与色彩、流通路径、易接受的宣传方式及语言,乃至生产、研究、发展、人事、财务、计划、组织、用人、指导、控制等机能也无一不是一国特异文化的产物,因此,国际投资必然受到社会文化环境的潜在制约。此外,一国的社会心理、传统习惯及国民情感也都是跨国投资者应考虑的社会文化因素。国民情感是一种经常的普遍存在的情绪,特别是一国国民对外开放友好、协作的积极情绪,对外国投资及其产品的推广有着深刻的影响,因此,跨国投资者都应予以重视。

(三)社会服务

社会服务主要是指东道国在对外国投资项目的可行性研究论证,审批投资计划,颁发营业执照、批准出口许可,协调各方面关系的工作态度,它体现着东道国政府的工作效率和服务质量,是否能吸引外国投资者的重要因素。在现代经济活动中,信息服务具有十分重要的地位和作用,跨国投资者到东道国进行投资,迫切需要获得有关东道国的政治、经济、社会、法律、文化等方面的信息,东道国的信息服务机构是否能够及时、迅速、准确地提供信息和质量优良的咨询服务,是影响跨国投资者投资积极性的重要因素。

六、服务环境

服务环境指东道国基础设施和公共服务等方面所具有的基本条件。服务环境是外国投资者直接面临的投资环境,其质量的优劣,直接影响到外国投资运行的效率和质量。

(一)基础设施

基础设施是投资和生产经营活动得以正常进行所需要的基本条件。基础设施对外资企业投资和生产活动的约束是刚性的,是所谓的硬环境。基础设施主要包括能源供应条件、交通运输条件、市政设施条件、公用事业设施条件和防灾减灾条件等。基础设施的完善程度影响着国际投资的效益。不同的投资方式对基础设施的需求程度是不同的。外国投资者应当研究东道国的基础设施能否保证其投资和生产活动的顺利进行。为扩大外资流入规模,东道国政府应当制定超前发展本国基础设施的长远规划,亦可制定特别的优惠政策,鼓励外资企业对本国的基础设施进行投资。

(二)公共服务

与基础设施相比,公共服务是一种软环境,但也会对外资企业的投资和生产活动产生较大的影响。公共服务包括行政服务、金融服务、信息服务、生活服务等方面。在行政服务方面,如外商投资的审批、各种优惠措施的制定和实施效率、公正程度以及政府机构办事的透明度等都会对外国投资者的投资和生产活动产生影响。为了降低风险,外资企业所需的相当一部分资金是在东道国金融市场筹集的。为了更有效地利用外资,东道国需要相应建立一套完善的金融服务体系,并且该体系应该是开放的,以为外商提供较多进入东道国金融市场的机会。信息的充裕程度、准确程度以及传递的便利和快捷程度对社会经济活动产生了极为重大的影响。为了制定切实可行的投资和经营决策,外国投资者必须获得东道国大量的信息,其信息来源既可能是当地政府机构,也可能是当地有关的咨询机构和科研单位,还可能是其自身的有关部门直接获得的第一手资料。生活服务水平也是一国投资环境的重要组成部分。外国投资者及其有关人员远涉重洋,身处异国他乡,对东道国的生活环境和生活习惯难免有不适应之处,进而会影响其投资活动。东道国政府应创造条件,有针对性地提高和改善投资者的生活服务设施。

第三节　国际直接投资环境评估方法

国际直接投资环境评价是一项复杂的、涉及面十分广泛的工作。要全面评价东道国的投资环境,不仅要考虑经济因素、经营条件,还要认真研究政治、法律、自然资源等诸方面的因素。为了保证评价结果的科学性和真实性,首先是要确定一个正确的评价原则,然后再采取适当的评价形式和评价方法。

一、国际直接投资环境的评价原则

(一)坚持从投资者要求出发的原则

国际投资活动涉及投资国与东道国(地区)双方的切身利益。作为国际直接投资载体的投资环境,对于投资国与东道国来说显然有不同的侧重点。而以投资者的要求为出发点应该作为投资环境评价的首要原则。

1. 投资者对投资东道国的抉择是利润最大化

投资者从事跨国投资都有自己的动机,而且投资者的投资动机多种多样,其基本的和最终的动机却是谋求资本的增值或利润的增加。为便于国际投资活动的顺利开展,东道国(地区)的投资环境对投资者必须有相当的吸引力。因而,在国际投资活动中,投资者是主体,他们凭借占有资本的主动地位,选择具有最佳投资环境的东道国(地区),进而做出投资决策;而东道国(地区)则是客体,他们往往只是依靠自身已有的和逐步改善的投资环境,相对被动地吸引外国直接投资,听任外国投资者的挑选。可见,只有投资者才拥有抉择投资对象国(地区)的权利。

2. 东道国改善投资环境的目标是吸引外资

东道国,尤其是发展中的东道国是为了解决本国的资金短缺、技术低下、管理落后等问题,促进国民经济的发展,而积极吸引外商来投资办企业的。而在目前国际资金市场处于需求大于供给的严重不平衡情况下,众多国家争相通过改善投资环境来提高对外商投资的吸引力。很多极力谋求经济振兴的发展中国家,除加紧推行政治民主化、经济私有化和市场化之外,还纷纷制定和颁布《外国投资法》及类似的法律法规,制定投资导向的产业政策,大力加强基础设施建设,简化投资的申请和审批手段,拓展对外开放的广度和深度,乃至积极兴办实行特殊开放政策和灵活措施的各种经济自由区等。所以说,东道国致力改善投资环境的目的,也是为了富有成效地引进外国的直接投资。

3. 国际直接投资环境评价组织机构的评价结果应有科学性

东道国的投资环境的好坏,既可以由东道国进行介绍,也可以由投资者直接考察,但更多的是由投资者聘请或委托有关人员或专门机构,对东道国的投资环境进行评估。这种评价组织得出的评价结果越是客观、公正、科学和真实,对投资者进行正确的投资决策就更有利。

(二)坚持从实际出发、实事求是的原则

只要坚持从实际出发、实事求是的原则,无论采取怎样的评价形式和评价方法都可以取得客观、真实和科学的评价结果,并引导投资者做出正确和成功的投资决策;反之,将会

得出虚假甚至谬误的评价结果,从而导致投资决策的失误,或丧失投资的良机。为此,应避免以下两点。

1. 在对政治环境进行评价时要消除社会制度的偏见

投资国与东道国有可能实行不同的社会制度。社会制度会影响国际直接投资活动的顺利进行。因为涉及国际直接投资的关键性政治因素,是一个健全政治体制下的政治稳定性和政策连续性,而不是政治制度。

2. 在对东道国投资环境进行评价时要消除片面性

一些发达国家的咨询机构和国际性刊物,根据其收集和处理信息的强大能力,定期(一般为一年)公布世界各国风险排名或政局和政策稳定性评分,但这只是对某一因素的评价,必然具有一定的片面性,不能作为最终评价结果。东道国投资环境是一个有机的系统,必须对所有环境因素进行客观、科学、全面的评价,才能避免评价的片面性。

(三)坚持保证全面、突出重点的原则

在对东道国投资环境评价时,只有对所有因素进行全面的科学的评价,才能避免评价中的顾此失彼,导致评价结论的偏颇。但是在评价投资环境中还必须突出和明确重点因素,才能适应不同投资者的需要。不同的投资行业和项目,其所侧重的投资环境因素也不同。对投资于种植业的投资者,要突出评价东道国的自然地理因素,尤其是其中的土质、气候等因素;对于投资于采掘业的投资者,也要突出评价东道国的自然地理因素,特别是其中的矿产资源的储量、品位等因素;对于投资于劳动密集型加工产业的投资者,应重点评价东道国的社会文化因素,特别是其中的劳动力数量、工资水平等因素以及原材料、零配件的供应情况;对投资于知识和技术密集型产业的投资者,则应重点评价东道国的社会文化因素中的高等院校、科研机构数和工程技术人员的素质以及其他生产要素的质量等因素;等等。只有突出评价中的重点,才能实现投资环境评估与项目的可行性研究的有机结合,保证投资决策的正确,并达到投资的预期效果。全面评价是重点评价的前提和基础,而重点评价则是全面评价必不可少的重要补充。

(四)兼顾投资国和东道国双方比较优势的原则

国际直接投资活动,涉及投资国(投资者)和东道国(地区)两个方面。因而,在评价东道国的投资环境时,不仅要考察东道国的投资环境,也不能忽略投资国的有关情况。因为,投资双方都存在着某些可以互补的优势因素。例如,随着科技革命的迅猛发展,工业发达国家为谋求产业的高级化,加速了产业结构的调整步伐,因而具有向国外转移传统加工产业的投资优势,工业欠发达的东道国则往往具有劳动力优势以及提供原材料、配套零部件的优势;某些投资者具有开采矿产及其加工的优势,而有的东道国(地区)则可能拥有矿产资源的优势;有的投资者拥有商品市场的开拓优势,而某些东道国可能占有人口众多、市场规模大、市场开发度高的优势;等等。这种情况,就要求在进行投资环境评价时,切实做到兼顾双方的比较优势,以形成有利于实现优势互补的组合的评估结果,为投资的正确决策提供可靠的依据。

二、国际投资环境评价方法

对国际投资环境各构成要素进行的分析，从各个侧面反映了一国的投资环境，但难以从总体上把握，因此还须从总体上对一国的投资环境做出评价和分析，以便于投资者制定特定的投资战略，选择投资国别和行业，以及投资方式。要全面评价一国的投资环境，不仅要对东道国环境和整个国际环境做出评价，还要考虑不同行业、项目和企业的特殊要求，做到定性和定量相结合，既要区分投资环境的优劣，又要从国际环境因素的不同类别和层次具体衡量其优劣的程度大小。

从20世纪60年代以来，随着国际直接投资在世界范围内的迅速发展，形成了多种有关国际投资环境的评价方法，常用的国际投资整体评价方法如下。

（一）多因素评分分析法

1. 罗氏多因素评分分析法

罗氏多因素评分分析法，又称为等级尺度评价法，是由美国经济学家罗伯特·斯托伯在1969年发表的《如何分析国外投资环境》的论文中提出的。该分析法的特点是从东道国对外商投资的限制和鼓励政策对投资者造成的影响的角度，把东道国的投资环境划分为八大因素，按照每一因素以及因素对投资者重要性的大小，确定不同的评分标准，再按各种因素对投资者的厉害程度，确定具体的评分等级，然后将分数加总，作为对该国投资环境的总体评价。总分的高低反映其投资环境的优劣程度，便于在各国间进行投资环境的综合比较。其评价标准的具体内容见表7－1。

表7－1　罗氏多因素评分分析法

	投资环境因素	评分
一	资本抽回（capital repatriation）	0～12分
	1. 无限制	12
	2. 有时间上的限制	8
	3. 对资本有限制	6
	4. 对资本和红利都有限制	4
	5. 限制繁多	2
	6. 禁止资本抽回	0
二	外商股权（foreign ownership allowed）	0～12分
	1. 准许并欢迎全部外资股权	12
	2. 准许全部外资股权但不欢迎	10
	3. 准许外资占大部股权	8
	4. 外资最多不得超过股权半数	6
	5. 只准外资占小部分股权	4
	6. 外资不得超过股权的三成	2
	7. 不准外商控制任何股权	0

表 7－1(续 1)

	投资环境因素	评分
三	对外商的歧视和管理程度(discrimination and controls)	0～12 分
	1. 外商与本国企业一视同仁	12
	2. 对外商略有限制但无管制	10
	3. 对外商有少许管制	8
	4. 对外商有限制并有管制	6
	5. 对外商有限制并严加管制	4
	6. 对外商严加限制并严加管制	2
	7. 对外商禁止投资	0
四	货币稳定性(currency stability)	4～20 分
	1. 完全自由兑换	20
	2. 黑市与官价差距小于 10%	18
	3. 黑市与官价差距在 10% ～40%	14
	4. 黑市与官价差距在 40% ～100%	8
	5. 黑市与官价差距在 100% 以上	4
五	政治稳定性(political stability)	0～12 分
	1. 长期稳定	12
	2. 稳定但因人而治	10
	3. 内部分裂但政府掌权	8
	4. 国内外有强大的反对力量	4
	5. 有政变和动荡的可能	2
	6. 不稳定,政变和动荡极可能	0
六	给予关税保护的意愿(willingness to grant tariff protection)	2～8 分
	1. 给予充分保护	8
	2. 给予相当保护但以新工业为主	6
	3. 给予少许保护但以新工业为主	4
	4. 很少或不予保护	2
七	当地资金的可供程度(availability of local capital)	0～10 分
	1. 成熟的资本市场,有公开的证券交易所	10
	2. 少许当地资本,有投机性的证券交易所	8
	3. 当地资本有限,外来资本(世界银行贷款等)不多	6
	4. 短期资本极其有限	4
	5. 资本管制很严	2
	6. 高度的资本外流	0

表 7-1(续 2)

	投资环境因素	评分
八	近 5 年的通货膨胀率(annual inflation)	2~14 分
	1. 小于 1%	14
	2. 1% ~3%	12
	3. 3% ~7%	10
	4. 7% ~10%	8
	5. 10% ~15%	6
	6. 15% ~35%	4
	7. 35% 以上	2
	总计	8~100 分

表中的八大因素中,每个因素又包括若干个子因素,并标有相应的分数。这些因素都是对投资环境有直接影响的且投资者最为关心的因素。投资者可以根据在东道国投资的实际有利程度进行评分,以确定投资环境的优劣。例如,在第三大因素即对外商的管理程度中,如果东道国将外商与本国企业一视同仁,即对外商不存在歧视,则可得最高分 12 分。

运用罗氏多因素评分分析法对国际投资环境进行评价,优点在于能清楚地了解需要从哪些方面研究国际投资环境,同时这些因素的评分标准非常具体,评价所需的资料既易于取得,又易于比较。这种方法具有定性分析和对作用、程度不同因素的逐项分析,最后又采用简单累加计分的方法,使定性分析既有了一定的数量化内容,同时又不需要高深的统计学技术,一般的投资者都可以使用,因此深受投资者欢迎。其主要缺陷是,其所选择的影响投资环境的因素不够全面,主要侧重考虑外国投资者在投资时与投资相关的影响因素,而对外部因素,如自然资源状况、基础设施和税收问题等均未考虑,另外在对有些因素的评分标准上也带有一定的主观性。例如,一国的政治稳定性环境是至关重要的因素,但该项仅被给予了 12 分,而外汇黑市与官价差距小于 10% 的却给予了 18 分的权重。在实际运用中,可根据东道国经济发展状况和投资者自身的具体情况,增减表中所列的影响投资的因素。同时,应随时调整各项因素,而且应注意此结论只是一般性的投资评价,还应参照其他标准评分。

2. 闵氏多因素评分分析法

闵氏多因素评分分析法是由香港中文大学闵建蜀教授于 1987 年在"中国投资环境比较研究"研讨会上提出的。他在罗氏法的基础上提出了新的多因素评分分析法。其基本内容见表 7-2。

表 7-2　闵氏多因素评分分析法

影响因素	子因素
一、政治环境	政治稳定性,国有化可能性,当地政府外资政策
二、经济环境	经济增长速度,物价水平
三、财务环境	资本和利润汇出,汇率,集资和借款的可能性
四、市场环境	市场规模,分销网点,营销辅助机构,地理位置

表7－2(续)

影响因素	子因素
五、基础设施	国际通信设备,交通与运输,外部经济
六、技术条件	科技水平,合适的劳动力,专业人才的供应
七、辅助工业	辅助工业的发展水平,辅助工业的配套情况
八、法律制度	各项法律是否健全,是否得到很好的执行
九、政府机构	政府机构的设置,办事效率,工作人员的素质
十、文化环境	当地社会是否接纳外资公司,对其信任和合作程度,外资公司是否适应当地社会风俗
十一、竞争环境	当地竞争对手的强弱,同类产品进口额在当地市场所占的份额

具体评估方法:首先对影响因素的各子因素做出综合评价,然后对该类因素提出优、良、中、可、差的评价,最后计算该东道国投资环境的总分数。其计算公式为

$$\text{投资环境总分数} = \sum W_i(5a_i + 4b_i + 3c_i + 2d_i + e_i)$$

式中　W_i——第 i 类因素的权数;

a_i、b_i、c_i、d_i、e_i——第 i 类因素被评为优、良、中、可、差的百分比。

投资环境总分数的取值在11 ~ 55,越接近55,表明投资环境越佳;越接近11,则表明投资环境越差。

(二)投资障碍分析法

投资障碍分析法,顾名思义,是依据潜在地阻碍国际投资运行因素的多寡与程度来评价投资环境优劣的一种方法。这是一种简单易行、以定性分析为主的投资环境评估方法。具体做法是列出国际投资环境中阻碍投资的主要因素,并在所有潜在的东道国中进行对照比较,以投资环境中障碍因素的多寡来断定其坏与好。阻碍国际投资顺利进行的障碍因素主要包括以下10类。

(1)政治障碍。东道国政治制度与母国不同;政治动荡,包括政治选举变动、国内骚乱、内战、民族纠纷等。

(2)经济障碍。经济停滞或增长缓慢;国际收支赤字增大、外汇短缺;劳动力成本高;通货膨胀和货币贬值;基础设施不良;原材料等基础产业薄弱。

(3)资金融通障碍。资本数量有限;没有完善的资本市场;融通的限制较多。

(4)技术人员和熟练工人短缺。

(5)实施国有化政策与没收政策。

(6)对外国投资者实施歧视性政策。禁止外资进入某些产业;对当地的股权比例要求过高;要求由当地人参与企业管理;要求雇用当地人员,限制外国雇员的数量。

(7)东道国政府对企业干预过多。实行物价管制制度;规定使用本地原材料的比例;国有企业参与竞争。

(8)普遍实行进口限制。限制工业品和生产资料的进口。

(9)法律、行政体制不完善。包括外国投资法规在内的国内法规不健全;缺乏完善的仲裁制度;行政效率低;贪污受贿行为严重。

(10)法律和行政体制不完善。外国投资法律不健全,国内法律不健全,没有完善的仲裁制度,行政效率低下,贪污受贿行为普遍。

投资障碍分析法是一种宏观层次上的定性分析,它使投资者可以根据阻碍因素对投资环境做出一般性评价。投资障碍分析法的优点在于能够迅速、便捷地对投资环境做出判断,并减少评估过程中的工作量和费用,但由于该方法所评价的内容只限于不利于投资的方面,没有考虑到有利的或优惠的政策因素。实际操作过程中应该充分考虑东道国的有利因素,特别是东道国政府提供的优惠政策,因为这些有利因素可能抵消其他不利因素。

(三)冷热国对比分析法

1968年,美国学者伊西阿·利特法克和彼得·班廷根据他们对20世纪60年代后半期美国、加拿大、南非等国大量工商界人士进行的调查资料,发表了《国际商业安排的概念构架》一文,提出通过七种因素对各国投资环境进行综合、统一尺度的比较分析,即投资环境冷热国对比分析法(也称冷热比较分析法),该方法别出心裁地以热冷表示投资环境的优劣,并归纳出了东道国投资环境"热冷"优劣的七大因素(表7-3)。

表7-3 冷热国对比分析法

影响因素	冷	热
政治的稳定性	不稳定	稳定
市场机会	机会小	机会大
经济发展和成就	发展速度慢、水平低	发展速度快、水平高
文化的一元化	文化多元化	文化多元化
法律状况	法律复杂多变	法律稳定
地理及文化差距	文化差异大	文化差异小
实质障碍	自然环境差	自然环境好

1. 政治的稳定性

政治的稳定性是指东道国有一个受到广大群众所拥护的政府,国内政治形势稳定。政府致力于发展经济,鼓励企业发展,营造出适合企业长期经营的环境。当一国政治稳定性高时为"热"因素,政治稳定性低时为"冷"因素。

2. 市场机会

如果市场对外国投资生产的产品或提供的劳务在东道国市场的有效需求没有得到满足,则表明东道国市场机会较大,为"热"因素;反之,需求不足表示市场机会较小,为"冷"因素。

3. 经济发展和成就

东道国经济发展速度快,国民经济运行状况良好,经济成就大,为"热"因素;反之,即为"冷"因素。如我国目前所处阶段,经济快速增长,国民收入提高较快,则我国属于投资的"热"国。

4. 文化的一元化

东道国国内各民族、各阶层民众的道德观、人生观和奋斗目标等都受到传统文化的影响，他们的文化越接近于一致，文化的一元化程度就越高。单一民族国家的文化往往一元化程度较高，如日本、韩国等。多民族国家和移民国家文化的一元化程度相对偏低。文化的一元化程度高为“热”因素，相反为“冷”因素。

5. 法律状况

虽然当前世界各国都在努力吸收外资，特别是一些发展中国家，为外资提供了很多优惠待遇，但是在东道国的法律体系中，仍然有些法律会对外国企业经营起着限制和阻碍的作用，特别是在市场准入、就业等方面会有一些限制措施。若法令对外国企业经营的阻碍大，为“冷”因素；阻碍小，为“热”因素。

6. 地理及文化差距

地理及文化差距指投资国与东道国之间的距离遥远，文化各异，社会观念、风俗习惯和语言上的差别妨碍了两国的思想交流。地理上临近的国家之间，文化传统可能比较接近，而地理上相距比较远的国家之间的文化差异可能比较大。如果地理文化差距大，为“冷”因素；地理文化差距小，则为“热”因素。

7. 实质障碍

实质障碍即自然环境阻碍，是指东道国的自然条件，如地理位置、地形地貌、气候条件等，它们往往会对这个国家的经济结构、产业布局等造成限制和束缚，进而会影响和阻碍企业的有效经营。因此，如果东道国的实质障碍高，则为“冷”因素；相反，则为“热”因素。

综合以上七种因素，可评价出东道国的投资环境属于“热”因素还是“冷”因素，东道国的投资环境越“热”，外国投资者就越倾向于选择到该国投资。

利特法克和班廷从美国投资者的立场出发，用美国投资者的观念对加拿大、英国等10个国家的投资环境进行了冷热比较分析，建立了直观形式的冷热比较表（表7-4）。该表所列的加拿大、英国、德国、日本、希腊、西班牙、巴西、南非、印度、埃及等国的顺序反映了这10个国家的投资环境在美国投资者心目中的由“热”至“冷”的顺序。

表7-4 美国投资者观念中的10国投资环境的冷热比较表

<table>
<tr><th colspan="2">国别</th><th>政治的稳定性</th><th>市场机会</th><th>经济发展和成就</th><th>文化的一元化</th><th>法律状况</th><th>地理及文化差距</th><th>实质障碍</th></tr>
<tr><td rowspan="2">加拿大</td><td>热</td><td>大</td><td>大</td><td>大</td><td rowspan="2">中</td><td>小</td><td>小</td><td rowspan="2">中</td></tr>
<tr><td>冷</td><td></td><td></td><td></td><td></td><td></td></tr>
<tr><td rowspan="2">英国</td><td>热</td><td>大</td><td rowspan="2">中</td><td rowspan="2">中</td><td>大</td><td>小</td><td>小</td><td>小</td></tr>
<tr><td>冷</td><td></td><td></td><td></td><td></td><td></td></tr>
<tr><td rowspan="2">德国</td><td>热</td><td>大</td><td>大</td><td>大</td><td>大</td><td rowspan="2">中</td><td rowspan="2">中</td><td>小</td></tr>
<tr><td>冷</td><td></td><td></td><td></td><td></td><td></td></tr>
<tr><td rowspan="2">日本</td><td>热</td><td>大</td><td>大</td><td>大</td><td>大</td><td></td><td></td><td rowspan="2">中</td></tr>
<tr><td>冷</td><td></td><td></td><td></td><td></td><td>大</td><td>大</td></tr>
</table>

表 7－4(续)

国别		政治的稳定性	市场机会	经济发展和成就	文化的一元化	法律状况	地理及文化差距	实质障碍
希腊	热					小		
			中	中	中			
	冷	小					大	大
西班牙	热							
			中	中	中	中		
	冷	小					大	大
巴西	热							
			中		中			
	冷	小		小		大	大	大
南非	热							
			中	中		中		
	冷	小			小		大	大
印度	热							
		中	中		中			
	冷			小		大	大	大
埃及	热							
					中			
	冷	小	小	小		大	大	大

冷热国对比分析法是一种最早提出的较为系统的投资环境评价及分析的方法和结论，为投资者制定投资战略、选择东道国提供了重要的依据。但冷热国对比分析法比较侧重对东道国宏观因素的考察，而缺乏对一些微观因素，如东道国的基础设施、资金情况、劳动力的技术水平和稳定性、价格等因素的评估与分析，而且采用该法，不同的投资者会得出不同的结论。例如，美国投资者对印度的评价与我国投资者对印度的评价大相径庭。

(四)美国道氏化学公司评估法

美国道氏化学公司评估法也叫投资环境动态分析法，它从动态的发展变化的角度来考察、分析和评价东道国的投资环境。其核心在于把投资环境视为一个动态系统，原因是投资环境不仅因国别不同而异，即使在同一个国家、同一个地区也因不同时期而变化。因此，在评价投资环境时，对某个国家或地区不仅要看过去和现在，而且还要评估今后可能发生的变化。

该评估法认为，跨国公司在东道国投资所面临的风险主要有两类：一类是正常企业风险，亦称竞争风险，即跨国公司投资和生产经营过程中所遇到的正常风险。如竞争对手可能生产出性能更优越或价格更低廉的产品。这类风险存在于正常稳定的社会经济环境中，是市场经济运行的必然结果。另一类是环境风险，即某些可以使企业投资和生产经营环境发生变化的政治、经济和社会因素等。

美国道氏化学公司评估法基于上述的两类风险将影响投资环境的诸多因素划分为两类：一类是东道国企业从事生产经营的业务条件。例如，实际经济增长率；能否获得当地的资产；是否实行价格控制；基础设施是否完备；利润汇出的规定；利润再投资的规定；劳动力的技术水平；劳动力的稳定性；对外国人的态度等，共有40项。另一类是可能引起东道国企业从事生产经营业务条件变化的主要压力。例如，国际收支结构与发展变化趋势；受外界冲击时易受损害的程度；经济实际增长速度与预测速度的比较；舆论、领导观点的变化趋势；国家最高领导层的稳定性；与邻国的关系；恐怖主义骚乱的程度和可能性；经济和社会进步的平衡；人口结构和人口规模发展趋势；对外国人和外国投资者的态度等，也有40项。

（五）关键因素评估法

香港中文大学闵建蜀教授还提出了一种投资环境评估法，即关键因素评估法。其基本内容见表7－5。

表7－5　关键因素评估法

投资动机	(1)适合当地工资水平的劳动生产率；(2)土地费用；(3)原材料与元件价格；(4)运输成本
发展当地市场	(1)市场规模；(2)营销辅助机构；(3)文化环境；(4)地理位置；(5)运输条件；(6)通信条件
材料和元件供应	(1)资源；(2)当地货币汇率的变化；(3)当地的通货膨胀率；(4)运输条件
风险分散	(1)政治稳定性；(2)国有化可能性；(3)货币汇率；(4)通货膨胀率
追随竞争者	(1)市场规模；(2)地理位置；(3)营销的辅助机构；(4)法律制度等
获得当地生产和管理技术	(1)科技发展水平；(2)劳动生产率

闵建蜀的两种投资环境评估方法各有其特点。闵氏多因素评分分析法侧重于对东道国的投资环境做一般性的评估，很少考虑具体项目的投资动机。而关键因素评估法则是从具体投资项目的动机出发，从影响投资环境的众多因素中选出影响实现具体投资项目动机的关键因素，对某国投资环境进行评价。

（六）抽样评估法

抽样评估法是指由政府和研究机构对东道国的外资企业进行抽样调查，进而考察东道国投资环境的一种评估方法。东道国政府常常采用这种方法来了解本国投资环境对外资的吸引力，以便及时调整吸引外资的法规和政策。投资国的投资者常常采用这种方法考察东道国的投资环境以及制定灵活的投资策略。

抽样评估法的具体操作程序如下。

(1)选择或随机抽取不同类型的外资企业。

(2)列出投资环境评估要素。

(3)由所选择的外资企业的高级管理人员对东道国的投资环境要素进行评估。

(4)由投资环境评估活动的组织者进行汇总，并得出投资环境评估结论。

抽样评估法由已在东道国投资的企业从实际经营中得出的评价，其评估信息具有可信度，对投资者具有重要的参考价值。但是这种评估法只能对评估要素进行概略的评估，并且带有很大的主观性。所以,其评估结果只具有一定的参考性,而不能对具体的投资决策起到决定性的作用。

抽样评估法的最大优点是能使调查人员得到第一手的信息资料,它的结论对潜在的投资者的投资决策具有直接的参考价值。但是,评估项目的因素往往不可能列举出很多,因而可能不够全面。此外,评估结果常常带有人为的主观色彩。

目前通行的投资环境评价分析方法很多,除上述分析法外,还有加权等级评分法,由美国学者威廉·戴姆赞于1972年提出,该方法首先对各环境因素的重要性进行排列,并给出相应的重要性权数,然后根据各环境因素对投资产生不利影响或有利影响的程度进行等级评分,每个因素的评分范围都是0(完全不利的影响)~100(完全有利的影响),最后将各环境因素的实际得分乘上相应的权数并进行加总,最后按总分排高低。

思考与练习

1. 什么是投资环境?投资环境的分类有哪些?
2. 影响国际投资宏观环境的因素具体包括哪些内容?
3. 什么是投资障碍分析法?举例说明。

【案例】

新加坡的投资环境

作为亚洲"四小龙"之一的新加坡,在短短的30多年间创造了举世瞩目的经济奇迹。除了天然的深水港和优越的地理位置之外,新加坡自然资源极其缺乏,某种程度上讲并不具备发展经济的必要条件。然而从20世纪60年代中期经济腾飞开始,新加坡经济年增长率一直保持在8%左右。新加坡的经济发展很大程度上是靠外资的作用,1992年以来外来投资占社会总投资的比例高达81%,制造业方面的投资89%来自外资。其投资环境可概述如下。

1. 政治环境

新加坡的人口中78%为华人,因而它吸收了我国儒家的伦理思想:服从权威和勤劳工作。这种伦理思想构成是新加坡政府"家长式"的管理得以有效实施的牢固基石。新加坡实施的政府严厉管制下的市场经济是世界上独一无二的经济体系。这种经济体系有效地把市场这一"看不见的手"与政府的宏观调控紧密地结合起来。在过去几十年中,政府所取得的成就赢得了人民的信任和支持,政局非常稳定。

2. 经济环境

新加坡的经济一直保持着很高的增长率,尤其是20世纪80年代,新加坡的经济增长达到历史的最高峰,平均增长率在8%左右,1988年达11.1%。进入20世纪90年代,虽然经济增长速度有所减慢,且呈递减趋势,但仍然有5%以上的年均增长率。另外,物价稳定,通货膨胀率维持在1%~3%,汇率也基本保持不变,约为1美元兑1.66新元。

在基础设施方面,新加坡有着优越的地理位置和天然的深水港。新加坡是世界上最繁忙的港口之一,自1986年起,进出新加坡港的船只和吨位连续数年居世界第一位。在空运方面，新加坡是东南亚航空转运中心，有两个机场，其中樟宜机场在世界上排第13位。新加坡的通信设施是世界上最先进的，100%采用数据网络，1990年即实现了通信的综合化。新加坡处于欧亚及南太平洋海底电缆的汇合处，电传、文传、国际直拨电话连接世界各大城市，国内通信也很发达。

3. 法律环境

新加坡法律环境以完备、严厉、透明和紧密联系实际为主要特征。新加坡在经济方面进行了全面立法，如知识产权保护法、专利权保护法以及国际商务往来等方面的法律。新加坡经常调整其经济法规，尤其是与外商投资有关的法律，目的是不断适应国内和国际形势，改善投资环境并保护投资者利益。

4. 有关政策管理方面的规定

国外的经济实体可以自由地在新加坡建立自己的企业，开展经济活动。在所有权方面，对外商无特别要求，也不规定外来投资者必须购买本地生产的原材料或规定生产产品出口的百分比，外商可自由地获取必要的生产要素和进行融资活动，并自由地支配所生产产品的销售市场。新加坡对外汇交易和资本流动及技术转让也没有限制。另外，为优化产业结构，新加坡经济发展委员会与贸易发展局、金融管理局及国家科技局一起为外来投资以及本地企业的经营提供了一些优惠政策，如为企业采用新技术和新技能等给予投资折让、风险资本、R&D费用免税等。

结合本章的理论对新加坡的投资环境进行分析评价。

第八章　国际投资风险管理

第一节　国际投资风险概述

一、国际投资风险的含义

（一）投资风险的含义

1. 投资风险的概念

风险（risk）是某一特定危险情况发生的可能性和后果的组合。风险通常包括两层含义：从广义角度看，风险表现为不确定性，这种不确定性说明风险产生的结果可能带来损失、获利或是无损失也无获利；从狭义角度看，风险只表现为损失性，并且具有不确定性。投资者为获得不确定的预期效益，需要承担风险，它实际也是一种经营风险。投资风险可以归纳为系统风险和非系统风险。系统风险是一种市场风险，即指整体政治、经济、社会等环境因素对投资者造成的影响，包括政治风险、经济周期性波动风险、利率与汇率风险、购买力风险等，这种风险不能通过分散投资加以消除，因此又被称为不可分散风险；非系统风险指与某种个别投资有关的特定风险，通过分散化投资可以消除一定的风险。

2. 风险的一般特征

（1）客观性

风险是客观存在的，无论人们愿不愿意接受，它都不以人们的意志为转移而存在的，人们无法左右其存在，只能通过一定的技术手段进行风险控制。

（2）不确定性

风险虽然是客观存在的，但风险发生的时间及损失大小程度是事先无法确定的，即风险的发生是偶然的，某种结果在将来可能发生，也可能不发生，损失可能大，也可能小，为了确保预期目标的实现，人们有必要增强风险意识。

（3）可测性

风险的可测性是指根据过去的统计资料，通过科学的方法可以判断某种风险发生的概率和频率，风险的可测性为人们有效控制风险提供了依据。

（4）相对性

各种风险都是相对存在的，风险的形式和内容随承受风险的主体不同而不同。

（二）国际投资风险的含义

1. 国际投资风险的概念

国际投资风险是指国际投资在特定的环境和特定的时间内，由于各种不确定因素的存在，客观上导致国际投资项目的实际收益与预期收益之间的差距或国际投资利益损失的可能性。投资风险是相对于投资收益来说的,任何一项国际投资活动,其收益都与风险并存,从而形成投资的不确定性。跨国公司通过国内和国际的筹资活动取得资金后,进行投资的类型有三种:一是投资生产项目,二是投资证券市场,三是投资商贸活动。然而,跨国公司所投资的项目并不都能产生预期收益,从而引起跨国公司盈利能力和偿债能力降低的不确定性。这些不确定性就构成了跨国公司的国际投资风险。

2. 国际投资风险的特征

(1)客观性

客观性是指无论人们愿意接受与否,都无法消除的风险,而只能通过一定的技术经济手段进行风险控制。例如,自然界的地震、台风、洪水,在社会经济领域中的战争、冲突、意外事故等,都不以人的意志为转移,它们是独立于人的意识之外的客观存在。无论是自然界的物质运动,还是社会发展规律,都是由事物的内部因素决定的,是由超过人们主观意志所存在的客观规律所决定的。人们只能在一定的时间和空间内改变风险存在和发生的条件,降低风险发生的频率和损失程度,而不能彻底消除风险。

(2)偶然性

虽然风险是客观存在的,但就某一具体风险而言,它的发生是偶然的,是一种随机现象。风险事故的随机性主要表现为:风险事故是否发生不确定,何时发生不确定,以怎样的形式发生不确定,发生的后果不确定。

(3)相对性

承担风险的主体不同,时空条件不同,则风险的含义也不同。例如,汇率风险对于国际投资者来说可能是较大的风险,而对于国内投资者来说则算不上风险。同幅度的汇率变化,由于人们主观意识上存在差异,使各类投资主体面临的风险也不相同。随着时空条件的变化,风险的形式和内容也会发生变化。例如,拉丁美洲国家的外国投资者,过去主要面临的是商业风险,而现在主要面临的是债务拒付、债务重议风险。

(4)可测性和可控性

可测性是指可以根据过去的统计资料来判断某种风险发生的频率与风险造成的经济损失的程度。风险的可控性为风险的控制提供了依据,人们可以根据对风险的认识和估计,采取不同的手段对风险进行控制。

(5)风险与收益的对等性

一般说来,风险越大,收益也越高。人们可以根据对风险的认识和把握,选择适当的手段,争取在风险最小的情况下实现效益最大。对高效益的追求是现代风险投资迅速发展的内在动力。

二、国际投资风险的分类

国际投资风险包括的内容很多,如政治风险、安全风险、法律风险、市场风险、汇率风险、利率风险、购买力风险、财务风险、经营风险、信用风险、金融风险、组织风险、技术创新风险等。根据不同的标准,国际投资风险可划分为不同的类型。根据其重要性,将国际投资风险划分为政治风险、利率风险、汇率风险和文化风险。

(一)政治风险

国际投资中的政治风险(political risk)指由于东道国政治因素变化给跨国投资者带来

的不确定或不利影响的可能性,政治因素既包括东道国政局、政治体制、法律法规,也包括东道国的国际政治关系。政治风险亦称国家风险,是国际投资者面临的最具威胁性的风险,因为它的发生一般都比较突然,且事前难以识别和预测,单个投资者更难以预测其发展。跨国投资者在进行国际投资时,与东道国在利益上虽然存在互利的一面,但也存在着利益不一致甚至冲突的一面,东道国为了追求经济利益,必然采取相应的政治行为,经济行为政治化已成为一个普遍的趋势。

(二)利率风险

在国际投资中,利率风险(interest rates risk)指市场利率变动的不确定性给跨国投资者造成损失的可能性,如原本投资于固定利率的金融工具,当市场利率上升时,可能导致其价格下跌的风险。巴塞尔委员会将利率风险分为重新定价风险、基差风险、收益率曲线风险和选择权风险四类。

影响市场利率变动的因素如下。

第一,宏观经济环境。当一国经济发展处于增长阶段时,投资机会增多,对可贷资金的需求增大,利率上升;反之,当经济衰退时,投资意愿减少,对可贷资金的需求量减小,利率降低。

第二,央行货币政策。当央行扩大货币供给量时,可贷资金供给总量将增加,供大于求,利率下降;反之,央行实行紧缩货币政策时,减少货币供给,可贷资金供不应求,利率上升。

第三,价格水平。市场利率为实际利率与通货膨胀率之和,当价格水平上升时,市场利率相应提高,否则实际利率可能为负值。同时,由于价格上升,公众的存款意愿下降而贷款需求上升,贷款需求大于贷款供给所导致的存贷不平衡必然导致利率上升。

第四,证券市场变化。证券市场处于上升时期,利率上升;反之,利率降低。

第五,国际经济形势。一国经济的参数变动,特别是汇率、利率的变动会影响到其他国家的利率波动。国际证券市场的涨跌也会对国际银行业务所面对的利率产生风险。

(三)汇率风险

汇率风险(currency risk)亦称外汇风险,指在国际投资活动中,由于汇率波动而引起投资者预期收益发生变化的可能性。跨国投资者经营中遇到的汇率风险主要有交易风险、折算风险和经济风险三种类型。交易风险主要是发生在商品劳务进口和出口率变化使商业银行的实际收益与预期收益或实际成本与预期成本发生背离,使其实际收益低于预期收益,或实际成本高于预期成本,从而使商业银行遭受损失的可能性。交易风险主要是发生在商品劳务进口和出口交易中的风险、资本输入和输出的风险以及外汇银行所持有的外汇头寸的风险。折算汇率风险又称会计风险,指经济主体在资产负债表的会计处理中,将功能货币转换成记账货币时,因汇率变动而导致账面损失的可能性。经济风险指意料之外的汇率变动通过影响企业的生产销售数量、价格、成本,引起企业未来一定期间收益或现金流量减少的一种潜在损失。

国际投资中的汇率风险是因为在国际金融市场上,借贷的都是外汇,如果借贷的汇率上升,借款人就会遭受巨大损失,此种汇率风险亦称为金融性汇率风险。影响汇率波动的基本因素如下。

第一,国际收支及外汇储备。一国的国际收支状况对其汇率变动将产生直接的影响,发生国际收支顺差,使该国货币对外汇率上升;反之,该国货币汇率下跌。

第二,利率变化。利率作为一国借贷状况的基本反映,对汇率波动起决定性作用。利率水平直接对国际间的资本运动产生影响,高利率国家发生资本流入,低利率国家发生资本外流。资本流动造成外汇市场供求关系变化,从而对外汇汇率的波动产生影响。一国利率提高,将导致该国货币升值;反之,该国货币贬值。

第三,通货膨胀。通常情况下,通货膨胀会导致本国货币汇率下跌,通货膨胀的缓解会使汇率上升。通货膨胀影响本币价值和购买力,引发出口商品竞争力削弱、进口商品增加,还会引发对外汇市场产生心理影响,削弱本币在国际市场上的信用地位,由此导致本币贬值。

第四,政治局势。一国及国际间的政治局势的变化,都会对外汇市场产生影响。

(四)文化风险

文化风险是指由于对母国和东道国文化差异的误解而给国际直接投资活动带来的损失。从跨国投资的角度来看,文化乃是一系列规则,这些规则对企业内的雇员和集体的行为产生广泛的约束力。进入一个国家市场,如果事前不考虑到该国的文化氛围与背景,投资者的投资活动就很可能遭受失败。这种文化风险不是由于政策或制度造成的,而是一种长期沉淀的文化环境差异而导致的风险,是一种差异风险。国际投资在不同国别、不同信仰、不同种族、不同制度的地区进行,因此投资者必然会遇到社会文化的风险。

三、国际投资风险的影响因素

投资的根本目的是获取利润,在国际政治、经济、技术环境复杂多变的环境下,由于国际投资涉及生产要素的跨国界流动,加上国际市场竞争日趋激烈,各种不确定性越来越多,国际投资所面临的环境更为复杂多变,国际投资活动的风险也越来越复杂多变。国际投资风险是各种主客观因素综合作用的结果。影响国际投资活动的因素众多,因而其所面临的风险也更大。一般来讲,国际投资风险的影响因素主要有以下几方面。

(一)国际政治经济格局

国际投资作为跨国经济活动无疑要受国际政治经济格局的影响。第二次世界大战之后,国际政治经济格局相对稳定,因而国际投资得到了较大的发展。20 世纪 80 年代以来,世界范围内贸易保护主义盛行,对外直接投资成为各国绕开贸易壁垒、扩大出口创汇的重要工具,因而国际直接投资得到了极大的发展。一般来说,在国际政治经济格局相对稳定的条件下,国际直接投资的风险较小。但是,自从 20 世纪 70 年代初国际金融体系崩溃以来,各国汇率波动不定,导致国际证券投资的风险增加,同时,也直接或间接增加了国际直接投资的风险。

(二)东道国投资环境

外国投资者的投资活动是在东道国的主权范围内进行的,因而,东道国的投资环境自然是国际投资风险的重要影响因素。世界各国的具体条件差异巨大,无论是自然地理条件、政治经济体制、宗教文化、社会传统、风俗习惯和法律制度,还是交通、通信、能源、教育、科技发展水平等，都成为影响国际投资的重要因素。因此，东道国投资环境研究是外国投资者可行性研究的重要组成部分。同时，在同一东道国内部，各地区的投资环境也具有一定的差异性。

（三）投资对象的选择

对外直接投资的对象是投资项目。投资项目是一个系统，既要求内部各要素之间相互协同运作，产生最优组合，又要与外界进行物质、信息和能量的交流。不同的投资项目，有其不同的运行规则和方式，对外界环境的要求也不尽相同。为了实现吸引外资和保护民族利益双重目标，东道国政府关于外资项目的审批制度、投资方式、注册资本、筹资方式、内外销比例、外汇、劳动工资及争议的解决等均会做出详尽的规定。这些都会对外资项目目标的实现产生影响。

对外间接投资的主要对象是证券。一般来讲，股票投资的风险较大，其收益或损失都可能较大；债券投资的风险较小，其收益或损失都可能较小。在债券投资中，政府债券投资的风险最小。外国投资者应根据其投资目标、资产负债结构及东道国不同证券的风险程度等，科学地选择证券投资对象。

（四）外国投资者的经营管理水平

外国投资者的对外投资活动是一种自主的经济活动。在既定的投资环境条件下，其投资目标能否实现，在很大程度上取决于其自身的经营管理水平。当然，与其他影响因素相比，这种影响因素的可控性要大得多。

（五）投资期限

投资期限也是影响国际投资风险的重要因素。在投资运行期间，影响投资活动的各种因素会发生不断的变化，这种变化构成了投资收益的不确定性。一般来说，国际投资的期限越长，其风险也相应越大；国际投资的期限越短，其风险也相应越小。

第二节　国际投资的政治风险管理

一、政治风险的类型

国际投资活动必然要涉及的一类主要风险就是政治风险，并且投资期限越长，政治风险也越大，这是跨国经营的共同结论。与其他风险相比，政治风险可以说是跨国公司所面临的最具威胁的风险，一旦出现，往往会给投资者造成巨大的损失。政治风险的共同特征是风险难以识别，政府对经济活动的任何干预都会在不同程度上影响企业的价值。因此，跨国公司在进行投资决策时必须重视对政治风险的预测、评估和管理。理论上，政治风险对国际投资活动的影响是双重的，既有有利影响，也可能产生不利影响。政治风险包括国有化风险、政府干预和制裁、政局变动风险、政策变动风险、东道国法律对抗的风险和资金转移风险。

（一）国有化风险

国有化风险指东道国对外国资本实行国有化、征用或没收政策而给外国投资者造成的经济损失。国有化是东道国政府接管某个行业中的所有私有企业；没收是在没有任何补偿的条件下，东道国政府占有外国企业的全部资产。关于征用，有不同的解释，一般是指东道国政府对某个行业中的个别外国企业实行接管；更为一般的解释则认为，征用是指东道国政府基于国家主权和公共利益的需要，对跨国公司在本国的子公司予以没收或国有化。还有些研究者将东道国政府废弃、拒绝履约和违反投资契约等行为也列为征用。外国公司被东道国征用之后，可能获得全额补偿，也可能获得部分补偿，还可能没有补偿。

征用事件在任何国家都可能发生，但由于国情不同，发展中国家发生的对外国公司征用事件比发达国家多。关于征用的合法性和征用后的赔偿问题，发达国家与广大发展中国家持不同的观点。20 世纪 60 年代与 70 年代，征用事件发生较多。在发展中国家的例子，如利比亚于 1969 年接管了美国一跨国公司在其境内的油田，智利于 1971 年接管了所有外国人在本国拥有的铜矿，伊朗于 1979 年将大部分外国企业国有化等。发生在发达国家的征用事件，如瑞典于 1980 年将一大批外资企业国有化，法国于 1981 年将一家外资造船厂国有化等。

（二）政府干预和制裁

政府干预和制裁一般比国有化、没收和征用的损失要小。政府干预分为无区别性政府干预和区别性政府干预两种形式。前者干预的程度较为温和，无针对性，对外商独资企业、国内外合资企业、国内外合作企业和国内企业等实行同样的干预，主要内容有制定有利于本国税收的转移价格政策；要求企业的管理人员由本国居民担任；要求出口企业在本国市场低价出售其产品；要求企业使用一定比例的当地原材料、零部件；暂时停止本国货币的可兑换性等。区别性干预的程度较为严厉，并有针对性，仅对外商投资企业进行干预，主要内容有只允许外国投资者以合资的形式进行投资，且外商所占的股权比例较小；要求外商投资企业支付一些额外费用，如特别税、辅助费用和其他无形费用等；制定某些歧视外国投资企业的法律，如特别污染法、劳工法等；鼓励本国国民抵制外资企业所生产的产品；鼓励外资企业的工人罢工等。

与政府干预相比，制裁给外国投资者造成的损失更大。制裁是指东道国政府对外商投资企业设置各种障碍，施加各种压力，从而导致外商投资企业亏损或破产的经济行为。为了实现政治和民族方面的目的，或为国内企业提供更多的业务和赢利机会，东道国政府往往对外资企业实行一定程度的制裁，其主要内容有限制外商投资企业将其资本、利润汇出；要求外商投资企业将被冻结的资金再投资给东道国；向外商投资企业收取特别费用，导致其亏损；收回政府对外商投资企业所提供的特权和优惠等。

（三）政局变动风险

政局变动风险是指东道国国内因政权更迭、社会各阶层利益冲突、民族矛盾纠纷、宗教派别冲突等原因，在东道国境内引起局势动荡，造成动乱和内战，甚至发生战争，从而严重影响国际投资者经济利益的情况。

（四）政策变动风险

政策变动风险是指东道国政策，如土地、税收、市场、产业规划等方面的政策变更而可能给外国投资者造成的经济损失。以土地政策为例，土地政策中涉及土地的购买、拥有使用权时间的长短、土地税的内容等,均会影响投资者的收益。东道国市场的开放程度及在投资区域和行业等方面实行的限制或鼓励政策也会影响投资者的利益。

(五)东道国法律对抗的风险

东道国法律对抗的风险是指外国投资者在东道国投资的企业发生法律纠纷时,得不到应有的法律保护。这种情况的产生是由于在东道国的法律中没有关于对外国投资者保护的规定,或者东道国的法律与国际投资法相抵触,且东道国与投资国之间没有签订政府间保护投资的双边协议。

(六)资金转移风险

资金转移风险是指在跨国经济往来中所获得的经济收益,由于受东道国政府的外汇管制政策或歧视性行为无法汇回投资国而可能给外国投资者造成的经济损失。如外国投资者在进行投资活动中所得的经营收入,包括正常营业收入、出售专利和商标收入、股权转让收入等,一般应转移回投资国,但这与东道国引进外资的目的有一定的矛盾。这样,有的东道国对跨国公司的收入在政策上规定一个在东道国再投资的比例。这个比例的变化则被看作对外投资的一种风险。

二、政治风险评估方法

政治风险评估是投资者对东道国的各种政治状况进行调查、分析、预测,得出对该国投资可能面临的政治风险的总体评价,从而为国际投资活动提供决策依据。跨国公司因海外投资项目遍及各地,在运作上对政治风险格外注重,经常由专家小组进行风险分析,并找出避险方案。国际上也有许多研究机构与顾问公司,针对政治风险进行评估,并将评估结果在市场上出售。一般而言,政治风险评估应分两个阶段,第一阶段是预测相关时期总体政治环境,第二阶段是评估总体政治环境对特定项目的影响。目前,国际上对政治风险的评估方法主要有以下几种。

(一)国别评估报告法

国别评估报告是投资者对特定对象国的政治、社会、经济状况进行综合性评估的文件。由于投资主体、对外投资方式和投资动机等的不同,各对外投资者编制的国别评估报告所包括的内容也有差异,但其基本内容是一致的。如美国摩根保证信托公司编写的国别评估报告通常包括以下几个方面。

1. 政治因素

政治因素主要是对对象国政府的经济营运能力和环境变化的应变能力进行评估。经济营运能力包括政府官员的政策设计能力、经济官员对政府决策人的影响能力、政府首脑的决策能力。环境变化的应变能力包括政府对油价变化、世界经济周期变化等国际经济环境变动时,迅速调整国际收支的能力。

2. 基本经济因素

基本经济因素主要是对对象国生产要素和发展意图进行分析。在自然资源方面,包括已有的自然资源状态、开发的可能性以及开发程度。在人力资源方面,包括劳动者的教育及训练情况、企业家的素质。在发展战略方面,包括过去和现时的长期经济发展战略与该国自然资源、人力资源的满足程度。在国内资金来源方面，包括国内资金在开发投资中的比重、国内促进储蓄增长的政策性措施。在外贸出口方面，包括出口商品种类和数量及出口市场多样化程度。

3. 对外金融因素

对外金融因素主要是对对象国国际金融状况进行评价。在国际收支状况上，包括国际收支现状、预测及未来的趋向。在外债状况上，包括外债增长率、债务结构及未来发生的债务负担。在外汇储备上，包括外汇储蓄水平、按进口规模和出口规模推算的合理水平。在借款的可能性上，包括从国际金融组织筹措用于国际收支调整的贷款数额，主要有国际收支状况、外债状况、外汇储备状况，以及从国际金融机构借款的可能性等。

4. 政治的稳定性

政治的稳定性主要对对象国和全球政治状态进行考察。在国内政局方面，包括政府领导班子能否顺利交接、各项政策的持续性。在国际政局方面，包括区域的、全球的政治局势的稳定。

根据上述分析，提出东道国政治风险程度的结论性意见。

（二）评分定级评估法

评分定级评估法是指采用一组固定的评分标准，将东道国的各个风险因素加以量化，进而确定风险程度的一种评估方法。由于这种方法简便易行，而且可以在不同国家间进行风险的比较，因而在国际上得到广泛的应用。一般地说，评分定级法的整个评分定级过程分为以下四个阶段。

（1）应确定影响风险的因素，如政权的稳定性、政策的连续性等。

（2）确定风险评估标准，对风险影响越大的因素，其规定分数越高，反之亦然。例如，负债率10%以下为1～2分，10%～15%为3分，15%～25%为4分，25%～50%为5分，50%～80%为6分等。表8－1表明评分定级法中的一种国家风险等级序列。

表8－1　评分定级法中的一种国家风险等级序列（总分＝100）

风险等级	风险分值/分	意义
AAA	0～5	基本无风险
AA	0.5～1.5	可忽视的风险
A	1.5～3	风险很小
BBB	3～7	低于平均风险
BB	7～15	正常风险
B	15～30	值得重视的风险
C	30～55	高风险
D	55～100	不可接受的风险

（3）将所有得分汇总起来，确定一国的风险等级。风险等级越高，说明风险越小。

（4）进行国家之间的风险比较，确定投资的方向。

(三)预先报警系统评估法

预先报警系统评估法,也称早期预警体系法,是1975年联邦德国经济研究所制定的一系列重要的国家经济指标。该方法根据积累的历史资料,对其中易诱发政治风险激化的诸因素加以量化,计算有关指标,进而测定风险的程度。通过这种指标系统可以用于观测国家风险状态,以期在国家风险出现之前预先警报,提醒投资者注意。这个系统主要由偿债比率、本金偿还比率、负债比率、负债对出口比率、负债对外汇储备比率、流动比率、偿息额对国民生产总值比率、经常项目收支逆差对出口额比率、物价上涨率、货币供给增长率、财政赤字对国内生产总值比率、国际货币基金借款对本国在该组织份额的比率、年固定资产形成额对国内生产总值比率、国际银团对该国贷款的加息率等指标组成。该法所要计算的指标较多,通常在进行政治风险评估时要有选择地运用其中一部分指标,其中较为常用的如下。

1. 偿债比率

偿债比率是指一国当年外债还本付息额与其当年出口商品或劳务创汇额的比率,其计算公式为

$$偿债比率=\frac{当年外债还本付息额}{当年出口商品或劳务创汇额}\times 100\%$$

偿债比率反映了一国偿付外债的能力。西方国际投资学界一般认为,如某国的该比率在10%以下时,说明该国有较强的外债偿还能力;当该比率高于25%时,则该国面临外债危机。

2. 负债比率

负债比率是指一国全部公私外债余额与当年国民生产总值之间的比率,其计算公式为

$$负债比率=\frac{全部公私外债余额}{当年国民生产总值}\times 100\%$$

负债比率反映了一国外债与经济实力之间的关系。西方国际投资学界一般认为,该比率低于15%时较好,高于30%时则面临外债危机。

3. 负债对出口比率

债务对出口比率是指一国全部公私外债余额与当年出口商品和劳务创汇额之间的比率,其计算公式为

$$负债对出口比率=\frac{本国全部公私外债余额}{当年出口商品和劳务创汇额}\times 100\%$$

该比率用以衡量一国短期内偿还全部外债的能力。在当前发展中国家短期债务所占比重日益增加的情况下,该比率越低,说明该国不易发生债务危机。一般认为,该比率的危险界限为100%左右。

4. 流动比率

流动比率是指一国的外汇储备余额与平均月进口的外汇支出额之间的比率,其计算公式为

$$流动比率=\frac{外汇储备余额}{平均月进口外汇支出额}\times 100\%$$

该比率反映了一国的外汇支付能力。国际投资学界一般认为,一国外汇储备额大于5个月进口的外汇支出额时,表明其外汇储备充足;低于1个月进口的外汇支出额则是危

险的。

（四）德尔菲评估法

德尔菲评估法，亦称专家评估法，是指对外投资者通过听取所聘请专家意见的方式，进行东道国投资风险评估的一种方法。这里的专家一般为经济学家、企业家、政治家或对东道国有深刻了解的有关专家。该方法是美国著名咨询机构兰德公司于20世纪50年代初发明的。它具有以下特点：一是参与者之间相互匿名，对各种反应进行统计处理，反复进行意见测验；二是提意见的专家来自不同的专业，各专家之间没有密切联系，不考虑个人的权威、资历、口才、劝说、压力等因素。

德尔菲评估法实施的步骤如下。

（1）确定可以明确回答的问题，问题条目可由风险识别的组织者或参与者单方面决定，也可由双方共同商定。

（2）将问题以通信方式寄给参与者，或在会议上发给与会者，但要保证参与者不能面对面。

（3）问询可分两轮或多轮进行，每一轮反复都带有对每一条目的统计反馈，它包括中位值或一些离散度的测量数值，必要时要提供全部的概率分布。

（4）随着每次反复所获得信息量的减少，由组织者决定在某一轮停止反复。

德尔菲评估法强调集中众人智慧，可使预测更为准确，这是一种十分有效的评估方法，其结论是对外投资者进行投资决策时的重要依据。但值得注意的是，专家的意见只能作为参考，对外投资者才是政治风险的最终承担者。

（五）清单评估法

清单评估法，亦称风险评级制，是指对影响国际投资的所有因素进行分析、判断，并加以数量化，进而得出结论的一种评估方法。该方法将影响国际投资的主要因素扩展为内容广泛的清单，故得其名。在清单中，国际投资风险被分为四类，即政治风险、政策风险、国际收支风险、经济风险。每一类风险因素又可划分为若干个子因素，如政治风险中又包括战争风险、被外国占领风险、革命风险、内战风险和内乱风险等。风险最小的国家得分为10，风险最大的国家得分为1，按顺序排列为风险评级表。有些影响国际投资的因素（如东道国的出口创汇额等）可从有关资料查得；而有些影响因素（如未来发生战争的可能性等）则只能凭评估人员的主观估计。在汇总各影响因素的总分时，一般宜采用加权平均法，即对那些影响国际投资风险的主要因素，其权数宜大一些，反之则较小。权数的选择取决于人们的主观认识，故难免与实际情况发生差异。

（六）实地调查评估法

实地调查评估法是指投资国政府或对外投资者组织有关人员到东道国进行实地考察，进而对其投资风险程度进行评估的一种方法。调查人员通过全面实地考察，与东道国政府官员、当地企业家和消费者直接会谈，可获得大量的第一手资料，对评估东道国的政治风险十分有益。该方法具有极大的实用性，几乎被所有的对外投资者所采用。

(七)综合评估法

综合评估法是指对外投资者将上述多种方法结合起来,对东道国的政治风险进行评估。

上述各种方法各有其优缺点,投资者可以将它们有机结合起来,以便得出更加科学全面的结论。

三、政治风险的管理

政治风险管理的目的是使风险损失最小化。一旦完成对一国政治环境分析及其对经营项目的影响的评估,就必须对投资做出决策。如果决定投资,就要对投资活动适当安排或采取保护性措施,使投资的政治风险最小化。政治风险管理措施可分为三个方面:投资前的规划、投资后的经营、资产被征用后的谈判对策。

(一)投资前的规划管理措施

跨国投资者在投资前,通常可采取四种管理措施来进行政治风险防范。这四种管理措施分别为:回避、保险、谈判特许、组织投资。

1. 回避

风险规避(risk averse)是风险应对的一种方法,即通过计划的变更来消除风险或风险发生的条件,保护目标免受风险的影响。风险规避并不意味着完全消除风险,而是要规避风险可能造成的损失。风险规避首先应能够识别风险,降低损失发生的概率,其次是降低损失程度,主要包括事前控制、事后补救两个方面。

从风险规避的类别看,第一,完全规避风险,即通过放弃或拒绝合作停止业务活动来回避风险源,此时虽然潜在的或不确定的损失能就此避免,但获利的机会也会因此丧失;第二,风险损失控制,即通过控制损失发生的概率来降低损失发生的程度;第三,风险转移,即风险承担者通过一定的经济和技术手段将自身可能遭受的潜在损失以一定的方式转移给对方或第三方来承担;第四,自留风险,可以是被动的,也可以是主动的,可以是无意识的,也可以是有意识的,因为有时完全回避风险是不可能的或明显不利的,则采取有计划的自留风险不失为一种规避风险的方式。

国际投资中的风险规避方法主要有:第一,风险控制,如分散筹资、经营多样化、选择不同的计价货币等;第二,风险转移,如借贷资本输出争取用硬通货,输入争取用软通货、远期与期权交易、风险保险等;第三,风险回避,如货币选择、货币保值等。

回避是一种被许多跨国公司所采用的简便易行的方法。回避的原则是,除非投资前该国或地区已发生战争、暴乱、征用财产、国有化等极端状况,称为禁止投资风险,否则不应轻易停止投资计划的实施,对于其他的政治风险,则采取有限度的回避和容忍态度,设法从其他方面获得相应的补偿,以抵消部分政治风险带来的损失。因为一般来说,政治风险较大的地区往往存在着潜在的高收益和高回报,认识到这一点是很重要的。

2. 保险

这是一种目前较为有效地避免政治风险的方法。通过对处于有政治风险地区的资产保险,企业可以集中精力从事海外经营活动。在许多工业化国家,如美国、英国、日本、德国、法国等,都设有专门的官方机构对私人的海外投资提供政治风险的保险,如美国海外私人投资公司(OPIC),英国的出口信贷保证部(ECGD),日本通商产业省的海外投资保险班等。海外投资保险承保的政治风险包括国有化风险、战争风险和转移风险三类。一般做法是:投资者向保险机构提出保险申请,保险机构经调查认可后接受申请并与之签订保险单。投资者有义务不断报告其投资的变更状况、损失发生状况,且每年定期支付费用。当风险发生并给投资者造成经济损失后,保险机构按合同支付保险赔偿金。

3. 谈判特许

投资者在投资前可以设法与东道国政府谈判,并达成特许协议,获得某种法律保障,尽量减少政治风险发生的可能。这类协议要明确:第一,子公司可以自由地将股息、红利、专利权费、管理费用和贷款本金利息汇回母公司;第二,划拨价格的定价方法,以免日后双方在划拨价格问题上产生争议;第三,公司缴纳所得税和财产税参照的法律和法规;第四,发生争议时进行仲裁的法律和仲裁地点。

4. 组织投资

通过对投资战略的组织增加东道国政府干预公司经营活动的成本,使自身的政治风险暴露最小化。具体做法是通过调整企业生产、后勤、出口和技术转让等领域的经营策略,将国外经营项目与本公司的持续控制结合起来,保持该海外项目对本公司总体市场和产品的依赖,提高东道国政府征用资产选择的成本,由此减轻可能的政治风险。例如,美国克莱斯勒汽车公司在秘鲁的汽车组装厂就是由此避免了国有化风险。该公司控制了关键零部件的供应,只有50%的汽车零部件在秘鲁制造,其余部分必须从该公司的其他分厂获得,致使秘鲁政府不得不放弃征用。跨国公司还可利用集中研究开发设施和技术,控制专利、商标与专有技术,货运销售市场与原材料供应等方法来提高东道国国有化的成本。此外,还可发展拥有一定控制权的股东和其他投资主体。例如,从东道国政府、其他国家政府、国际金融机构等方面融资,而不单独使用母公司的资金,这样一旦发生政治风险,可借助国际的各方面力量来分散风险。

(二)投资后的经营管理措施

经过投资前的规划,进行实际投资后,仍可采取一些措施防范政治风险。常用的管理措施有:有计划地安排投资;短期利润最大化;改变征用资产的成本收益比率;发展当地股权投资者;增加应变能力等。

1. 有计划地安排投资

有计划地安排投资是指跨国投资者为防止东道国可能采取的征用或国有化行动,应在一定时期内出售全部或大多数股权利益给当地投资者,分阶段逐步撤出其对外投资的所有权。但这种有计划的投资,难以使所有有关方面都获得满足。如果事先制定的出售价格和投资没有盈利目标,则可能招致东道国政府的拒绝。

2. 短期利润最大化

短期利润最大化是跨国投资者需要用自身的力量进行全部或部分投资时防范政治风险所常用的方法。它的第一层含义是,跨国公司常常试图在尽可能短的时间内,从当地经营中提取最大数量的现金。这些方法包括递延投资维持费用、将投资削减至仅够维持生产所需的最低水平、缩减营销开支、生产低质量商品、制定高价和取消培训计划等,从而使短期的现金产出达到最大。这些短期行为显然不利于长期生产经营的发展。这一策略是一种消极的反应,它几乎表明该公司在当地的投资经营将不会长久,由此也会加大被征用的可能。因此,跨国公司必须选择适当的时间长度来增加现金流入量,考虑采取影响政府关系和行动的合适措施,以减少风险。

它的第二层含义是,在东道国政府采取敌对行动的情况下,用进攻性战术从受到威胁的附属公司提取尽可能多的资金,使跨国公司与该国的未来交易失败。运用这种策略时,需注意公司行为所产生的国际影响。为避免公司的此类行为在其他国家遭到怀疑,跨国公司可选择一种消极的间接投资形式来替代,以引起东道国政府的重视。所以,这一消极的策略方法成功与否,取决于该东道国政府是否有利用外国投资发展本国经济的意愿。

3. 改变征用资产的成本收益比率

改变征用资产的成本收益比率是指在政府征用目标合理可行,即获得的经济利益超过成本补偿时,跨国投资者采取一系列计划来减少当地所有者预期的优势,从而减少和消除当地政府排斥外国投资者的积极性。这些步骤主要有建立当地研究、开发设施,开发生产产品的出口市场,培训工人和管理人员,扩大生产能力,生产大范围的产品以替代进口产品。这些行动在很多情况下往往能达到降低征用成本、减少政府惩罚的目的。事实上,大多数国家在采取征用行动前都会设法评估、权衡行动的成本与收益。尽管一个子公司的价值对当地经济发展可能十分重要,但也许还并不值得对其政治风险进行保护。因此,保护性策略的一个方面,就是要通过增加征用涉及的负面影响,增加征用的行为成本,这些可采取的行动包括控制出口市场、运输、技术、商标和其他国家生产的零部件等。

4. 发展当地股权投资者

培养和发展当地个人和集团参与投资或控制跨国公司在当地投资的企业,是一个更为主动的策略,其所采取的形式通常是合资企业。由于当地合伙者包括广泛的领域,如顾客、供应商、子公司的当地雇员、当地银行及其他机构组织等。在发生征用的情况下,会牵涉众多投资者个人和集团的既得利益而遭到反对或抵制。同时,如在当地举债还有助于加强当地银行与跨国公司的关系,一旦政府采取任何危及跨国公司子公司现金流量的行动,势必会影响贷款的偿还,从而招致当地银行的反对,间接地对跨国公司投资提供了保护。有项研究结果表明,有当地投资者参与的合资企业在历史上遭到国有化的比率为0.2%。但必须看到,当地投资者的保护作用是有限的。

5. 提高应变能力

提高应变能力是一种很有潜力的防范政治风险的措施,它的基本思路是间接控制策略。这一策略就是提高适应潜在征用的能力,运用特许转让和管理协定等方法增加企业的盈利。这一策略的代表是20世纪70年代以来跨国公司国际投资中所普遍采用的参与股权经营投资方法,它一方面减少直接参与国际生产经营可能产生的风险,另一方面又通过一系列投资管理安排,间接控制或拥有企业的资产及生产经营活动。这种策略在未来会更加普遍,因为随着管理能力和生产能力的不断提高,各国只需要向外国企业购买本国仍然短缺的生产和管理技术即可。

(三)资产被征用后的对策

防患于未然是国际投资者防范政治风险的最佳策略。但如果征用的危险已不可避免,则迅速采取和运用灵活的谈判策略将是必不可少的。

通常,在政府采取征用和国有化行动前,企业能事先得到一些政府的意图或提示。只有极少的情况,未予警告便发生政府征用。在获知消息后,企业应立即同政府进行联络,展开公开谈判，以劝说政府对企业提供进一步保护。在谈判的最初阶段，公司应尽可能地做出各种友好的姿态，向东道国政府陈述其对当地经济带来的实际利益，并许诺做出一些新的让步，以表明合作的诚意。但这种征用前的讨论常常会演变为征用后的谈判。政府与企业间在征用后的这种对抗，可分为合理谈判、施加压力、法律解决、放弃管理权等四个阶段。

一般而言，在征用已经发生的情况下，虽然进一步谈判的意义已不是很大，但仍要积极地与东道国政府进行谈判。这一阶段的目标是保持与东道国政府的接触，努力劝说其取消征用。企业可为之做出一定的承诺，政府也会对这一行动的利弊得失进行估价。因此，征用仅是一种讨价还价的手法，以取得企业的特许。

在合理谈判没有结果时，企业应直接运用各种战术手段，对东道国政府施加经济压力，如切断关键部件的供应、出口市场、技术和管理技能的提供等。对此，东道国政府也会事先做好估价和准备。所以，企业除依靠自身力量外，还可通过争取反对党的支持，寻找友好邻邦与母国的调解、干预等方法来施加压力。当然，运用这些外部力量需谨慎小心，否则会产生适得其反的结果。

在前两个阶段之中或之后，企业应开始寻找法律途径解决争端。诉诸法律的基本原则是首先向东道国法院起诉，在使用这一方法之后再向母国或国际仲裁机构起诉。东道国法院通常是相对独立的，其判决在东道国具有很大的法律效力，而且比其他选择途径更为廉价、时间更快。但是，在法律解决不适当或有利于东道国政府时，企业应改为直接向母国法院起诉，并搜集各种有利的证据。寻求母国法院的法律援助一般存在两大障碍：主权豁免和主权行为的限制。因此，向国际仲裁法院起诉是另一种可选择途径。目前，受理国际投资纠纷的仲裁机构主要有设在华盛顿的解决国际投资争端中心、设在巴黎的国际商会仲裁院和瑞典斯德哥尔摩商会仲裁院等。

如果在前三个阶段缺乏成功的可能性，企业就可考虑最后放弃投资所有权及管理权，并以此来换取其他好处。因为放弃资产管理权和所有权后，尽管跨国公司在法律上不再拥有其在该国的资产，但仍可保留相当的经营权和管理权，仍可开展许多业务，从而仍有可能继续获得某种利润。一般来说，企业可与东道国达成管理合同安排，通过这种管理合同至少可继续处理以下业务：安排处理出口、提供配套技术和管理技能、向国外出售原材料和零部件等。

总之，不管一国的政治风险状况如何，跨国投资者的对外投资都应按不同的政治风险情况采取相应的风险管理措施，才可能使各个投资阶段的收益最大化。

第三节　国际投资的汇率风险管理

自 20 世纪 70 年代以来，各国相继以浮动汇率制取代固定汇率制，影响一种国际储备货币币值的因素急剧增多，汇率波动大大增加。随着国际投资规模的大幅度上升，跨国投资者外汇收益或损失的能见度也越来越大。这给跨国投资者的资金管理带来了重大影响，使外汇风险管理成为国际投资经营中的一个重大问题。

汇率风险，也称外汇风险，是指因汇率的波动而导致跨国公司国外子公司因外币计价的资产或负债价值变化而蒙受损失的可能性。这种可能性，既可能造成损失，也可能带来收益。国际投资是一种跨国经济行为，必然要涉及不同币种的兑换，因而不可避免地要面临汇率风险。这里需要指出两点：一是并不是所有以外币计价的资产与负债都要承受外汇风险,仅限于“受险部分”(exposure),亦即以外币计价的资产与负债不相匹配的部分,如外币资产大于或小于外币负债,或者外币资产与外币负债在金额上相等但在期限上不一致的部分;二是本币、外币和时间三项要素构成了产生外汇风险的基础条件,缺一不可。国际投资活动的外汇风险主要有交易汇率风险、折算汇率风险和经济汇率风险三类。

一、交易汇率风险管理

交易汇率风险是指已经达成而尚未完成的用外币表示的经济业务,因汇率变动而可能发生损益的风险,即汇率的变动对跨国公司国外子公司债权和债务价值影响的不确定性。这种债权和债务在汇率变动之前就已形成,在汇率变动后到期。交易汇率风险产生于下列三种交易:一是因购买或销售而形成的以外币计算的应收款或应付款;二是借入或贷出以外币表示的款项;三是获得以外币计算的资产或形成以外币计算的负债。

例如,某英国公司销售一批货物给美国进口商,30 天后美国进口商付货款 160 000 美元。签订合约时,即期汇率为 1 英镑兑 1.6 美元。英国公司期望 30 天后可按目前汇率 1 英镑兑 1.6 美元收取 100 000 英镑。但 30 天后,若汇率上扬至 1 英镑兑 1.8 美元,则英国公司收到的货款仅为 88 889 英镑,比期望收入减少 11 111 英镑。反之,若 30 天后,汇率下调到 1 英镑兑 1.4 美元,则英国公司收到 114 286 英镑的销售收入,比预期收入增加 14 286 英镑。可见,交易风险既可能发生汇兑损失,也可能发生汇兑收益。

交易风险产生于一个企业在以外币计价的国际交易活动之中。伴随着这些交易活动产生未来外币现金的流入与流出,只要在达成交易与现金结算的时间间隔内出现任何汇率变动,都会导致以本币支付的现金流出流入数量的变化。所以,防范交易风险必须采取可以全部或部分抵消这一变化的外币交易技术。具体地说,包括三个内容:一是风险识别和预测;二是决策是否对已暴露的风险进行保值;三是在决定保值的情况下,选择合适的保值技术。

(一)影响汇率变动的因素

准确、及时地对汇率变动风险进行识别和预测,是交易汇率风险管理的第一步。影响汇率变动的因素有国际收支、相对通货膨胀率、相对利率、国际储备、宏观经济政策等。它们对汇率的影响分述如下。

1. 国际收支

国际收支是指一国在一定时期内全部对外经济往来中所发生的收入和支出。当一国国际收支出现顺差时,表现在外汇市场上外汇的供给大于需求,对该国货币的需求上升,因而该国货币汇率上升,外国货币汇率下降。反之,当一国国际收支出现逆差时,表现在外汇市场上外汇的供给小于需求,则本国货币汇率下降,外国货币汇率上升。

2. 相对通货膨胀率

货币对外价值的基础是其对内价值。如货币的对内价值降低,则对外价值的表现形式——汇率也将随之下降。自从纸币在全世界范围内取代金属铸币流通后,通货膨胀率几乎在各国都有不同程度的发生。因此,考察通货膨胀率对汇率的影响时,要考察相对通货膨胀率。一般来说,相对通货膨胀率持续较高的国家,由于其货币的对内价值下降得较快,则其汇率也将随之下降。

3. 相对利率

利率作为使用资金的代价或放弃使用资金的收益，也会影响汇率水平。当利率相对较高时，使用本国货币资金成本上升，外汇市场对本国货币的供应相对减少；同时，相对较高的利率能吸引外资流入，使外汇市场上外国货币的供应相对增加，对本国货币的需求上升。这样，相对较高的利率推动着本国货币汇率的上扬。

4. 国际储备

较多的国际储备表明政府干预外汇市场、稳定货币汇率的能力较强。因此储备增加能加强外汇市场投资者对本国货币的信心，因而有助于本国货币汇率的上扬；反之，储备减少，则会诱导本国货币汇率的下调。

5. 宏观经济政策

一国政府为协调宏观经济而采取松紧不一的货币政策和财政政策，将会对该国货币汇率产生影响。实行扩张性货币政策，导致货币供应量增加，利率下调，大量资本外流，外汇市场对本国货币的需求下降，导致本国货币汇率下降。

（二）交易汇率风险的管理

进行交易汇率风险管理，首先要进行汇率预测。汇率预测的内容包括汇率变动的方向、幅度和时间。汇率变动的方向即货币内在价值的提高或降低，这导致汇率上浮或下调，决定跨国企业是由此得到收益还是受损。汇率变动的幅度则决定跨国公司收益或受损的程度大小。汇率变动的时间决定跨国公司收益或受损的时机控制。

其次要掌握汇率预测的方法。除了通过上述影响汇率的因素来判断汇率变动的大致方向外，还可以通过技术分析法来预测汇率走势。即利用时间序列、趋势外推法机械地预测今后汇率变动趋势。这类具体方法很多，我们仅举一例——市场动向指数预测法。其计算方法很简单：用当天的汇率值除以几天前的汇率值，得到市场动向指数，指数大于1，就表示汇率今后要上升；指数小于1，就表示汇率今后可能要下跌。而且指数偏离的程度表示上升或下跌的幅度。偏离越远，上升或下跌的幅度就越大。这种方法假定汇率变动方向不变，若当天的汇率值已处于最近汇率的最高点或最低点，则这种方法预测汇率变动趋势将无效。

在识别和预测交易汇率风险的基础上，国际投资者还要采取措施来对这种风险进行管理。常用的管理措施是对货币进行保值。一般来说，跨国公司采取的任何可以完全或部分消除外汇风险的技术都称为保值措施。外汇市场上各种形式的风险管理工具为跨国公司的交易风险管理提供了现成的技术。可供选择的保值措施主要包括以下几点。

1. 利用远期外汇期货市场套期保值

跨国公司在国际购销业务活动中，从签约到清算债权债务，通常要间隔30～90天，大型设备的支付期将会更长。公司可以利用远期外汇市场套期保值，针对每一笔以外币计价的应收和应付账款，根据收（付）的时间和金额，卖出（买入）相同币种、相同交割、相同金额的一笔远期外汇，从而将汇率变动造成的损失以套期交易成本的方式固定下来。

2019年1月26日，美国某出口商向日本进口商出口一批货物，2个月后装船交货并获得一笔外汇收入25 000万日元，签约日美元与日元的即期汇率为USD 1 = JPY 120.00（JPY 1 = USD 0.008 3）。若1月26日外汇期货价格为JPY 1 = USD 0.008 5。3月26日外汇期货价格为JPY 1 = USD 0.008 3。该出口商认为2个月后日元贬值的机会比较大（汇率为USD 1 = JPY 125.00），为避免风险，该出口商可以怎么做？见表8－2。

表 8-2 美国出口商可以通过卖出日元期货合同防范风险

外汇现货市场	外汇期货市场
1 月 26 日 USD 1 = JPY 120.00 签订合同日，美国出口商预期收入为 25 000 万日元 ÷ 120 = 208.333 3 万美元	1 月 26 日 JPY 1 = USD 0.008 5 出口商先卖出 3 月交割的日元期货 20 份，出口商将获得 25 000 万日元 × 0.008 5 = 212.5 万美元
3 月 26 日 USD 1 = JPY 125.00 美国出口商获得实际收入为 25 000 万日元 ÷ 125 = 200 万美元	3 月 26 日 JPY 1 = USD 0.008 3 美国出口商应买入日元期货 20 份，美国出口商应支付 25 000 万日元 × 0.008 3 = 207.5 万美元
亏损 208.333 3 万美元 - 200 万美元 = 8.333 3 万美元	盈利 212.5 万美元 - 207.5 万美元 = 5 万美元
净盈利 5 万美元 - 8.333 3 万美元 = -3.333 3 万美元	

2. 利用货币市场套期保值

外国投资者在货币市场上，针对每一笔外币计价的应收和应付账款，根据收（付）的时间和金额，通过借贷款创造出相同币种、相同期限、相同金额的应付和应收账款。

3. 提前或推迟支付保值

在对汇率变动进行正确预测的基础上，提前或推迟支付手段，可以规避外汇风险。具体来说，当预测本币汇率要上升，尽快收回外币债权和其他应收款，推迟支付外币债务和其他应付款；反之则相反操作。这种做法一般多用于跨国公司内部，即母公司与子公司、子公司与子公司之间，因为采取提前或推迟支付手段来规避风险等于将外汇风险转嫁给交易对方，必受到对方的抵制，目的不易达到。

4. 平行贷款保值

平行贷款保值是指两个不同母国的跨国公司之间，分别向对方的子公司提供当地货币贷款。双方贷款按约定的期限用当地货币偿还，并按预先达成的贷款利率分别向对方支付利息。

例如，一家美国跨国公司 A 在英国设有子公司，而一家英国跨国公司 B 在美国设有子公司。美国 A 公司在英国的子公司需要英镑，英国 B 公司在美国的子公司需要美元。在此情况下，可运用平行贷款，即美国 A 公司将美元贷给在美国的英国子公司，而英国 B 公司将等值的英镑贷给在英国的美国子公司。这种做法既满足了各自子公司对货币的需求，同时又避免了母公司直接投资所可能带来的汇率风险。

5. 选择计价货币保值

在对汇率进行预测的基础上，合理选择软、硬币。所谓硬币，是指汇率坚挺且有升值趋势的货币；所谓软币，是指汇率疲软且有贬值趋势的货币。一般地说，在国际经济活动中，当对方国家货币是软币时，从对方国家进口商品应尽量争取使用对方货币结算，向对方国家出口商品应尽量争取使用本国货币或硬币结算。当对方国家货币是硬币时，从对方国家进口商品应争取使用本国货币或软币结算，向对方国家出口商品应尽量使用对方货币结算。

二、折算汇率风险管理

折算汇率风险是指由于汇率变动使分公司和母公司的资产价值在进行会计结算时可能发生的损失或收益。在国际投资活动中，跨国公司在每一个会计年度期末，需要将各分支公司的财务报表合并成汇总报表。在将分支公司以东道国货币记账的会计科目折算成母国货币的过程中，由于汇率变动而可能给跨国公司带来损失。折算汇率风险带来的收益和损失，只是一种会计概念，并不表示该跨国公司实际的或已经发生的收益和损失。折算汇率风险反映在会计报表的资产、负债和权益等各个科目中。

例如，美国某跨国公司在英国一家子公司其账面上资产价值为50万英镑，按当时汇率1英镑=2.2美元，反映在美国母公司汇总会计报表中，该子公司资产价值为110万美元。一年后，英镑贬值，汇率由原先的1英镑=2.2美元变成1英镑=1.85美元，此时美国母公司会计账簿上该英国子公司的资产价值降为92.5万美元，发生了17.5万美元的折算损益。

（一）影响折算汇率风险的因素

一般来说，折算汇率风险取决于三个因素：跨国公司海外子公司所从事的对外经营活动的程度、子公司的地理位置和所采用的会计方法。通常，跨国公司海外子公司的经营占整个公司的比例越大，则特定的财务报表项目遭受折算风险的比例也越大，因为每一个子公司的财务报表项目都是以其所在东道国的货币测定的，而子公司的地理位置会影响折算汇率风险的程度。对跨国公司折算汇率风险影响最大的常常是其所采用的会计制度和方法。这些制度和方法各国都有所差异。目前，欧洲大陆各主要国家、远东各国及非洲、拉丁美洲部分国家都采用现时汇率法。日本、南美主要国家、北欧各国和一些非洲国家则采用时态法和货币/非货币项目法，而流动/非流动项目法正在被淘汰。

（二）折算汇率风险管理的方法

在实际业务中，折算汇率风险管理的方法通常有两种：调整现金流量和进行风险对冲。减少折算汇率风险的基本保值策略是增加坚挺货币（可能升值）资产，减少坚挺货币负债，或者减少疲软货币（可能贬值）资产，增加疲软货币负债。例如，当货币将要贬值时，可执行如下保值策略：降低现金水平、紧缩信贷条件以减少应收账款、增加当地货币借款、推迟支付应付账款、出售疲软货币远期合同等。

1. 调整现金流量

调整现金流量包括改变母公司或子公司预期现金流量的数量或币种，以减少企业当地货币的换算风险。在预期当地货币贬值时，直接的资金调整方法有出口用坚挺货币定价，进口用当地货币定价，投资坚挺货币证券，用当地货币贷款替代坚挺货币借款等。间接的方法则包括调整子公司间货物销售的转移价格，加速股利、服务费、使用费等的支付，调整子公司间账款的提前与推迟支付、收取等。对于货币升值采取的资金调整程序正好与贬值情况相反。

2. 风险对冲

风险对冲（包括配对与搭配法）是跨国公司另一种折算汇率风险的管理技术，主要用于有一种以上外币资金账目或需用同种货币冲销原先账目的情况，一般要求跨国公司进行多种货币风险的对冲。

通常，货币风险对冲有三种方法：一是用一种货币的空头抵消同种货币的多头；二是对两种有高的正相关性的货币，用一种货币的空头抵消另一种货币的多头；三是对两种负相关的货币，以它们的空头或多头进行相互抵消。对折算汇率风险的保值也存在若干局限性。第一，跨国公司年初预期的盈利在年末得不到充分保证，实际盈利高出预期利润量会出现换算损失，并可能超过采取远期合同策略产生的收益。第二，对折算汇率风险本身采取的保值措施，也可能会增加跨国公司的交易风险。例如，一子公司货币在报告期内升值，并产生折算收益。假如跨国公司母公司期初制定的保值策略产生交易风险损失，且将部分抵消这一折算收益，那么跨国公司不会对这种抵消作用感到满意，因为这种抵消是用作为纸上收益的折算收益来抵消实际现金损失，其结果是减少了母公司的现金流量。

三、经济汇率风险管理

经济汇率风险是指由于汇率变动引起跨国公司的经营环境发生变化，导致业务现金流可能发生变更而产生经济损益的风险。只有未能预期的汇率变化会产生经济汇率风险，而可预测的汇率变化则不产生经济汇率风险。经济汇率风险是一种长远风险，影响企业的未来收益。

（一）影响经济汇率风险的因素

经济汇率风险存在于跨国经营的各个方面，因为汇率变动意味着各国同种商品之间的比价和一国不同商品之间的比价都要发生变化，这种价格体系的变化，会改变国内及国际市场上的生产条件和需求结构，从而影响跨国公司的经营活动。

经济汇率风险的大小取决于跨国公司国外子公司的销售量、销售价格和生产成本对汇率波动的敏感程度，同时还取决于现金流量年限长度的选择。

例如，某子公司所在地货币对母国货币贬值，则这种贬值对母公司业务现金流的影响有两个方面。第一方面，销售收入的变化。贬值后子公司的销售收入取决于贬值后销售量的变化、定价策略以及贬值前的竞争激烈程度。如果贬值前子公司的产品内销于东道国市场且没有进口替代品与之竞争，则贬值后，子公司的产品在东道国市场的售价没有改变，以东道国货币计价的销售收入保持不变，但折算成母公司货币计价的销售收入下降，使母公司的业务现金流减少，其减少的幅度等于货币贬值的幅度。如果贬值前子公司的产品内销于东道国市场，且该市场还存在激烈的进口替代品的竞争，则贬值后，其进口替代品价格上涨，削弱了进口替代品的竞争实力。相比子公司产品价格相对下降，其在国内市场上销售额上升。销售收入的增长幅度还取决于国内市场对该产品的需求弹性。但销售收入的增长可以部分抵消由于货币贬值而使母公司业务现金流减少的影响。再如果贬值前子公司产品全部出口，则贬值后，该产品在国际市场上价格相对下降，销售量增加。但销售收入的增长幅度还取决于国际市场上对该产品的需求弹性和国际市场上该产品竞争的激烈程度。

第二方面，生产成本的变化。子公司所在地货币贬值，则子公司生产产品的成本变动状况为：其一，子公司在东道国境内购入的投入品成本可能会因为东道国货币贬值而上升，但上升的幅度不会超过货币贬值幅度，因而对母公司的业务现金流的影响不大。其二，由于东道国货币贬值，使得子公司进口投入品成本上升，其上升幅度等于货币贬值的幅度。

当进口投入品比例较高且替代性较差,会引起生产成本的大幅上升,对母公司的业务现金流影响较大。其三,随着生产成本的上升,则子公司的行政管理费用和对流动资金的需求也有所增加,使母公司的业务现金流轻微下降。

(二)经济汇率风险管理的方法

经济汇率风险是一种与未来现金流量有关的风险状况,其时限超过交易汇率风险和折算汇率风险。这种风险的经济性质意味着不可能用一般的保值技术简单地处理,必须由跨国公司资金部、采购部和生产部等部门联合行动,采取适当的长期战略决策,共同保护公司不受汇率变动的不利影响。

经济风险防范的目的是减少由于汇率的意外变动而给企业的业务现金流造成的损失。防范经济风险的最佳管理模式是通过调整销售收入和投入品的币种组合,使得未来销售收入的变化与投入品成本的变化可以相互抵消。防范经济汇率风险的对策有以下几点。

1. 分散化经营战略

在分散化经营战略的指导下,跨国公司将经营业务深入到各个不同国家和不相关联的各个行业中,通过分散化经营降低汇率变动所带来的经济损失,使整个公司业务现金流的波动减小。因为汇率变动会使母公司下的部分子公司在生产和销售上的有利影响部分地抵消其他子公司在生产和销售上的不利影响,从而降低对整个公司经营活动的影响。这种战略的理论依据是,一种货币升值带来的收益可以部分弥补另一种货币贬值所带来的损失。

2. 营销管理战略

在营销管理战略的指导下,跨国公司的做法是:当子公司所在国货币贬值时,母公司指令子公司通过扩大销售额或提高产品定价来增加销售收入,部分抵消由于子公司所在国货币贬值而使母公司业务现金流减少的损失。

在国际市场上,子公司所在地的货币贬值,会使子公司产品在国际市场上的价格相对下降,使子公司在定价策略上有了较大的灵活性和在出口市场上有了较强的竞争实力。例如,某种产品在出口市场上的需求缺乏弹性,则子公司可以提高出口产品的价格(以子公司所在地货币计),直到与贬值幅度相等,销售收入的增长(以子公司所在地货币计)可以弥补母公司业务现金流的减少。反之,若该产品在出口市场上的需求富有弹性,则可维持原有定价,扩大出口市场的占有率,增加销售收入。

在东道国市场上,如果贬值前不存在强有力的进口品与之相竞争,则最佳策略是维持产品价格不变,使损失降至最低。若存在强有力的进口产品与之相竞争,则子公司所在地货币贬值,对进口产品不利,子公司可以根据东道国市场对产品需求弹性的大小,判定相应的价格策略,来扩大销售额,以增加子公司的销售收入。

3. 生产管理战略

在生产管理战略指导下,当子公司所在地货币贬值时,母公司应安排子公司用国内投入品替代成本上涨的进口投入品,从而维持其生产成本的原有水平。例如,20 世纪 70 年代初,随着美元的大幅度贬值,美国福特汽车公司增加国内投资生产发动机等投入品,减少从英国和德国的进口。当子公司所在地货币升值时,子公司产品在国际出口市场上价格相对上升,引起销售额的下降,导致销售收入的减少。母公司应安排子公司增加具有高附加值的新产品的生产,促进产品的升级换代及提高制造差别产品的能力,维持子公司产品在国际市场上的份额,从而抵消因货币升值而使出口收入下降的损失;或通过增加进口投入品的比例或转向生产成本更低的国家或地区进行投资,以降低生产成本,获得较高收入。

总之,在实施积极的汇率风险管理战略时,需要把实际的对策与相应的金融措施结合起来综合运用,才能最有效地处理企业面临的主要汇率风险问题。在现实中,公司应从自身条件出发,选择适合自身风险管理特定需要的战略,并将它与汇率风险管理的内部金融管理技术与外部金融管理工具有机结合起来,真正实现既定的汇率风险管理目标。

第四节　国际投资的利率风险管理

利率风险是指各种不确定性因素的变化导致的利率变化,直接或间接地引起跨国公司国外子公司资产获得收益或遭受损失的可能性。与直接投资者相比,证券投资者所面临的利率风险要更大一些。一般来讲,证券投资的年收益率是固定的(这主要是指优先股投资、债券投资),而市场利率则是不断变化的。证券价格与市场利率呈反方向运动。当市场利率上升时,证券价格必然下降,如此时证券持有者出售证券,则必然要遭受利息损失;反之则可获得利息收益。决定股票投资收益的因素很多,但主要取决于股份公司的经营成果。当股份公司由于经营管理不善或其他外部因素的影响,使得当期的股利率低于同期市场利率平均水平时,则必然会给股票投资者带来利息损失,承担利率风险。同时,当市场利率上升时,股份公司的筹资成本也会加大,进而减少其盈利,导致股票投资者收益的下降。吸收固定利率的短期存款是西方跨国银行的重要资金来源,而同时又发放浮动利率的中长期贷款,因而跨国银行要承担较大的利率风险。

利率风险管理是指通过对利率风险的分析与控制,避免或减少风险,以保障资产安全的管理方法。利率风险管理是对外投资者(主要是跨国银行)风险管理的重要内容。在国际投资中,利率风险管理的措施主要有以下几点。

一、确定合理的利率风险率

确定合理的利率风险率是降低和避免利率风险的基础和前提条件。利率风险率的计算公式为

$$利率风险率=\frac{利率敏感性资产}{利率敏感性负债}\times 100\%$$

式中,利率敏感性资产是指在市场利率变化时,其利息收入发生相应变化的资产;"利率敏感性负债"是指在市场利率变化时,其利息支出发生相应变化的负债。在利率风险率等于1的条件下,当市场利率变化时,负债的利息支出增加额或减少额可由资产的利息收入的相应增加额或减少额来抵补或冲销,也即经济主体(如跨国银行)的收入水平不受市场利率变化的任何影响,不存在利率风险。在利率风险率大于1的条件下,当市场利率上升时,利息收入的增加额大于利息支出的增加额,亦即经济主体的收入水平将会提高,不存在利率风险;当市场利率下降时,利息收入的减少额大于利息支出的减少额,亦即经济主体的收入水平将会下降,存在利率风险。在利率风险率小于1的条件下,当市场利率上升时,利息收入的增加额小于利息支出的增加额,亦即经济主体的收入水平将会下降,存在利率风险;当市场利率下降时,利息收入的减少额小于利息支出的减少额,亦即经济主体的收入水平将会提高,不存在利率风险。市场利率的变化要受诸多因素的影响,难以准确预测。为减少或

避免利率风险,经济主体一般应合理确定利率敏感性资产与利率敏感性负债结构,亦即应使利率风险率接近于1。

二、证券投资多样化

证券投资多样化是分散风险和降低风险的重要途径。在投资实践中,人们总结出了“不要将所有的鸡蛋放在一个篮子里”这一格言,亦即实行证券投资多样化,持有不同收益和风险水平的证券,形成风险与收益高低不一的最优资产结构,亦即最优证券组合。

证券投资多样化具体体现在以下几方面。

(一)投资行业分散化

明智的证券投资者应投资于利润水平负相关的行业,当某一行业证券的价格或利率下跌时,另一行业证券的价格或利率上涨,或者相反。证券组合中各种证券上涨与下跌相互抵消,降低了证券组合的风险。

(二)投资工具多样化

投资者应将资金合理投放到股票、债券、基金、银行存款等各类投资工具上。

(三)证券期限多样化

不同类型的证券,其期限是不同的,投资者可合理安排证券投资的期限结构,以期使收益性、流动性和风险性高度统一。

(四)投资区域多样化

不同地区的经济状况各异,因而投资的风险程度也不同,投资者应将投资分散于各个不同的国家和地区,避免因某一地区政治经济环境恶化而造成重大损失。

证券投资者一般可划分为两类:一类是风险回避者,此类投资者倾向于选择较少风险、较低收益率的证券组合;另一类是风险偏好者,此类投资者倾向选择较高风险、较高收益率的证券组合。因此,不同类型的投资者,其理想的证券组合是不同的。

证券投资多样化的前提条件是信息是充分的。投资者为了将其资本投资于各类证券,必须进行信息生产,即通过收集、整理和分析各种经济信息,了解各类证券的收益和风险水平。有的投资者由于掌握了充分的信息,就可获得信息生产的比较优势,进而可以做出更为理性的选择,促进证券投资的专业化。投资的多样化与投资的专业化是一致的,都能促进国际资本运动。应当指出,证券投资多样化是有一定限度的,过度多样化将会大大提高交易费用、管理费用和信息费用,使投资者难以负担。

三、签订远期利率协议

远期利率协议(Forward Rate Agreements,FRA)最早于20世纪80年代出现在英国,是管理远期利率风险的有效金融工具之一,是跨国银行对利率风险进行套期保值的最新表外业务工具。远期利率协议是交易双方同意在将来特定的时间(即清算日),对某一具体期限的名义存款按协定利率支付利息的交易合同。签订远期利率协议的目的是避免未来利率水平变动而造成的风险。伦敦和纽约均是主要的远期利率协议的交易中心。

在远期利率协议中,交易双方商定的本金总额(即名义存款)仅作为计息的依据,并不发生账户转移,交易双方交换的只是利率(即约定利率和市场利率),计算出的利息差额以现金方式支付。远期利率协议之所以能达成,原因在于双方对市场利率走势的分析不同。买方估计利率会上升,通过签订远期利率协议,防范利率上升的风险;卖方估计利率会下降,通过签订远期利率协议达到保值。借贷关系确立后,由借贷双方签订一项"远期利率协议",约定起算利息日,将约定利率与伦敦银行同业拆放利率(London Inter Bank Offered Rate,LIBOR)加以比较。如果约定利率低于LIBOR,则所发生的利差由借方支付给贷方;如果约定利率高于LIBOR,则所发生的利差由贷方支付给借方。作为一种在场外交易并以现金结算的金融期货,远期利率协议既具有期货交易的某些优点,又无须保证金,非常灵活简便,适合在浮动利率条件下防范利率风险的需要。

四、利率期货交易

利率期货交易是指交易双方在交易所内通过公开竞价,买入或卖出在未来某一特定日期按成交价格交割的标准数量的特定金融商品(如存款、定额存单、国库券等),并订立合约的一种交易方式。利率期货交易是在西方金融市场剧烈动荡的背景下产生的,美国芝加哥交易所率先推出了根据政府国民抵押贷款协会的抵押存款收据利率签发的利率期货合约。20世纪80年代以来,利率期货交易逐渐在其他国家推广,伦敦、东京、新加坡、中国香港等城市均相继开办了利率期货交易。

利率与金融商品价格呈负相关关系。当市场利率下跌时,金融商品的价格将会上升;当市场利率上升时,金融商品的价格将会下跌。因此,贷款人或金融商品购买者应在利率下跌时进行多头套期交易,即买进利率期货;借款人或金融商品卖出者应在利率上升时进行空头套期交易,即卖出利率期货。

五、利率互换

利率互换是指交易双方在一笔名义本金的基础上相互交换具有不同性质的利率,即进行不同利率的利息互换。国际上最早的利率互换业务出现于1982年,在此之后得到了极大的发展。1985年,国际互换交易员协会公布了国际互换的指导文件《互换的标准表述、假设和规定守则》,供所有利率互换交易者参考使用。1987年,国际互换交易员协会又公布了《利率和货币互换协议》,此后做了多次修改和增补,用以明确交易各方的权利和义务。

利率互换的目的是降低交易双方的资金成本(即利息),并使交易各方得到自己需要的利息支付方式(固定或浮动),主要形式有以下三种。

(一)息票互换

息票互换,即固定利率对浮动利率的互换,交易一方支付一笔固定利率利息,同时收到对方一笔浮动利率利息,另一方则相反。交易双方以同一通货标值,但并不交换本金。

(二)基础利率互换

基础利率互换,即以某种利率为参考的浮动利率与以另一种利率为参考的浮动利率互换。

(三)交叉货币利率互换

交叉货币利率互换,即以一种通货的固定利率支付对另一种通货的浮动利率支付的交换。此类互换通常是将非美元的固定利率支付换成美元的浮动利率支付。

第五节 国际投资的文化风险管理

一、文化风险的概念

社会文化环境是指一个社会的民族特征、风俗、习惯、语言、意识、道德观、价值观、教育水平、社会结构、家族制度等的总和。世界各国都有其独特的文化,各国文化渗透到国家政治、经济及人们的工作、生活等各个方面,使家庭、各种群众组织和团体、商业机构、政府机构乃至整个社会都带有很鲜明的特色。

二、文化差异的分析

(一)文化背景差异

文化背景差异是指由于整个民族的文化土壤、文化氛围、文化历史的不同而给投资者带来的风险。东方与西方的文化背景不同。东方文化推崇的是传统儒家思想,提倡含蓄、勤劳、节俭,而文艺复兴后西方文化则崇尚自由、财富与平等。由于这种群体意识的差异指引着人们的思想和行为,使各个社会的社会心理因素各有不同。社会心理因素包括整个社会的价值观念、伦理道德、精神面貌、文明程度、民族抱负、满足期望的方式、商业意识等。国民性是指一国的一般国民状况和民族意识,包括一国对外国投资的一般态度和对外来文化的适应能力。

如果两国的文化差异悬殊,国际企业的经理对投资对象国必知之不多或知之不详,这将会影响采用的投资模式或限制投入程度且信息费用也将随之升高。评价异国的文化,如果挟带文化的偏见,往往会从自己所处的文化背景出发而忽视某些事情或贬低其价值。此外,东道国对文化创新的容忍程度或抗拒程度也构成风险的因素,尤其是某些具有文化性质的跨国性服务公司更应注意这方面的差异。美国原计划投资法国修建欧洲的迪斯尼乐园,曾引起一场意想不到的文化风波便是一例。国际企业对其投资国的某些文化因素在短期内宜采用顺应或避免干预的策略。

(二)风俗习惯的差异

一个社会、一个民族的婚丧仪式、起居饮食、劳动分工、社会团体等都与人们的传统习惯分不开。由于地域、种族等方面的差别也会造成风俗习惯与社会礼仪的差异,而这种差异又给投资者带来一定的风险,即风俗习惯差异风险。

20世纪70年代,美国堪萨斯公司在中国香港开设了90家烤鸡店,出售受美国人欢迎、法国人称道的烤鸡,为了打开销路大做广告,原以为中国的香港人一定能接受,可没多久全部关门。这是什么原因造成的?原来美国公司忘了中国烹调技术既精美又讲究,中国做鸡的本领也是世界闻名的。广东的炸子鸡、霸王鸡、醉鸡,四川的贵妃鸡、叫花鸡、白斩鸡、棒棒鸡等在中国香港都有,都比美国的烤鸡好,所以他们失败了。而汉堡包的推销在中国香港却获得了成功,因为中国没有类似的食品。另外,对于图案与颜色的使用,各国也有不同习惯。在罗马尼亚,三角形和环形的图案吸引消费者;在西德,方形比圆形吃香;带六角的包装不能向中东出口。如果投资者对这些细节不了解或知之甚少,在其投资项目的选择、技术方式的确定及具体的生产运作过程中都可能遇到许多麻烦。

(三)语言差异风险

世界上的语言大约有3 000多种。人的思想几乎都是通过语言来交流的,语言是国际市场营销中人们相互沟通的主要工具,掌握当地的语言不仅能表达思想,相互交往,而且能使人有一种亲切感,使投资者更受欢迎,投资更易进入。反之,语言掌握不好,则会在词义的理解与表达上出现误解、误述,给投资经营活动带来障碍。毋庸置疑,通晓东道国的语言是成功的国际企业经营者必须做到的。在选择投资区位时,那些与本国文化有密切关系的国家对投资者无疑更具吸引力。

一家美国公司做广告用的品牌意为"使人满意",而翻译成法语却是"使人怀孕",贻笑大方。这说明,不能正确地了解和使用东道国的语言,也可能成为投资者的投资风险。

(四)宗教差异

宗教差异是国际投资市场环境中的重要风险。因为不同的宗教有不同的文化倾向和戒律,从而影响到人们认识事物的方式、行为准则与价值观念,影响到人们的消费行为。忽视宗教的不同而进入他国市场投资,情况往往不只是失败,而且会激起东道国教民的强烈反感与抵触,甚至于报复。另外,如果投资国的宗教与受资国的宗教是有一定冲突的,投资者若不考虑这一点而贸然投资,则有被没收和被排斥的可能。

(五)教育水平差异

一个国家的教育水平与经济发展水平往往是一致的。不同的文化修养表现出不同的审美观念,购买商品的选择原则与方式也不同。各国的教育制度、方式及水平不同,影响到市场营销策略的差异。同样是高等教育,效果可能并不相同。一般而言,欧洲国家对大学生入学标准比美国严。美国的大学教育中着重启发与培养学生的实际能力,而欧洲国家则偏重知识的传授。一般发达国家的教育水平比较高,消费者对产品的需求也很大,对新产品的鉴别能力较强,购买时理性程度也较高;而落后国家则相反。如果把高精尖的技术产品及功能多、品质高的产品的生产与推销设置到教育水平落后的地区,那么在雇用人员、生产加工和以后的销售环节中可能出现很多问题。极低的教育水平会增加投资者的投资风险。

三、文化风险的管理

(一)增强文化意识

本国文化先入为主,塑造了个人的价值观、职业观和人生观等。跨国投资者在异国文化中经历了新奇阶段、文化震荡后开始逐步适应,这是培养文化意识的起点。要有虚心的态度,不能以本国文化尺度来度量东道国文化,要一点一滴积累在不同文化相互影响中获得的经验。

(二)参加跨文化培训

在某些情况中,跨国投资者应该参加跨文化培训。这些培训包括研讨会、课程、语言培训、书籍、网站、讨论和模拟演练等。人力资源部门可以组织海外旅行、录像、特别课程和提供文化培训。有些公司鼓励经理人通过角色演练表现与来自其他文化的客户接触的情形,以便事先预见到可能出现的一些差异或误解。一般来说,跨国公司会在员工赴海外就职前数周,提供为期 2 天的培训课程,并在员工到达后提供持续 1 ~3 个月的文化课程和语言课程。有些公司还提供远距离学习,或者利用外国当地的培训中心学习。

(三)聘用文化顾问

国际直接投资者的另一项策略是聘用文化顾问,指导经理人跨越不熟悉的文化领域。有些企业运用“文化翻译”,帮助来自不同文化的人们解决问题。文化翻译有助于协调谈判,并解释出现的误解。我国和美国的企业有时利用非正式的文化翻译,帮助解释各方行为的含义。有些企业采用全职培训专家解决中外员工之间的文化阐释问题。

(四)建立多元企业文化

多样化已经成为企业战略的重要方面,因为它使员工队伍趋于多元,并鼓励员工珍视工作场所的文化差异。这些企业把多样化视为全球经济中重要的竞争优势,通过建立多样化的员工队伍,反映并理解公司所服务的多种顾客。公司可以通过多样化政策,鼓励跨文化了解和对文化差异的积极态度。如果企业文化明确地重视并奖励多样化,员工就可能对文化差异有开放的心态,能更好地觉察到那些差异,并对此宽容。文化理解更多地来自心态,而非知识基础或有关某国的一大堆事实。

要对不同种族、不同文化类型、不同文化发展阶段的东道国的文化采取包容的管理方法,并据此创造出有公司独特文化的管理过程。跨文化管理的中心任务是解决文化冲突,在管理过程中寻找超越文化冲突的公司目标,以维系不同文化背景的员工共同的行为准则。

思考与练习

1. 什么是国际投资风险,主要包括哪些种类?
2. 举例说明如何规避文化投资风险。
3. 国际投资的政治风险有什么?结合例子说明。
4. 德尔菲评估法评估风险的主要步骤是什么?

第九章　国际投资政策与法规管理

第一节　国际直接投资的政策与法规

一、国际投资立法

（一）国际投资法的含义

国际投资法是指调整国际私人直接投资关系及有关保护与鼓励外国投资的国内法规范和国际法规范的总称。它是国际投资环境的重要组成部分，是国际经济法的一个重要分支，通常表现为资本输入国和资本输出国之间订立的有关国际投资的双边协定、调整国际间私人直接投资的多边协定以及国际公约等国际法规范。需要注意的是，国际投资法调整的对象仅为国际私人直接投资关系，而非所有的国际投资关系。国际投资中的官方投资、间接投资则由国际金融法等其他部门法来调整。

国际投资法主要包含国际投资的内容、效力、对外国投资的保护、鼓励与限制、关于解决投资争议的程序和规则以及海外投资保险等。具体地说，国际投资法包含发展中国家和发达国家的涉外投资法或者对外投资法；涉及跨国投资问题的各类双边性国际条约、区域性国际条约和全球性国际公约；以及国际政府间机构指定的有关跨国投资活动的规范性文件等。一国的涉外投资法，通常包含两个基本方面：吸收外国投资的立法和向外国投资的立法。一般而论，发达国家的涉外投资立法侧重于后一个基本方面，发展中国家的涉外投资立法则侧重于前一个基本方面。

国际投资法调整的国际私人投资关系包括四大类关系，即外国投资者与东道国投资者基于投资所产生的商事关系；外国投资者与东道国政府基于投资所产生的投资管理和保护关系；外国投资者与本国政府基于投资所产生的投资促进和保护关系；政府之间或政府与国际组织之间基于签订双边投资条约或多边投资条约所产生的国际法关系。

（二）国际投资法的特征

国际投资法的主要特征如下。

1. 仅限于调整国际私人投资关系

广义的国际投资关系，包括各国政府之间或者国际金融组织与国家之间的资金融通关系，也包括各国私人跨国的投资关系，即国际私人投资关系。国际投资法调整对象限于后者，即投资者只能是外国的自然人或法人，而接受投资者则可以是资本输入国的自然人、法人或政府，但不包括政府间的投资和信贷关系。

2. 仅限于调整国际私人直接投资关系

国际私人投资可以分为直接投资和间接投资。国际私人直接投资是指投资者拥有一定数量的股权,直接参与经营管理,对投资企业有较大的控制力。其内容包括股份资本、技术、设备、专利权等投资,其形式有独资经营(外国企业)、合资经营(合营企业)、合作开发、合作经营等。而国际私人间接投资或称证券投资则指投资者仅仅持有能提供一定收益的股票或证券,并不对企业资产或其经营有直接的所有权或控制权。国际私人间接投资关系,一般由国际金融法、各国证券法和公司法等调整。

3. 既包括国内法规范,又包括国际法规范

国际投资法所调整的国际私人直接投资关系既包括国内法规范,也包括国际法规范。既体现为私人外国投资者与东道国及其法人、个人间以及同本国政府间的关系,也包括东道国与投资者母国政府间的关系。

国内法规范包括资本输出国为保护本国国民海外投资的海外投资保险法和资本输入国为保护、鼓励与限制引进外资和技术的外国投资法以及有关的外汇管理法、涉外税法等。

国际法规范包括调整两国间或多国间私人投资关系的保护外国投资的国际法制度,如双边投资保护协定、处理投资争议的国际公约和国际惯例等。

由于对外投资是跨国的资本流动,牵涉到国家、自然人、法人等不同的国际法和国内法主体,其关系具有多重性、立体交叉性和错综复杂性,主要体现在以下几方面。

(1)不同国家的法人与自然人之间的投资合作关系;

(2)外国私人投资者与东道国之间的投资合作关系和投资管理关系;

(3)私人投资者与本国间的投资保险关系;

(4)两国或多国政府间基于相互保护私人直接投资而达成的双边或多边投资条约关系。

国际法与国内法相互联系、相互作用构成统一的国际投资法律关系整体。因此,国际投资法既包括国内法规范,也包括国际法规范,两者相互补充,相辅相成。

二、国际投资法的渊源体系构成

(一)国际投资法的国内法渊源

国内法渊源可分为资本输入国的外国投资法以及资本输出国的对外(或称海外)投资法。

1. 资本输入国的外国投资法

资本输入国的外国投资法是指资本输入国为了吸收和利用外国投资用以促进本国经济发展而制定的有关保护,鼓励和管制外国投资的法律规范的总称。包括调整资本输入国政府和外国投资者之间投资关系,即纵向地管理外国投资的法律法规,以及调整资本输入国本国私人和其他外国投资者之间经营关系,即横向地调整本国或外国投资者平等主体之间关系的法律法规。其内容包括外国投资的范围、形式,外国投资者的权利与义务及其法律地位,对外国投资实行鼓励、保护、监督、限制等法律规范。世界各国外资立法的形式不尽相同,有的制定了统一的外国投资法典,有的颁布专门的单行法规,有的没有专门的外资立法,仅适用一般的国内法。

2. 资本输出国的对外投资法

资本输出国的对外投资法是指资本输出国为了维护本国经济和社会利益而制定的有关保护、鼓励和限制本国私人对外投资的法律规范的总称。其中以对海外投资的保护为主

要内容,如资本输出国的海外投资保险法。另外还涉及对海外投资的鼓励性规定(如税收、融资鼓励等)和管制性规定(如外汇管制、技术输出的限制、投资对象国的限制等)。

(二)国际投资法的国际法渊源

国际投资法的国际法渊源主要包括国际条约、联合国的规范性文件、国际惯例和国际投资案例。

1. 国际条约

关于国际投资法的国际条约是指调整国家间有关国际投资的权利、义务关系的国际条约,有双边条约和多边条约之分。

国际投资双边条约是指资本输入国与资本输出国之间订立的旨在促进与保护相互投资的双边投资条约,它对外国投资者的待遇标准、投资项目和内容、政治风险的保证、关于代位求偿及投资争议的解决程序等方面做出规定,弥补了国内立法的不足,并保证了国内立法的效力,是目前各国间保护外国私人直接投资普遍行之有效的重要手段。两国间为促进和保护相互投资而缔结双边投资条约,其主要形式有三种:“友好通商航海条约”“投资保证协定”和“相互促进和保护投资协定”。

国际投资多边条约有区域性多边国际投资条约和世界性多边国际投资公约之分。区域性多边国际投资条约是指区域性国家组织旨在协调成员国外国投资法律而签订的多边条约,如安第斯条约组织制定的《安第斯共同市场外国投资规则》。世界性多边国际投资公约是指世界性国际组织为了协调全球成员国外国投资活动而签订的多边国际公约,如《解决国家与他国国民间投资争议公约》《多边投资担保机构公约》、世界贸易组织体制下的《与贸易有关的投资措施协议》与《服务贸易总协定》等。这些公约对所有缔约方具有拘束力。国际投资的多边条约概括起来大致可分为三类:缔结统一的国际投资法典或公约、建立国际投资保险机构和建立解决投资争端的多边机构。

2. 联合国的规范性文件

联合国的规范性文件是指联合国大会做出的一系列与国际投资有关的重要决议。20世纪60年代以来,联合国大会通过了《关于自然资源之永久主权宣言》《建立新的国际经济秩序宣言》《建立新的国际经济秩序的行动纲领》《各国经济权利与义务宪章》等法律文件,对国家对本国自然资源的永久主权、管制外国投资者的权利、实施国有化的权力和补充标准等原则,均做了明文规定。这些规范性文件被众多国际实践所引用和强调,在全球范围内获得了越来越广泛的承认。联合国制定的有关国际投资的文件多是建议性、指导性或宣言性的,但它们的法律拘束力正与日俱增。

3. 国际惯例

国际惯例是指在国际投资的长期实践中所形成的、为国际公认并被各国反复采用的原则、规则与做法。如实行外交保护时的“用尽当地救济”原则、“国籍继续”原则等。国际惯例是国际投资法的补充渊源。

4. 国际投资案例

国际投资案例是指国际法院和国际性仲裁庭有关国际投资的案例。国际法院的判例是国际法的渊源之一,对国际法的形成有重要的影响。而国际性仲裁庭的裁决,包括国际性常设仲裁庭的裁决和国际性特设仲裁庭的裁决。另外解决投资争端国际中心(ICSID)的裁决对于国际投资法的影响也是巨大的,在一定意义上,它提供了可用于解释国际投资规范的证据或范例。

(三)国际投资法的体系

国际投资法是调整国际私人直接投资关系的法律规范的总称,特点是国际私人资本跨越国境流动,因此,其法律关系一定既涉及国内法上的关系,也涉及国际法上的关系。换句话说,国际投资法既包括国内法规范(如资本输入国的外资法、外汇管理法、涉外税法、资本输出国的海外投资保险法等),也包括国际法规范(如双边投资保证协定、解决投资争议公约等)。二者相互渗透,相互补充,相辅相成,共同构成一个有机的、具有一定独立性的国际投资法律体系。

1. 资本输入国对外国投资的法律规范

资本输入国(东道国)为了对外国投资予以保护、管理和监督,通常制定外国投资的法律,又称外国投资法。外国投资法是指东道国政府为引进外国资本和技术以促进本国经济的发展,制定的关于引进外资的基本原则、外国资本的法律地位及对外资鼓励、保护与限制措施等法律规范的总和。其内容具体包括投资范围,外资审查,资本构成,出资比例,投资期限,原本及利润的汇出,征税及税收优惠,经营管理与劳动雇用,国有化与征用,关于解决投资争议的原则、程序以及其他性质的规范。

2. 资本输出国对海外投资的法律规范

资本输出国(投资国)的海外投资法,又称海外投资保险法或海外投资保证制度,是指资本输出国依国内立法对本国私人海外投资者予以鼓励和保护的国内法制度,是关于国际私人投资的重要法律规范之一。海外投资的法律制度涉及的内容更广泛,不仅包括海外投资保险制度,还包括通过国内立法的单方形式,或与东道国签订双边税收协定的方式,减轻海外投资者税收负担的规范,以及国家通过有关政府机构或国家公司,向海外投资者提供各种服务,或提供资助的保证。

3. 双边投资法律

双边投资保护协定是东道国与投资国之间订立的,旨在保护外国投资者权利、促进国际投资的双边条约。其特征在于专门适用于投资,并确认了国家有关外贸立法的有效性。这类协定涵盖的投资范围广泛,除开业权问题外,包括各类股权投资和非股权投资,其基本内容主要有以下四个方面。

(1)关于外国投资者在东道国的待遇问题

东道国政府应公平合理地对待外国投资者;在外国企业和本国企业、一国投资者和第三国投资者之间,实行非歧视性的待遇。

(2)关于征收、国有化的补偿问题

约定在一定年限内,对外资企业不进行征收,如基于国家利益必须征收时,应按法律程序办理,并给予补偿。

(3)关于投资财产、利润和其他收益自由汇出问题

外国投资者的原本、利润和其他合法收益,可以兑换成外币汇回本国,不得实行歧视性的外汇限制。也有些东道国通过协定规定可兑换成外汇的款项范围和外汇汇回的限额。

(4)关于投资争议解决的问题

一般规定了争议的性质、范围及解决的方式或途径。

4. 国际投资的多边条约

国际投资多边条约是指两个以上国家之间,或国家组成的国际组织之间,或国家与国际组织之间,共同议定的在国际投资领域,以国际法为准则,确立其相互间权利和义务关系而缔结的国际法律文件的总称。第二次世界大战后,特别是20世纪60年代以来,以建立统一的国际投资法制调整国际投资关系为目的,国际上出现了种种关于国际投资法典和国际投资条约的构想或方案,概括起来大致可分为三类:缔结统一的国际投资法典或公约;建立国际投资保险机构;建立解决投资争端的多边机构。

随着关于国际投资的国内与国际法制的发展,上述这些法律制度相互联系,相互配合,日趋成熟,对于调整国际投资关系起着重要作用,而且也有力地改善了国际投资环境,促进了国际经济合作。

第二节　投资国对外投资的政策与法规

一、投资国对外投资的鼓励政策和法规

发达国家作为世界上主要的资本输出国,拥有大量的相对过剩资本,并且具有各种垄断优势。为了向海外寻求资本的出路,也为了不断开拓和发展新的投资市场,以维护和加强其国际竞争地位,发达国家一般采取各种鼓励措施以促进本国对海外投资。

(一)取消对海外投资的限制

从历史上看,除非在国际收支严重失衡等特别时期,发达国家一般允许或支持本国国民进行海外投资。美国、英国、德国等国在海外投资方面一直实行自由主义的政策;另外一些发达国家,如法国、日本,尽管也允许并支持海外投资,但由于经济需要和政策传统的缘故,长期保留了海外投资审批制度。如法国规定海外投资者事先必须向政府有关部门提出申请。90年代以后,法国海外直接投资设立的行政管理政策,进入一个谨慎灵活的时期。根据新的法令,经济与财政部可以免除某些投资额在300万法郎以下的海外直接投资项目的事先申请和批准手续。战后日本的海外直接投资始于20世纪50年代,20世纪60年代中期以后,日本的海外投资发展迅速,并逐步具备了实现资本流动自由化的条件。1980年,日本修改外汇法,取消了对大部分海外投资的审批要求,一般项目的海外投资只需"通告"大藏省即可,仅有渔业、皮革业、银行和证券业的海外投资仍需向政府有关部门申请批准。总的来说,发达国家对海外投资的限制已日渐弱化乃至最后消失,只有极少数国家仍要求对金融等特定领域的海外投资进行审批。世界经济一体化的趋势要求各国的投资政策自由化,而经济实力的增强以及金融监管、调控能力的提高,使得发达国家更有条件解除对海外投资的限制而不致产生不利后果。

(二)税收优惠

资本输入国根据属地原则,有权对投资者在本国境内的收入征税,而资本输出国基于属人原则,也有权对本国投资者在海外的收入征税。这样,海外投资者就负担了双重纳税的义务,这无疑是投资者向海外投资的一个障碍。因此,资本输出国的税收优惠重点在于避免国际双重征税。资本输出国通常采用以下方法解决这一问题。

1. 税收抵免

税收抵免,即海外投资者在东道国已纳的税款可以在本国应纳税额中相抵扣减。不少国家单方面通过国内立法规定了外国税收的抵免方法。如美国国内收入法允许纳税人从其在美国应纳税款中扣除外国对该海外企业收入已征收的税额。此外,许多国家还通过签订避免双重征税的双边协定来实现税收抵免。

2. 税收饶让

税收饶让,即资本输出国不仅对于已向投资东道国缴纳的税额给予抵免,而且对于本国海外投资者在海外的所得因东道国给予的税收优惠而未缴纳的税款视同已缴纳税款给予抵免。税收饶让措施一般通过双边协议来规定。目前,大多国家只承认预提税的饶让,少数国家对公司所得税、地方所得税、预提税都给予饶让。日本、德国、英国、瑞典等国承认并实行税收饶让。

3. 免税政策

免税政策,即承认资本输入国的独占征税权、资本输出国的放弃征税权。海外投资者的所得在东道国已纳税款的,在本国免予征税。这是更为优惠的一种税收政策,主要是欧洲大陆法系国家和拉丁美洲的一些国家采用的方法。如法国、比利时、德国、荷兰、奥地利、海地、巴拿马、阿根廷等国均在有关双边条约中采用该免税方法。

4. 延期纳税

延期纳税,即资本输出国对海外企业的投资收入,在汇回本国以前不予征税。这种方法也可以减轻海外投资者的税负。

(三)财政支持与鼓励

资本输出国通过各种开发性的金融机构向海外投资者提供条件优惠的融资,这些机构将对发展中国家的援助与对海外私人直接投资项目的支持结合起来。各国设立的开发性金融机构,以贷款或出资的方式,或建立特别制度、特别基金,对海外直接投资予以资助,其资助的对象有中小企业,也有大中型企业。例如,法国海外私人直接投资优惠贷款制度由法国国民信托银行和法国外资银行以及其他有兴趣的银行于1972年合伙设立,主要发放三种贷款:对外工业发展贷款、对外工业发展出口贷款和对外工业发展外汇贷款。除提供上述优惠贷款外,法国还通过其“经济合作中央金库”为海外投资者提供资金支持。类似的金融机构有英联邦开发公司、丹麦工业化基金、法国海外私人投资公司、比利时国际投资公司、日本海外经济合作基金等。这些机构对海外投资提供的贷款,既不需要当地政府的保证,也不需要对贷款提供担保,只要求该资助的投资项目经东道国承认。

二、投资国对外投资的保护性政策和法规

资本输出国作为海外投资者的母国,主要通过实行海外投资保证制度对其海外私人投资的安全及利益进行保护。

(一)海外投资保险制度

海外投资保险制度是资本输出国为了保护本国国民在国外的投资安全,依照本国国内法的规定,对本国海外投资者实行一种以事后弥补政治风险损失为目的的保险制度,是国际投资保护的重要法制之一。

海外投资保险制度由美国首创，之后为发达国家广泛采用。1984 年美国在实施复兴欧洲经济的马歇尔计划中实行投资保证方案，以促进私人企业向欧洲国家投资。此后美国对外援助法做了多次修改，援助范围不断扩大，外援机构几经更替，援助地区也从欧洲发达国家向发展中国家和地区逐步推移。1969 年美国设立海外私人投资公司，承担对外投资活动的大部分业务，成为主管美国海外投资保险的专门机构。自 20 世纪 60 年代以来，由于国际投资大量涌入发展中国家，以及国际投资市场新的发展需要，各发达国家先后仿效美国建立了海外投资保险制度。日本于 1956 年、联邦德国于 1959 年、法国于 1960 年、丹麦和澳大利亚于 1966 年、荷兰和加拿大于 1969 年、瑞士于 1970 年、比利时于 1971 年、英国于 1972 年相继建立了这种投资保险制度。发展到今天，世界上主要的公营出口信贷与海外投资保险机构组成了信贷和投资保险机构国际联盟（简称“伯尔尼联盟”）。从 1987 年 1 月—1989 年 12 月，伯尔尼联盟的成员机构为进入发展中国家的海外投资提供保险的承保总额达 170 亿美元，其中日本机构的承保数额居首位，约为 78 亿美元，占总数的 46%；其次是美国机构，承保额为 43 亿美元，占 25%；德国机构居第三，承保额为 20 亿美元，占 12%。三者合计，占承保总额的 83%。

（二）海外投资保证机构

海外投资保险由于风险性高，一般私营保险公司不愿承保，因而各国的海外投资保险业务都是政府部门经营的。有的虽以公司名义经营，但这些公司所经营的投资保险业务是在政府的密切监控之下，或者本身就是国有公司，受政府直接控制。

1. 美国的海外私人投资公司

美国于 1969 年设立海外私人投资公司，1971 年正式开业，承担原来由国际开发署承接的投资保险业务。该公司具有法人资格，可以自己的名义起诉或被诉，在法律上或仲裁程序中代表自己。

海外私人投资公司现在大约有 160 名雇员，公司的管理机构为董事会，由 15 名董事组成，其中 8 名董事来自私营部门，7 名来自美国政府。每逢财政年度末，公司应向国会提交经营状况的书面报告。公司的积累在 1991 财政年度已超过 16 亿美元，这成为其履行保证和保险义务的坚实基础，更何况还有美国国库作坚强后盾。根据国会授权，美国总统按法定程序由国库拨付专款作为公司的经营资金。总统还可随时补充拨款，使公司经常保持足够的保险储备金。另外，公司本身可以随时出售一定限额的债券给财政部，以取得现款用以清偿保险赔偿费。

2. 德国的信托股份公司和黑姆斯信贷担保股份公司

德国的投资保险业务由信托股份公司和黑姆斯信贷担保股份公司展开。牵头的是信托股份公司，因而常由它出面代表德国的海外投资担保机构。除了保留给联邦债务管理署的权力之外，这两家公司受联邦政府的委托和授权，代表联邦政府发表和接受一切有关投资担保的声明，进行为达成这一目标的一切活动。

值得注意的是，这两家公司只负责执行投资担保业务，而有关担保申请的决定，由联邦经济部部长会同由财政部部长、外交部部长和经济合作部部长所组成的部际委员会做出，该委员会的经济专家可以作为顾问。两家公司在德国境内设有 11 个办事处，以方便投资者处理有关投保对外投资保险。

3. 法国的法兰西外贸银行和法兰西对外贸易保险公司

法国的做法与德国类似,其海外投资保险制度由经济与财政部主管,具体业务由法兰西外贸银行和法兰西对外贸易保险公司负责,分别承担海外工业投资与海外商业投资的保险业务。这两个机构虽承担具体的保险业务,但保险批准与否则完全取决于政府。政府是法定的保险人,负责审批保险申请的是经济与财政部及外交部等部的代表所组成的有决策与决议权的法国对外投资保证委员会。事实上,只有经过经济与财政部同意,委员会才能做出给予保证的决定。

日本、新西兰、瑞典则是由政府部门直接经营海外投资保险业务。其承办机构在日本是通商产业省出口保险部,在新西兰是国家保险署,在瑞典是出口信贷提供委员会。

(三)承保险别

海外投资保险制度中政府承担的范围仅限于政治风险,具体险别有以下几种。

1. 征用险

美国将此类风险称为乙类承保项目,其法律条款中的“征用行为”范围较广,包括征用、没收、国有化以及外国政府废弃、拒绝履行及违反契约等情况。各国的投资保险机构在承担征用险的保险责任之前,要求投保人必须履行一定的义务。

(1)当东道国政府对投资采取或可能采取征用行动时,投资者有义务立即向保险机构书面报告详细事实情况。

(2)保险机构在赔偿前有权要求投资者采取一切合法的必要行动,及时、合理地使用司法行政手段以防止或抗议东道国的征用行为。

(3)投资者始终有义务协助本国的保险机构向东道国行使索赔权。

德国海外投资担保通则规定,征用险指政府或其他机关的国有化、没收、征收或具有等同没收或征收效果的措施或非法不作为。

日本输出保险法规定,凡日本在外国投资的资产为东道国政府所夺取者,均属征用险。“资产”是指以各类形态出现的原本、利润、股份、红利及不动产的权利和各种请求权。“夺取”指东道国政府对日本投资者的上述资产实行征收、国有化或没收,剥夺其所有权。

2. 战争险

美国海外私人投资公司承保经营收益损失及资产损失。投保人可单独购买其中的一种或同时购买两种。在承保资产损害的情况下,公司补偿战乱对投资者财产的损害,这种财产仅限于有形财产,而证券、档案文件、债券、现金的损失,不在保险之列。若承保经营收益损失,公司将补偿因战乱造成的财产损害所导致的预期收益损失。对于以下四种情况,公司不予赔偿:在战乱中损失的金银珠宝、现款、珍贵艺术品;损失少于5 000美元者;在暴行中因投资方有关人员不采取应有的防护保全措施而遭受损失者;主要由于投资人一方的不轨行为(包括行贿、腐化等)激起或挑起暴力行为,因而遭受损失者。

德国对战争险的担保也涉及一个损失程度问题,一般而言,对于企业的资产的损失要达到全部损失或实质性的损失,即达到使企业只能在亏损的情况下才能经营的程度。海外投资担保通则第5条对于战争险所包括的事件做了概括:第一,外国企业,分支机构的全部资产已被摧毁;第二,这些资产被摧毁到只有在亏损的情况之下才能经营,由此使得产权投资或捐赠资本必须被认为是全部损失,或者产生于类产权贷款,或者收益的债务求偿不得以任何形式全部或部分收回。

日本承保因战乱造成的海外投资者的资产损失,包括以下情形。

(1)企业不能继续经营。

(2)陷于破产或类似破产。

(3)银行对日本企业停止交易或类似事件。

(4)停止营业6个月以上。

这实质上是限于全损或实质性损失的情形。

3. 禁兑险

美国海外私人投资公司把禁兑区分为积极的禁兑和消极的禁兑。积极的禁兑是指东道国颁布禁止投资者将当地货币兑换成美元的法规等;消极的禁兑则指当投资者面临货币不能兑换的情况时,东道国有关当局未采取任何措施。公司认为在下列情形下,尽管确有禁兑的事实,也不构成禁兑险。

(1)在签订保险合同时,东道国法令业已存在禁兑规定,而投保人又已知情或理应知情。

(2)由于投资者腐败、贿赂等违法行为,导致东道国做出合理反应而采取的禁兑措施。

德国海外投资担保通则规定,汇兑转移险是指不能汇兑或不能将旨在转移的金额存入有偿债能力的银行转移至德国。尽管遵守了有关该金额汇兑或转移的一切法规和条件,但来源于产生产权投资转换的可支付的债务求偿、偿还类产权投资贷款的可支付的债务求偿或产生于收益的可支付的债务求偿的金额,在其业已存入有偿债能力的银行,首先转移给投资者之后的两个月之内不能实行汇兑或转移。

日本保险法规定,海外投资者遇到下列情况之一,其原本及利润在两个月以上不能兑换并转移的,均属禁兑险。

(1)东道国政府实行外汇管制或禁止外汇。

(2)因东道国发生战乱,无法进行外汇交易。

(3)东道国政府对日本投资者各项应得的金额实行管制(如冻结)。

(4)东道国取消对各项应得金额汇回日本的许可。

(四)承保条件

一项海外投资要获得本国的承保,须满足投资者、投资及东道国等方面的条件。

1. 合格投资者

各国的投资保险制度均要求被保险人应是合格的投资者。确定合格投资者的标准,各国的规定不尽相同,但主要是依据国籍来确定的。在美国海外投资保险制度中,合格投资者需符合如下条件。

(1)美国公民,即具有美国国籍的自然人。

(2)根据美国联邦、州或其他地方法律设立的主要由美国公民所拥有的公司、合伙、其他社团。所谓“主要”是指拥有全部或至少51%者。

(3)具有外国国籍的公司、合伙或其他社团,其资产的95%以上为美国公民、公司、合伙或社团所有者。

根据德国法律规定,合格投资者必须具备如下两个条件。

(1)在德国有住所的德国人。

(2)在德国有住所,依德国法律设立的、具有或不具有法人资格的,其股东或成员具有有限责任或无限责任的营利或非营利性的商业公司、其他各种公司和社团。

日本海外投资保险制度中的合格投资者限于向海外投资，具有日本国籍的自然人，或在日本注册登记，并有具体地址的公司或其他社团。

2. 合格投资

美国法律规定，合格投资必须符合下列条件。

(1) 限于新投资项目，包括对现有企业的扩大、现代化及其发展的投资。

(2) 只限于经美国总统同意实行保险、再保险、保证的在不发达国家和地区的投资，并经公司认可的项目。

(3) 必须是经东道国政府批准的项目。

(4) 只限于在同美国订有投资保证协定的国家和地区的投资项目。

在德国，合格投资是指德国投资者在海外的"值得鼓励"的新投资。值得鼓励的投资一般有如下两层含义。

(1) 被担保的投资必须能加强德国与发展中国家的关系。

(2) 被担保的投资必须主要是对外从事商品和其他行业物品的生产、精炼或零售、运输服务的企业，但这并不意味着拒绝担保其他行业的投资。

日本要求，合格投资必须是有利于日本对外经济关系的新投资(包括原有投资的扩大)，并且必须取得投资东道国的同意。

3. 投资形式的合格性

美国规定，合格投资的形式包括以下几方面。

(1) 现金投资，美元或用美元购入并可兑换为美元的外币。

(2) 现物投资，包括商品、设备和原料等。

(3) 基于契约安排的权益投资，如劳务、专利权、利润、收益、专利使用费、制造方法、技术等。

德国的合格投资形式有如下四种。

(1) 产权投资，即担保投资者在海外企业中的股份。

(2) 捐赠资本，即投资者用现金或实物形式，向德国企业在海外的，其本身不是法律实体的分支机构或工厂投资。

(3) 类产权贷款，即与产权投资有关的，并且从目的和数量上来看，均具有产权投资性质的贷款。

(4) 再投资。

日本规定合格投资形式可以是下列情况之一。

(1) 投向外国法人或社团的股份、股本(指合伙组织)等，以参加事业经营为目的者为限。

(2) 对合营公司(外国法人)的本地股东向该合营公司出资用资金的长期贷款，其清偿期在 5 年以上者，但以该股东同该合营公司具有同一国籍者为限。

(3) 对日方投资者能实际支配经营的外国法人的长期贷款。

(4) 为进行"海外直接事业"，直接以日本人名义取得的不动产、采矿权或其他权利。

(5) 基于长期契约，对以开发输入资源为目的的外国法人(非日方经营支配的)为期 5 年以上的长期贷款。

4. 合格东道国

美国法律规定,合格东道国应符合下列条件。

(1)限于友好的发展中国家。

(2)东道国国民人均收入低于3 881美元(按1983年美元计值),人均国民收入在896美元(按1983年美元计值)以下的东道国予以优先考虑。

(3)尊重人权和国际上公认的工人权利。

(4)与美国签订有双边投资协定。

德国十分重视利用双边投资保护协定,其海外投资者多向与德国签订了双边投资保护协定的发展中国家投资,但德国的投资保险机构并不以东道国与德国签有上述协定作为承保有关海外投资的法定前提。德国所担保的投资合格的东道国应该是与德国订有有关被担保投资待遇的国家,或者,其法律秩序或其他方式(例如,适用于特别投资的保证)可以确保外国投资的充分保护的国家。

日本实行单边投资保险制,不要求以同东道国签订双边投资保护协定为前提。但从安全角度出发,也要求东道国的政治、经济等状况较为安全,外资保护政策比较完备,同时也积极利用双边投资保护协定作为调整投资环境的重要手段,以确保国内投资保险的效力。

5. 投保程序

根据美国的法律规定,投保申请人在索取"海外私人投资公司登记表"时,应申报以下情况。

(1)投资人的身份。

(2)投资人的公民资格。

(3)拟将投资投入何国家或何地区。

(4)有关投资项目的简要说明。

(5)声明本项投资尚未正式实行,也尚未不可撤回地投放。

(6)投资拟采取何种形式(如股份、贷款等);希望投保何种风险项目;每种风险项目大约投保多少金额。(投资人事后可以更改原先申报的投资项目和投保金额)。

投资项目一经登记完毕,海外私人投资公司即将正式的投保申请表寄给投资人,投资表格填写完毕,即申请公司备案待审。投保申请人还有责任事先得到东道国政府的批准书,同意将该项投资向海外私人投资公司投保。

德国规定,合格的投保者可以向投资保险机构提交申请书,申请书须经部级委员会审查,审查合格者可与投资保险机构订立保险合同。保险合同签订以后,保险期限正式开始。投保者须缴纳手续费,投保额在1 000万马克以下者,手续费率为0.1%;投保额在1 000万马克以上者,为0.05%;但无论如何,手续费不得超过2万马克。

日本规定,海外投资者在海外投资计划确定后,应提出海外投资保险申请书、外币证券取得许可书、东道国外资引进许可证、海外投资计划详细说明书等必要的书证,向通商产业省申请海外投资保险。通商产业省主管部门接到申请书后,应审查海外投资内容和形态及项目是否合格,是否有利于发展日本的国际经济交往,是否有利于改善国际收支,取得外国法人股份的时间、价额、种类等是否合适等。经审查确认申请合格,即将保险证券随同第一年度保险费缴纳通知书发给保险申请人,保险合同自支付保险费之日起生效。

6. 保险期限

美国海外私人投资公司承保政治风险的保险期限根据投资种类、性质及承保险别的不同而异，一般股份投资保险法定最高期限不得超过20年。德国规定，保险期限第一次最长可以为15年，在合理的情况下，也可以定为20年。无论保险期限的长短，再保险期限届满之时，可以再延长5年。日本规定，保险期限为5～10年。在投资项目建设期间较长的情况下，保险期限可以超过15年。

7. 保险费率

美国法律规定，保险费率依承保行业、险别及范围而不同。一般保险费年率为：中、小企业，外汇险为0.3%，征用险为0.4%～0.8%，战争险为0.6%。三者同时投保，合计年率为1.3～1.7%。至于特别的保险费年率，则可低于或高于上述比率。如有吸引力的大型项目综合保险，其保险费年率可高达3%。

德国根据保险期限的长短不同而适用不同的保险费率。保险期限为5年者，年保险费率为0.75%；保险期限为10年者，年保险费率为1%；保险期限为15年者，年保险费率为1.25%；保险期限为20年以上者，年保险费率为1.5%。在投资者收到承保通知（即保险期限开始），却未进行所承保的投资的情况下，年保险费率可大幅度降低。日本一揽子保险的年保险费率为0.55%～1%，根据东道国政治风险的大小及投资规划的不同而异。

8. 保险金额

保险金额指保险事故发生时，保险人应向被保险人实际支付的补偿金额。海外私人投资公司对每个投资项目的最大保险金额可达原始投资的270%，其中90%属于原始投资本身，180%属于原始投资所产生的利润和收益。德国对于利润的最高承保额不得超过对于投资最高承保额的50%，而且每一投资承保合同年度不得超过对于投资最高承保额的10%。因此，在第6个承保年度，对于利润的最高承保额就可能用尽。日本允许利润的保险金额每一合同年度为投资原本的10%，在整个保险期间，其总额可达原本的100%。

第三节　东道国引进外资的政策与法规

在开放经济条件下，外国投资对东道国的经济发展起着举足轻重的作用，因此，东道国往往会制定一些优惠政策以吸引外来投资，同时，为防止或消除外国投资可能带来的不利影响，东道国也会采取一些管制性的政策和法规，对外国投资行为进行管理和规范。

一般而言，发达国家政治稳定，法律健全，经济发展水平高，国内资本充裕，基础设施完善，无须借助优惠政策来吸引外资，因此对外资采取与内资无差别的待遇，既没有太多的优惠政策，也没有严格的限制。而发展中国家由于种种原因，投资环境相对较差，经济发展水平较低，因而，常常要依赖于一些优惠政策立法和政府保证来吸引外资，促进国内经济的发展，但同时国内企业竞争力较差，为防止外资进入对国内经济和政治的不良影响，又不得不制定大量对外资限制性的政策和法规。

一、鼓励性的政策和法规

（一）财政优惠措施

财政优惠是各东道国使用最广泛的吸引外资的措施，根据《国际投资报告》1995年的调查，在20世纪90年代初的103个调查样本国家中，只有4个国家没有提供给外资财政优惠措施。同时各国使用的财政优惠措施方法也大致相同，如降低所得税，减免进口关税、退税、加速折旧等。但从程度上看,这些优惠政策标准不一,各个国家、地区差别较大。一般来说,由于发展中国家投资环境较差,国内技术和管理水平低,因此,税收优惠即成为其吸引外资的主要手段。从区域上看,非洲各国对外国投资者的税收政策优惠程度最高,亚洲各国次之,拉丁美洲各国再次。而大多数发达国家在税收上对外资的优惠倾向并不明显。

降低所得税是各国普遍采取的一项财政优惠政策,因为这样既可以为外国投资者创造一个良好的投资环境,又可以促进国内某一地区或行业的发展。例如,美国对来投资企业的公司所得税是46%,日本为42%,泰国为30%,印度尼西亚为20%~45%,我国为20%~40%。

免税期优惠是指在一定期限内,免除企业所得税,大多数国家的免税期为5~10年,对于重要项目可达15~25年。进口关税减免是指对外资企业所需进口的机器、设备、原材料等企业生产资料减免关税。由于多数发展中国家的进口税率较多,因此关税减免是这些国家吸引外国投资的重要政策之一。如泰国规定在一定时期内,当地买不到的机器进口可免税或减税50%;菲律宾规定企业在7年内进口的生产资料可免征50%的税收。退税是对外资企业进出口商品退还一定比例的已征税。发展中国家常常用这三项优惠政策来吸引外国投资者,而且一般来讲都颁布专门的外资法,以法律的形式将这些优惠政策加以固定。如马来西亚的《投资奖励规定》、阿根廷的《工业振兴法》、新加坡的《经济发展奖励法》、泰国的《投资奖励法》、中国的《中外合资企业法》等。

财政优惠政策为东道国,尤其是发展中东道国吸引外资发挥了很大的作用。同时许多发展中国家在对外资普遍实行优惠的基础上,根据本国具体情况对某类特定的外资企业实行更为优惠的待遇来引导外资的投向。如印度尼西亚政府每年公布一次外国投资优先顺序表;新加坡为了引进先进技术,对外资在化工、科学仪器、飞机部件等行业的投资,给予5~10年的免税期和加速折旧的优惠。同时对外资企业提供技术服务所收取特许权使用费、技术援助费等项所得享受减免税待遇。泰国为了鼓励外资到其落后地区投资,除了享受一般3~8年的免税期外,还可继续享受减税的政策;巴西政府也规定,在其落后的东北部地区投资的外资企业,可减公司所得税。有些国家基于实现外汇平衡和保护国内市场的考虑,对出口导向型的外资企业也给予更为优惠的税收待遇,如新加坡的《外资法》规定,对于产品出口的一般工业企业,享受5年免税期;埃及产品出口的外资企业免税期延长到了8年。我国除普遍降低外资企业所得税外,还对从事农业、林业、牧业和深井开采煤炭资源等利润低的外资企业、技术密集型企业给予更优惠的税收政策。对于向我国境内转让技术的外国企业免征全部营业税,以促进外国企业向我国转移先进技术。我国还对符合条件的已设立的国家鼓励类外商投资企业,外商投资研发中心,先进技术型的产品,出口型外商投资企业进口技术、设备、配件免征关税。

加速折旧是指允许外资企业以高于正常情况下的比例计算其固定资产的折旧费,这意味着外资企业的成本和费用增加,而税前利润减少,从而降低了应纳税额的基数,而且加速了资本流动,提高了特定投资的预期利润,因此,加速折旧实际上也是一种减税优惠。而由于这项优惠政策使企业获益的程度与其投资规模成正比,因此它鼓励了资本额较大的投资。以前发达国家使用这一优惠政策极为广泛,目前发展中国家也开始使用这一政策,如巴西、印度尼西亚、菲律宾、新加坡和墨西哥等国都有类似的法律规定。

目前,东道国除了用税收优惠吸引国外投资,还用鼓励现有外资企业在初始投资后扩大经营,促进其连续投资,因为现有企业不仅是追加新投资的当然候选人,同时还可以为新的潜在投资者起到积极的示范作用。例如,马来西亚就以50%的免税优惠鼓励再投资企业。

虽然这些税收的优惠政策一直为各国特别是发展中国家引进外资时所广泛使用,但它们的作用也是有限度的。一方面,从成本收益的角度讲,长期减免税收使东道国的可获得的财政收入减少,一定时期的免税期又可能导致投资者的短期行为而不可能无限度地使用;另一方面,如果一个东道国的投资环境很差,单纯依靠优惠政策来吸引外资,也是不大可能的,因为税收上的优惠政策会被其他方面的问题如法律不健全、效率低下等所抵消。因此,相比于财政优惠,外国投资者往往更重视政治环境稳定、经济发展速度快、基础设施完善、法律法规健全等其他因素。鉴于这些原因,许多发展中国家也开始逐步改变单纯依靠财政优惠政策的做法,转而采取其他政策。如印度尼西亚早在1984年便已取消了税收期优惠,而马来西亚也采取所得税上对外资同等国民待遇。

(二)融资优惠政策

国际投资的实践表明,外国投资者有相当一部分投资资金是在东道国当地筹集的。因此东道国的融资条件成为外国投资者关心的问题之一,而向外国投资者提供融资上的优惠也成为东道国吸引外资的另一大类政策措施。对外国投资者的融资优惠主要包括提供融资便利和投资补助金(investments grants)、提供补贴贷款(低利率或利息补贴)、贷款担保、政府赠予和政府提供股权参与援助等方面。

一些发达国家常常为特定的外资项目或特定产业和地区的外国投资者提供融资优惠,有时优惠的幅度很大。如美国肯塔基州乔治敦市为日本丰田公司在土地采购、道路改进、工人培训等方面提供了1.5亿美元的投资补助金,而日本丰田公司在当地的投资总额只有8.2亿美元;法国的姆巴奇市对奔驰公司在当地设的工厂提供了1.1亿美元的政策投资,而奔驰公司在当地的投资才只有3.7亿美元;而荷兰则规定,对特定地区重要产业的外资项目,国有投资银行将提供由政府担保的贷款并给予不超过3%的利息优惠。

为外国投资者提供融资优惠,也是发展中国家吸引外资的优惠政策之一。近些年来,许多发展中国家广泛使用补贴性贷款、贷款担保和政策性赠予的形式提供金融优惠。如新加坡政府规定,对有利于促进产业发展的投资项目,如计算机、飞机零部件、彩色显像管等项目可获得长期低利率的补贴性贷款。有些发展中国家甚至还设立了专门的金融机构,为外国投资者提供融资服务。

(三)设立经济特区

经济特区是一个国家或地区所划出的一定范围的特殊区域(一般为地理位置优越的区域)。在该区域内实行特殊的经济政策和管理体制,如更为开放的政策,更为优惠的条件,以及方便的交通运输条件、完备的基础设施,旨在营造一个良好的投资环境,以便更好地吸引外资和促进对外贸易。经济特区在不同的国家和地区根据开放程度和特点会有不同的名称。如自由贸易区、自由工业区、免税贸易区、保税区、投资促进区、出口加工区、对外经贸区、自由港等。

设立经济特区是一种历史悠久、分布地域广的国际经济现象,其根本目的是吸引外国投资。为了达到这一目的,世界各国的经济特区都制定了一系列在本国一般地区优惠基础上更优惠的条件,如在行政管理方面简化审批程序、缩短审批时间。如菲律宾的巴丹出口加工区管理局对每一次业务手续在48小时内即可完成；在经济方面提供减免营业税和融资便利、扩大投资领域和投资比例、产品自由进出、资本自由进出和一些特殊的政府保证。如加纳共和国政府就保证不对出口加工区的企业实行征用和国有化等。目前发达国家和发展中国家都广泛使用设立经济特区的方法吸引外资，如美国就设立了多达100个经济特区，是世界上设立各类经济特区最多的国家。

二、管制性的政策和法规

（一）对外国投资的审批

对外国直接投资的审查和批准是对国际资本流动的限制形式之一。由于发达国家和发展中国家的发展阶段不同，因而，在对国外投资的审批上有很大差别。

1. 发达国家对国外投资的审批

由于发达国家经济发展水平高，技术实力雄厚，国内企业竞争力强，因而对外资的进入一般采取开放政策，不予审查或审查的范围小。大部分发达国家都设有专门的法律或专门的机构对外资进行审查。

在发达国家东道国中，美国对外国投资一般不予审查，虽然近十几年来外国投资在美国的增长非常迅速，对美国经济生活产生了极大影响，但美国仍然对外资采取了不予审查的态度，只是对一些重要的直接投资项目由美国政府与投资国政府进行直接磋商。当然，美国对外资的不予审查也是在一定的原则之下的：一是遵循国家安全原则，即如果外国资本获取股权会威胁到美国国家安全，如在国防、通信运输等行业，则将被暂停或禁止。涉及银行所有权的投资将受到联邦和联邦银行法规的约束。二是美国对来自所谓敌对国家或组织的直接投资是管制的，如古巴、朝鲜、利比亚、伊拉克以及干扰中东和平进程的外国恐怖分子、恐怖主义名单政府、外国恐怖组织、苏丹、以哥伦比亚为中心的大贩毒者等。但总体而言，美国仍不失为推行自由开放政策国家的典型。

日本对外国投资的审批随着其经济实力的变化，经历了由严格控制到自由开放的过程。1967年以前日本基本仅允许外国企业以特许协商的方式向日本转让技术，在特殊情况下，才允许一些外国企业与日本当地企业建立合营公司。到20世纪60年代之后，日本工业水平逐渐提高，国际收支状况不断改变，因而受到了以美国为首的许多国家的促使其放宽对外国直接投资限制的压力。后经过多次资本自由化措施，1974年重新修订的《外国投资法》规定了对外资入境的基本原则："外国对日本的投资，应尽可能承认其自由。本法规定的许可程度，可视其需要减少而逐步放宽或予以禁止。"1980年日本重新修订的《外汇与外资管理法》在日本的外资政策自由化进程中具有决定性意义。该法规定对外资流入一般实行自由许可，无须审批，而仅需申报。日本政府对不同产业、不同性质的国外投资实行不同的审批制度。对于自由化方案允许自由进入的外国投资采取自动许可制，不需要个别审查，对于其他的国外投资，则需要个别审查。但目前的非自由化行业也仅限于农林水产业、石油、矿业和皮革业4种。澳大利亚也对外资的进入相对宽松，只规定在下述情况下需要事前批准：第一，在一个澳大利亚企业中，单个外商持股15%以上，或两个及以上的外商持股40%以上，可能形成控股的；第二，特别限制的领域有银行、民航、机场、航运、大众媒介、通信等；第三，外国政府及其机构的任何规模的直接投资；第四，在特别限制领域以外的1 000万澳元以上的直接投资。

加拿大对外资的审查经历了一个由松到严，再由严到松的过程。20 世纪 70 年代之前的很长时期，加拿大对外资的审查一直较为宽松，但到 1973 年公布的《外资法》却制定了强制性的审批制度，凡是引进的外资均需政府进行审批，而 1985 年修订的《外资法》则又放宽了对外资的审批。新法将外资审批制度分为通知要求和审查要求两种程序，而新的外国投资一般只需满足通知要求，而不必满足审查要求。

2. 发展中国家对国外直接投资的审查

由于发展中国家经济技术比较落后，国内企业竞争力弱，因而在对外国投资项目的审批上往往要进行较为严格的审查制度，而且手续比较复杂，时间较长，不少发展中国家设置了对外资的专门审查机构，并且采取中央审批体制以便政府标准能被强制执行。这些专门机构的职权包括审查许可证协议，出口商品规定和课税手续，外资公司的成立及在运营中的财务、收益和外汇汇出额，检验外国公司采用的会计实务，协调国内各部门对外国投资所采取的各种政策等。审批外资的标准一般来说是根据本国经济发展状况和实际国情，考查外资项目是否符合本国社会经济发展的长远目标和现实需要。但由于 20 世纪 60 年代对外资实行国有化的国际风潮及 20 世纪 80 年代国际直接投资的债务危机，使得流入发展中国家的国际直接投资在国际直接投资的总额中的比例总体下降。再加之世界经济一体化进程的加快，目前各发展中国家为吸引更多外资已经逐渐放宽了对外资的审批。

在对外资的审批制度中，以东亚各国的制度最为完善和典型。东亚各国都采取中央审批体制和只有一个机构负责国际直接投资审批，政府的标准一般会被严格地执行。例如，印度从 20 世纪 60 年代以来先后颁布了《外资投资鼓励法》《外国企业管理法》《外国投资法》《合资经营企业法和国际投资法》。根据这些配套的法律，印度对外资审批制度包括两个组成部分：外资审核监督制度和外资审批程序。其中外资审核监督制度规定外国投资者向印度投资之前，必须向全国外资管理委员会提出申请，申请主要包括外国投资者及其准备投资项目的基本情况，外国投资者申请的审核期限为两个月。全国外资管理委员会主要审核外国投资者的投资活动及对印度经济发展可能产生的影响，例如对就业、进出口、技术进步、产品更新等方面的影响。印度外资审批程序分两个阶段，即实质审查和程序审查。实质审查的主要内容是审查外资活动对印度国内经济发展目标和国家利益产生的影响；程序审查的主要内容是审查外国投资者的有关文件、外资活动的有关文件以及外国投资者的申请是否符合法定程序等。

我国也对引进外资制度有较为严格的审批规定。我国由《外资企业法》和《中外合资企业法》明确规定了我国对外资企业的审批制度。该制度的审批程序为：首先要求外国投资者进行投资可行性研究，再通过当地代理机构向中华人民共和国商务部提出申请，最后申请批准后，该外国企业方可依我国国内法律注册登记。而中外合作企业也必须由中华人民共和国商务部或由中华人民共和国商务部委托有关省、自治区、直辖市人民政府或国务院有关部局审查批准。我国的审批制度在发展中国家中相对是比较宽松和简单的。而且我国以地区为基础的较为灵活的外资审批制度使国际直接投资企业的建立要比在其他东亚国家更加自由，这也是我国长期以来吸引外资的成效之一。近几年来，我国又逐步大幅度简化了对外商投资企业的审批手续，对不涉及综合平衡的国家鼓励类外商投资企业不论金额大小，均可在省级政府审批。

(二)关于外国投资者投资领域的政策和法规

发达国家对外资的投资领域较为开放,但仍有一些鼓励和限制的措施,例如大多数发达国家鼓励外资在新兴工业部门进行投资,以引进新技术和增加出口,而许多发达国家也严格限制甚至禁止外国跨国公司投资于那些关系本国国计民生的特殊部门,如交通运输、银行、保险、国防工业等。有的国家对某些重要的工业部门如航空、汽车、电子等部门,虽然没有明确的限制,但外国资本的进入要受到政府非正式的干预。

以美国为例,虽然美国一向对外资的态度最为开放,但若外国资本获取控股权会威胁到国家安全则会被禁止,其联邦政府和各州政府都制定有一系列特别法令,如美国《联邦通信法》规定,禁止为外国人所拥有和控制的公司取得经营通信事业的特许权,在电报和卫星通信公司中,外国投资者的股权不得超过20%。根据美国《原子能法》规定,为防止对国家安全或公共健康可能产生的危害,不对外国投资者或外国公司所拥有的公司发放原子能利用设施或其他生产设施等活动的许可证,但这一规定的前提是危害美国国家安全。而美国海湾公司曾于1973年经美国原子能委员会批准将其原子能设施转让给一家合资公司,其理由就是未发现该合资公司拥有或控制这些设施将危害美国国家安全或公共健康。美国的法律还规定在航空、沿海和内河运输公司中,外国投资者拥有的股权比例不得超过25%。同样有法律规定,外国投资者或外国公司在美国建立分支机构或取得对美国国内银行的控制权,即拥有25%以上的股份,需经美联邦储备委员会批准。

总之,美国法律明文规定对外国投资者的投资领域限制并不多,但同时也应看到,这是因为美国国内市场机制健全、完善,企业资本和技术雄厚,本身即构成了对国外资本的进入壁垒,再加上美国复杂的法律制度和法律法规本身亦成为外国资本进入的障碍。

英国法律禁止外国投资进入的领域有军事工业、煤矿开采、粗钢制造业、公共电力发电和输送、铁路运输、船舶制造和维修、飞机制造等。而法国政府对与公共秩序和国防相关领域的投资有限制,但只要得到授权也可以进入。澳大利亚对银行、民航、机场、航运、大众媒介、通信等有限制,但同样得到批准后可以进入。加拿大则对广播、电信、运输、金融、渔业和能源部门的直接投资有特别的限制。西班牙则对非欧盟国家在电视、无线电、航空、赌博和国防工业上有限制,须经政府的特别授权。德国对外国投资领域没有明确规定,但某些重要领域如铁路、公共设施、邮电业和广播电视业是由政府控制的,外国投资者很难进入。

由以上实例可以看出发达国家对外资限制的领域集中在有关国家安全的国防以及经济的某些重要领域。与发达国家相比,发展中国家由于经济相对落后,企业竞争力差,因而除了担心国家安全还要考虑本国民族工业和幼稚工业的发展,因此对外国投资的领域限制更多一些。一般发展中国家都有立法限制外国投资进入国防工业、交通运输业、金融服务业、报纸广播电视通信业,以及其他一些本国重要的国民经济部门。某些国家甚至明文规定某些重要经济部门不对外资开放,如印度的外资法允许外资投资的重点部门是需要尖端技术和面向出口的工业部门,而不允许外国投资控制港口、造船、公用铁路、航空运输、海运、供水、供电、报纸、广播、电视、原子能开发等行业,禁止外资在军事工业、大麻种植和加工、天然海绵的培植和利用等行业投资。巴西禁止外国投资者投向报纸业和广播电视业。我国目前有关外资的法律也明确规定了允许、鼓励、限制和禁止外资进入的行业,某些领域如金融业、汽车组装业、新闻、出版、广播、电视等行业是限制或禁止外商投资的。

(三)关于股权比例的政策和法规

各国对外资可进入的领域大都对合资企业出资比例方面有一定的规定。发达国家只对特定行业或企业规定外资所占比例,例如,法国有关政策规定,外国企业在法国某些重要工业部门的股份不得超过20% ~40%;美国规定在航空、沿海和内河运输公司中外资的股权比例不得超过25%;澳大利亚政府规定在铀矿生产中,本国资本至少占75%的股份;芬兰对在劳务和自然资源部门的外资参股比例限制在20%以内;加拿大在无线电广播电视业外资参股不得超过25%。

发展中国家中除中国的香港、澳门等特殊地区外,其他国家和地区政府为了维护本国企业权益,防止企业被外资控制或操纵一般都规定了外资参股的最高股权比例,对于那些国家优先发展而又缺乏技术的领域、面向出口的产业、劳动密集型能吸纳大量就业的产业、经济落后的地区等允许外资的比例较高,而对其他领域则一般不允许外资超过49%。例如,印度外资法规定,在允许外资投资领域内,外资股份一般不超过40%,在其产品,主要是满足国内市场需要的高技术领域内,外资股份可达70%,在其产品全部出口的企业中,外资股份可达100%;新加坡有关外资法则规定在商业部门的外资比例只能在49%以下,在其他工业部门,特别是高技术部门的外资比例才可达100%;而韩国则规定在以国内市场为主的外资项目及免税加工项目中外资比例不得超过50%,对设立在出口区的项目,居住在国外的韩国人兴办的项目和高技术项目中,外资比例可达100%;巴西对钢铁、电力等基础工业只允许外资少量参股,对渔业外资的比例不得超过40%,航空不得超过70%。

另外,还有一些发展中国家认为外资比例过小对企业经营管理、技术水平提高帮助不大,因而规定了外资比例的下限。如越南规定外资的比例下限为30%,我国也只对外资出资比例规定了25%的下限而没有设立上限,即允许创办外资独资企业。

近些年来,发展中国家也逐渐认识到对股权的简单控制并不等于对技术、商标、营销、供应等的全面控制,因此也开始对外资股权采取了相对灵活的态度和政策。例如,可以在一个合理的时期,通过合理的步骤逐渐消减外资股权,但使外资股权仍能维持一个合理的水平,以便让外资在企业管理中继续发挥有效的作用。

(四)关于投资期限的政策和法规

许多发展中国家为了能在一定时期之后将外资企业的股权全部和部分转为本国所有,以增强本国的经济实力,而对外国投资的期限做出明确的规定,而发达国家一般没有类似的规定。如智利规定,外资投资期限一般为10年,根据营业的性质或对国家重要性可延长至20年;越南规定外商投资期限一般不超过50年,必要时可延长期限;而印度尼西亚则规定外资投资期限不得超过30年,如要求继续经营经政府批准后可再延长30年,但不能延长第二次。我国目前根据合资经营企业实施条例的规定,合营企业一般项目的合营期限为10~30年,特殊的可延长至50年。

(五)关于资本和利润汇出的政策和法规

投资原本与利润能否自由兑换并汇出是外国投资者十分关心的问题,因而资本政策是国际投资中最为敏感的一项政策。目前大部分发达国家和少数新兴市场国家已取消了外汇管制,外国投资者的投资原本和利润都可以自由汇出,不加以限制。发展中国家大都实行不同程度的外汇管理，在这一制度下为维持其国际收支平衡，对投资者的投资原本和利润汇出有一定程度的限制。如审批限制、时间限制、比例限制等。例如，泰国规定资本入境后，必须向指定的银行登记，并于7日之内卖给指定银行，不能自行保留外汇；如外商需要汇出资本或利润，必须向东道国中央银行申请审查获得批准后才能汇出。而阿根廷则是通过对外国投资企业在征收33%的公司所得税之后，如果其纯利润高于注册资本的12%，再征收超利润税的政策来控制利润汇出。

思考与练习

1. 简述国际投资法的特征。
2. 国际投资法的主要渊源体系构成是什么？
3. 投资国对外投资的鼓励政策和法规有哪些？
4. 东道国引进外资的财政优惠措施包括哪些？以我国为例进行说明。

【案例】

2008年前我国内资和外资企业所得税税率均为33%，同时对一些外企业实行24%，15%的优税率，税率档次多，使不同类型企业名义税和实际税赋差距较大。2007年3月，企业所得税法（草案）提请十届全国人大五次会议审议，2008年1月1日，内外资企业所得税率统一调整为25%。新税率确定为25%主要考虑：对内资企业要减轻税负，对外资企业也尽可能少增加税负，同时要将财政减收控制在可承受范围内。全世界159个实行企业所得税税率的国家（地区）平均税率为28.6%，我国周边18个国家（地区）的平均税率为26.7%。规定25%的税率，属于适中偏低的水平。

请对我国实行内外资企业统一的所得税税率这一政策的利弊进行分析。

参 考 文 献

[1] 吴晓东. 国际投资学[M]. 2 版. 成都:西南财经大学出版社,2015.
[2] 徐立平. 国际投资学[M]. 沈阳:东北大学出版社,2002.
[3] 姚天冲. 国际投资法教程[M]. 北京:对外经济贸易大学出版社,2010.
[4] 李东阳. 国际投资学教程[M]. 2 版. 沈阳:东北财经大学出版社,2003.
[5] 杨大楷. 国际投资学[M]. 3 版. 上海:上海财经大学出版社,2003.
[6] 陶田,李好好. 国际投资学[M]. 太原:山西经济出版社,2003.
[7] 范剑虹. 国际投资法导读[M]. 杭州:浙江大学出版社,2000.
[8] 卢进勇,杜奇华,杨立强. 国际投资学[M]. 2 版. 北京:北京大学出版社,2013.
[9] 孔淑红. 国际投资学[M]. 5 版. 北京:对外经济贸易大学出版社,2019.
[10] 卢汉林. 国际投资学[M]. 2 版. 北京:高等教育出版社,2016.
[11] 孔淑红,曾铮. 国际投资学[M]. 2 版. 北京:对外经济贸易大学出版社,2005.
[12] 黄庆波,陈双喜. 国际投资学[M]. 北京:中国商务出版社,2004.
[13] 袁东安. 国际投资学[M]. 上海:立信会计出版社,2003.
[14] 张蔚,徐晨,陈宇玲. 国际投资学[M]. 北京:北京大学出版社,2002.
[15] 孔淑红,梁明. 国际投资学[M]. 北京:对外经济贸易大学出版社,2001.
[16] 杨晔,杨大楷. 国际投资学[M]. 5 版. 上海:上海财经大学出版社,2015.
[17] 綦建红. 国际投资学简明教程 [M]. 4 版. 北京:清华大学出版社, 2016.